上海市学科德育系列丛书

YI BEN SAN KUA

一本三跨
——飞翔的历史德育

主编 / 李亚南　王　群

上海市历史学科德育协同研究中心

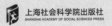

上海社会科学院出版社
SHANGHAI ACADEMY OF SOCIAL SCIENCES PRESS

目　录

例 说 与 实 录

前　　言

　　两年前金山区被批准筹建"历史学科德育协同研究中心"，由此带来的那份欢欣鼓舞，至今仍留在脑海中。这是市教委对金山区历史教师的充分信任和郑重嘱托，我们虽没有高调的表态，却早已在心里默默许下诺言：一定不辜负市教委领导、专家的信任与嘱托，为开创历史学科德育的新局面贡献我们的全部力量。那之后的事情，一切都在"跑步"中进行，也在有条不紊地展开。

　　在教育学院袁院长、陆院长的主持下，我们首先搭建了历史学科德育协同研究中心建设的项目组领导班子，由两位院长亲自挂帅，成员还有区教研室主任和两位历史教研员；随后聘请各方专家成立了顾问组，并立即着手拟订中心建设的"工作方案"。市教委对此非常重视，德育处的江伟鸣副处长（时任）等领导赴金山开展调研和指导，并在肯定工作方案的同时指出：学科德育研究工作应立足课堂，基于教材，关注基础型课程，重点研究如何实现德育与学科教学的高度"融合"；注重历史学科德育内涵的挖掘，明确学科德育是蕴含在教育教学中的育人，实践中要努力规避人为剥离三维目标的现象，特别是与情感态度价值观目标融合少、落实难的现象；协同研究中心应突出"协同"特性，重点关注相关工作机制的创设。这些指导意见加上对"中心"工作的肯定，无异于雪中送炭，它驱走了正值初春的丝丝寒意，使我们备感温暖，信心亦陡增。

　　由金山区全体历史教师出席的历史学科德育协同研究中心成立大会开过后，老师们被充分发动起来了。其实，他们才是真正的发动机，是协同研究中心赖以生存的基石。本书几十万字，一多半是他们心血的结晶，是他们不辞辛劳奋战在历史教学与学科德育第一线的写照。在这里，我们不能不为他们的精神所折服，为他们的成就所倾倒，为他们对历史学科德育所做出的贡献而表示最崇高的敬意和最诚挚的谢意。

　　将近两年的学科德育实践，我们本着先合（整体设计）、后分（逐步落实）；先易（案例分析）、后难（经验总结）；先试（四所学校）、后推（全区学校）的指导思想和工作方法，取得了一些成绩。这当中值得一提的是我们的整体设计，即

"一本三跨"的学科德育实施方略。"一本"，是指以课程、课堂德育研究为本体，挖掘学科德育内涵，创新学科德育方法，保持历史学科德育可操作、可持续性的基本态势。"三跨"，首先是"跨学段"，即把初、高中两个学段作为一个整体考量，使得历史德育能够由浅入深、循序渐进地进行，同时避免了各自为政可能造成的无序与重复。"跨学段"是三跨的开场戏、重头戏，也是金山区教育"一体化改革"的具体体现；其次是"跨学科"，即在必要和可能的情况下，联合本校的语文、政治、地理等学科一起开展德育活动，并择机牵头组建跨学科德育联合体；再次是"跨学区"，包括区内、区外之跨，同样是在必要和可能的情况下，联合区内外其他的历史教师、历史学科德育研究团体、高校等共同开展德育活动，并推动建立跨区域的历史学科德育联合体。

"一本三跨"方略是基于市教委德育处"突出协同特性""凸显资源整合的意识""充分利用高校、德育实训基地等优势资源开展工作"的指示精神提出的，也是依据金山区的教育改革要求而形成的。按照这一实施方略，我们首先立足于"一本"建设，先把基础工作做好，把课程、课堂德育化要求落实到一线，使老师们通过培训能具有一定的德育理念和德育实践，掌握一定的德育规律和德育方法，然后才去考虑"三跨"。如果说"一本"是普及的话，那么"三跨"肯定是提高，这方面我们也尽力去做了，本书所反映的正是这样一种现状。但是平心而论，到目前为止，尽管我们能把跨学段的历史德育做得风生水起，也在跨学科、跨学区上小试牛刀，作了一些初步的尝试，如联合地理等学科共同开展德育实践活动，整合嘉定、奉贤、青浦等区域的学科德育资源，但离市教委的要求和我们自身的愿望还相去甚远，尤其是在"协同"方面，即联合区外历史德育研究团体一起开展德育活动，组建跨区域的学科德育联合体，发挥其辐射功能等方面，我们仍须努力。借此机会，我们也吁请各方神圣能够伸出援助、互助之手，共创历史学科德育的新局面。

还需要提到的是，在将主要精力投入实践研究之余，我们也未忽视对历史学科德育的理论探索和研究。中心顾问组的各位专家学者、教师以及教研员，都在努力探寻从实践通往理论的路径、从感性迈向理性的阶梯，他们取得的成果业已反映在这本书中。我们深切地感到，没有实践的理论是苍白的，但没有理论的实践是盲目的。从这个意义上说，我们希望有更多的志同道合者走到我们中间，共同担起"历史学科德育"研究这一历史使命与时代重托。

编　者
2018 年 3 月

历程与理路

凡是值得思考的事情，没有不是被人思考过的；
我们必须做的只是试图重新加以思考而已。

——歌德

中华人民共和国成立以来中小学历史课程德育目标的演变

金山区教育学院　李亚南

历史课程德育目标,即历史课程标准中的德育目标,是中学历史学科育人的基本依据。中华人民共和国成立以来,我国的历史课程标准(教学大纲)先后进行了多次修订,其德育目标也顺应时代发展的要求而出现了诸多变化。本文将审视中小学历史课程标准(教学大纲)中德育目标的演变轨迹,分析、归纳其变化特点,以期为中学历史学科的育人实践提供借鉴。

一、问题的提出

中学历史课程标准(教学大纲)是国家教育部门统一制定、指导历史教学的纲领性文件,是面向全体学生的课程学习标准。它通过课程目标、内容标准等规定了学生在历史学科学习中应达成的基本素质要求。1949 年以来,我国先后颁布了多部中小学历史课程标准(教学大纲)。每一部课程标准(教学大纲)是这个时期中小学历史教学的指南,体现了国家对中小学历史教育的要求,具有鲜明的时代特征。它的演进历程在一定程度上反映了历史课程改革的进程。各版课程标准颁布情况,如表 1 所示:

表 1　中华人民共和国成立以来颁布的中小学历史课程标准(教学大纲)

年份	课程标准(教学大纲)
1950	小学历史课程暂行标准(草案)
1956	小学历史教学大纲(草案)、初级中学中国历史教学大纲(草案)、初级中学世界历史教学大纲(草案)、高级中学世界近代现代史教学大纲(草案)、高级中学中国历史教学大纲(草案)

（续表）

年份	课程标准（教学大纲）
1957	高级中学中国历史教学大纲（草案）（近代史部分）
1963	全日制小学历史教学大纲（草案）、全日制中学历史教学大纲（草案）
1978	全日制十年制学校中学历史教学大纲（试行草案）
1980	全日制十年制学校中学历史教学大纲
1986	全日制小学历史教学大纲、全日制中学历史教学大纲
1988	九年制义务教育全日制初级中学历史教学大纲（初审稿）
1990	全日制中学历史教学大纲（修订本）
1992	九年义务教育全日制初级中学历史教学大纲（试用）
1996	全日制普通高级中学历史教学大纲（供试验用）
2000	九年义务教育全日制初级中学历史教学大纲（试用修订版） 全日制普通高级中学历史教学大纲（试验修订版）
2001	全日制义务教育历史课程标准（实验稿）
2003	普通高中历史课程标准（实验）
2011	义务教育历史课程标准（2011 年版）
2017	普通高中历史课程标准（2017 年版）

课程标准对中小学历史德育的指导意义毋庸置疑，其中的德育目标是中小学历史学科育人的基本依据，它反映了国家和社会对历史课程德育的教育宗旨，为学科育人实践指明了方向。因此，在历年国家颁布的历史课程标准（教学大纲）会在不同栏目下对学科德育目标和要求进行具体阐述。例如，1950 年的《小学历史课程暂行标准（草案）》的德育要求表述在"目标"栏目中；1956 年所颁布的中小学教学大纲则将德育要求分别表述在"说明"和"基本任务"栏目中；1963 年、1978 年、1980 年、1986 年、1988 年、1990 年、1992 年颁布的历史课程教学大纲都将德育要求表述在"教学目的和要求"中；1996 年《全日制普通高级中学历史教学大纲（供试验用）》和 2000 年《九年义务教育全日制初级中学历史教学大纲（试用修订版）》《全日制普通高级中学历史教学大纲（试验修订版）》中的德育要求都在"教学目的"中进行阐释；2001 年、2003 年、2011 年、2017 年的德育要求都以"情感态度价值观"目标呈现，2017 年的普通高中课程标准中首次提出学科核心素养，并将学科德育要求纳入其中。尽管在不同历史时期颁布的课程标准（教学大纲）中的德育目标名称不同、内容相

异,字数多少悬殊,概念术语的运用也不尽相同,但它集中体现了国家对学科德育的指导和规范,对中小学历史教学具有重要的导向功能。因此,随着历史学科德育实践、研究的深入开展,必须对学科德育目标的变迁加以厘定,才能有效地指导学科德育实践。

然而在现实中,一些教师对课程标准中学科德育目标的重要性认识不足,对其内涵、历史演变分辨不清,亟须进一步厘清源流、廓清理路,克服认识上的公式化、教条化倾向。同时,中学历史课程标准一直是教育研究的热点,相关研究成果层出不穷;但多数研究或关注某一部课程标准(教学大纲),或对某几部进行比较,或聚焦教学大纲与课程标准的差异,从课程标准(教学大纲)的德育目标角度开展研究的并不多,更缺乏围绕相关主题从延续与变迁的角度,对德育目标进行连续、整体的系统研究。有鉴于此,本文以中华人民共和国成立以来历史教学课程标准(教学大纲)文本的分析与比较为切入点,采用文献研究、比较分析等方法,将中小学历史课程标准中德育目标的演变分为以下五个阶段:起步阶段(1950—1960 年)、探索阶段(1961—1980 年)、发展阶段(1981—1999 年)、深化阶段(2000—2011 年)、提升阶段(2012 年至今)。

二、起步阶段(1950—1960 年)

从 1950—1960 年,我国先后颁布了七部中小学历史教学大纲(课程标准):1950 年《小学历史课程暂行标准(草案)》、1956 年《小学历史教学大纲(草案)》《初级中学中国历史教学大纲(草案)》《初级中学世界历史教学大纲(草案)》《高级中学世界近代现代史教学大纲(草案)》《高级中学中国历史教学大纲(草案)》和 1957 年《高级中学中国历史教学大纲(草案)(近代史部分)》。上述教学大纲中的德育目标成为中华人民共和国历史教育中德育发展的基础,本文将这一时期的德育目标划分为"起步阶段"。其中,1956 年的大纲最具代表性,它的颁布标志着我国中小学历史课程体系的初步构建完成,在此后半个世纪里基本沿用。以下主要以这部大纲为例,透视该时期历史课程德育目标的特点。

(一)借鉴苏联模式

中华人民共和国成立后,1950 年尚来不及研制新的历史课程标准,仅颁布了《小学历史课程暂行标准(草案)》。1953 年,我国学习苏联做法,教育部开始制定教学大纲,在 1956 年颁布了中华人民共和国成立后第一套完整的中小学历史教学大纲。这套教学大纲的编制较多借鉴了苏联模式,名称也是从俄文翻译而来。这时期的大纲没有使用德育目标的概念,只是在"说明""教学的基本任务"栏目下,在阐述历史教学的重要意义及其内容方法中,包含着对历史课程德育目标的诠释。这种历史课程德育目标的阐述方式一直沿用到20世纪50年代末。例如,1956年的《初级中学中国历史教学大纲(草案)》的"说明"部分,开宗明义提出:"中国历史的教学,对青年一代的共产主义教育,有极其重大的意义。"①1956年的《高级中学中国历史教学大纲(草案)》的"说明"部分指出:"应该通过伟大祖国悠久的、光辉的历史的讲授,发展并巩固学生的爱国主义感情,培养学生的民族自尊心和自信心,使他们自觉地、积极地保卫祖国,参加祖国的社会主义建设事业。"②

(二)强调唯物史观的基础地位

1956年的中小学历史教学大纲明确提出了历史教学要以唯物史观为指导思想,并将其作为历史课程德育最重要的目标。例如,《小学历史教学大纲(草案)》提出:"小学历史教学的任务是使学生初步了解我国过去历史的一些事实,并且通过这些历史事实向学生进行历史唯物主义教育和爱国主义教育。"③《初级中学中国历史教学大纲(草案)》指出:"对青年一代的共产主义教育"有着重大意义,通过"具体事实特别是阶级斗争的叙述,阐明人类历史发展的规律",了解"劳动人民是历史的创造者,是历史的主人,他们在社会发展的过程中起着决定的作用",④"贯彻爱国主义、国际主义和劳动教育,从而培养学生共产主义的世界观,加强他们对共产主义胜利的信心,达到鼓舞青年一代自觉地、积极地参加社会主义建设事业的目的",强调"爱国主义和国际主义的结合是以无产阶级的立场为基础的"⑤。在《高级中学中国历史教学大纲(草案)》(近代史部分)指出:"将通过资本主义的发生、发展和衰落的过程,通过社会主义的胜利、确立和扩大的过程,使学生认识资本主义必然死亡和社会主义必然胜利的历史发展规律","必须充分认识劳动创造人、劳动创造世界一切文明的伟大意义,必须充分认识劳动生产的发展过程及其对人类社会历史发展所起

---

① 课程教材研究所:《20世纪中国中小学课程标准·教学大纲汇编历史卷》,人民教育出版社2001年版,第135页。

② 同①,第195—196页。

③ 同①,第109页。

④ 同①,第135页。

⑤ 同②,第166—167页。

的巨大作用"。①可见,唯物史观贯彻中小学历史德育始终,强调阶级斗争主线,各阶段目标本质相同,只是随着学习阶段的升高,相应加强了历史德育目标的深度。这是由于中华人民共和国成立后,唯物史观在学界的主导地位逐渐确立,中小学历史教学深受影响,确立了此后近 40 年中小学历史德育的指导思想和理论基础。

(三)中学阶段依据课程内容梳理德育目标

以课程内容为据,中学教学大纲在"说明"部分对不同学段、不同内容的德育目标做了梳理,成为此后德育目标设定、阐述的基本模式。初级中学中国历史的教学应使学生"了解我国有悠久的历史,一向站在世界文化的最前列","了解中国历史是各族人民的历史","了解我国的各民族都是酷爱自由、富于革命传统的民族","通过我国人民在社会主义建设中的伟大成就,通过我国人民在争取全世界持久和平的斗争中所起的重大作用,来培养学生的爱国主义思想和民族自尊心"。②在初中世界历史的教学过程中,强调"必须贯彻爱国主义和国际主义教育","必须充分发扬民族自尊心,同时又必须排斥资产阶级的民族主义的偏见,反对把爱国主义跟国际主义割裂开来"。③高中阶段要求:"应该通过伟大祖国悠久的、光辉的历史的讲授,发展并巩固学生的爱国主义感情,培养学生的民族自尊心和自信心,使他们自觉地、积极地保卫祖国,参加祖国的社会主义建设事业。"④

(四)强化革命人生观教育

中华人民共和国成立后,面临严峻的国内国际形势,在全面学习苏联的影响下,伴随着社会的阶级斗争和思想改造运动,历史课程的德育目标强化阶级斗争,强调革命人生观和爱国主义教育,所要达到的要求较高。例如,中小学历史德育目标皆以阶级斗争为核心观点,明确指出我国各民族都是"富于革命传统的民族",各族人民"每次都用革命的手段达到推翻和改造黑暗统治的目的,用反抗的手段解除外来民族的压迫"。⑤通过中学历史教学,要使学生了解"阶级斗争是人类历史前进的主要动力","通过阶级斗争的史实的学习,必须

---

①③　课程教材研究所:《20 世纪中国中小学课程标准·教学大纲汇编历史卷》,人民教育出版社2001 年版,第 167 页。

②　同①,第 135—136 页。

④　同①,第 195—196 页。

⑤　同①,第 135 页。

能够知道人类社会发展的规律，了解人类社会发展的方向，并且深切地体会到人民群众是历史的创造者"。①在世界历史学习中，虽然强调"我国人民和世界各国人民呼吸相通，休息与共"，但斗争色彩依然浓厚，要求学生在学习世界历史时，要"深刻地认识各个历史时期的阶级关系及其演变，必须跟仇视本国历史上出现的压迫者一样地仇视世界各国历史上出现的一切压迫者，一切残害劳动人民的反动阶级"。②客观而言，1956 年的大纲重视对中小学生基础历史知识的教授，重视对学生的政治思想教育，但在一定程度上忽视了学生身心发展规律。因此，德育目标出现高度政治化、成人化的倾向。

三、探索阶段(1961—1980 年)

1961—1980 年，我国先后颁布了四部历史教学大纲：1963 年《全日制小学历史教学大纲(草案)》和《全日制中学历史教学大纲(草案)》、1978 年《全日制十年制学校中学历史教学大纲(试行草案)》、1980 年《全日制十年制学校中学历史教学大纲》。本文将这一时期的德育目标划分为"探索阶段"。由于 1980 年教学大纲是在 1978 年教学大纲的基础上修订的，以下将以 1963 年和 1978 年两部大纲为例，分析这一时期历史课程德育目标的特点。

(一)1963 年《全日制中学历史教学大纲(草案)》

1. 调整德育目标的阐述方式

为减轻学生学习负担，提高教学质量，教育部于 1957 年发布《关于中学历史、地理、物理、生物等教科书的精简办法》，对历史课程内容进行精简。在此背景下，历史教学大纲改变了 1956 年按年级、按中外历史分纲分册的编写方式，在 1956 年中学历史教学大纲的基础之上，将初高中历史教学大纲合并在一起，同时将历史教学大纲的"说明"部分拆分成"教学目的和要求""教学内容"等。与之相适应，学科德育目标不再依据课程内容分别论述，而是在"教学目的和要求"中集中阐释，并在"教学中应该注意的几点"说明如何在中学历史教学中达成培养学生热爱共产党、热爱祖国，为社会主义事业、为共产主义革命奋斗的信心和决心等德育目标。例如，《全日制小学历史教学大纲(草案)》

---

① 课程教材研究所：《20 世纪中国中小学课程标准·教学大纲汇编历史卷》，人民教育出版社 2001 年版，第 166—167 页。

② 同①，第 167 页。

提出:"历史课中的政治思想教育,必须通过讲述具体的历史事件来实现,不能离开历史事实空讲道理。"①

2. 强化阶级斗争倾向

历史教学大纲中德育目标内容、表述的变化与当时的政治、教育形势密切相关。1957 年开始,"左"的思潮开始冲击基础教育。受当时苏联"修正主义"和国内"路线斗争"背景影响,历史学科教育的德育目标呈现较浓厚的意识形态色彩,再次突出了"阶级斗争"的观点,强调阶级斗争对历史发展的重要作用和劳动人民在历史中的重要地位。例如,《全日制中学历史教学大纲》明确提出:"中学历史教学的目的和要求,在于给学生以有关中国历史和世界历史从原始社会到社会主义社会各个历史阶段的重要情况(包括阶级斗争、生产斗争、民族关系、文化发展等方面),从而认识历史发展的规律,理解资本主义必然灭亡,社会主义、共产主义必然胜利。培养学生热爱共产党、热爱祖国、树立为社会主义、共产主义革命事业奋斗的信心和决心。"并指出"在阶级社会里,阶级斗争是历史发展的动力。劳动人民的革命斗争,在历史上占有重要的地位。作为劳动人民的对立面,是处于支配地位的统治阶级。统治阶级和被统治阶级以一定的条件,互相对立,互相依存。"②在《全日制小学历史教学大纲(草案)》中也有类似表述:"通过历史事实的讲述,使学生认识人类历史发展的方向,资本主义必然灭亡,社会主义、共产主义必然胜利;热爱中国共产党和毛主席,憎恨帝国主义和一切反动派,从而培养爱国主义和国际主义精神。"③

(二) 1978 年《全日制十年制学校中学历史教学大纲(试行草案)》

"文化大革命"结束后,教育界就发出重建历史教育的号召。1978 年的大纲草案正是在这样纠正"文化大革命"错误、拨乱反正的背景下制定的。它是"文化大革命"结束后制定的首部历史教学大纲,虽然做了一定调整,但也存在一些问题,1980 年对此大纲再次进行了修订,其中的德育目标体现了如下特点。

1. 逐步纠正了"文化大革命"时期"左"的思想

1978 年版的教学大纲初步纠正了"文化大革命时期"历史德育目标的混乱

---

① 课程教材研究所:《20 世纪中国中小学课程标准·教学大纲汇编历史卷》,人民教育出版社 2001 年版,第 240 页。

② 同①,第 256 页。

③ 同①,第 239 页。

现象,明确提出马克思主义是实施历史德育的基本立场,指出中学历史教育"一定要以马克思列宁主义、毛泽东思想为指导",逐步"培养学生树立阶级斗争、人民群众创造历史、历史按规律发展、经济基础决定上层建筑和上层建筑反作用等历史唯物主义基本观点"[1],德育目标具有一定进步意义;并要求在教学中将"无产阶级的产生以及无产阶级反对资产阶级的斗争,马克思主义的诞生和它同工人运动的结合,国际共产主义运动中两条路线的斗争,尽可能安排得重点突出"。[2]

2.目标表述体现出鲜明的时代烙印

中小学历史学科德育目标的确定,很大程度上是时代变革和社会思潮的回响,应该教哪种"历史"、开展何种思想政治教育,当时的教学大纲是这样回答的:历史教学一定要以"马克思列宁主义、毛泽东思想为指导","认真贯彻毛主席关于教学方法的指示",一定要"肃清刘少奇、林彪、'四人帮'散布的形形色色的唯心史观,特别是'四人帮'反党集团伪造历史,古为帮用的影射史学的流毒,把他们歪曲的历史纠正过来"。[3]在"人民群众是历史的主人"观点指导下,历史教材应该从"阶级斗争、生产斗争和科学文化等方面叙述人民群众推动历史的伟大作用,把历史写成以人民群众为主体的历史"。[4]诚然,1978年的大纲在当时对纠正中学历史教学中"左"的问题,恢复正常的历史教学秩序有较好的指导作用,但是由于受政治环境的影响,也难免留下时代烙印。此外,这部教学大纲的德育目标总体来说仍然比较笼统、概括,表述依然存在高度政治化、成人化的倾向,用纯粹"政治"目标替代学科德育目标的问题依然存在,对历史学科德育实践的指导意义不强。

四、发展阶段(1981—1999年)

从1981—1999年,我国先后颁布了七部中小学历史教学大纲(课程标准):1986年《全日制小学历史教学大纲》和《全日制中学历史教学大纲》、1988年《九年制义务教育全日制初级中学历史教学大纲(初审稿)》、1990年《全日制

---

① 课程教材研究所:《20世纪中国中小学课程标准·教学大纲汇编历史卷》,人民教育出版社2001年版,第327页。

② 同①,第329页。

③ 同①,第327—330页。

④ 同①,第328页。

中学历史教学大纲(修订本)》、1992 年《九年义务教育全日制初级中学历史教学大纲(试用)》及 1996 年《全日制普通高级中学历史教学大纲(供试验用)》。本文将这一时期的德育目标划分为"发展阶段"。特别值得一提的是,由于国家适时下放了课程编制的权力,给地方一定的自主权,使课程编制具有一定的弹性。上海等省市根据本地区的教育情况编制课程,颁布课程标准,设置德育目标,因而出现了历史课程育人的多样化趋势。这一时期,教学大纲中的德育目标具有以下特点。

(一)设置思想教育栏目,阐述学科德育目标

在 20 世纪 80 年代以前,我国中学的历史教学目标,多是强调要使学生掌握历史知识,并通过历史教学使学生在政治思想方面受到教育,比较重视的是知识教育和思想教育。1988 年颁布的《九年制义务教育全日制初级中学历史教学大纲(初审稿)》,第一次增加了对学生能力培养的要求,将中学历史课程内容分成三部分,即"基础知识、思想教育、能力培养",明确指出历史教学的三项基本任务是传授基础的历史知识,进行思想教育和能力培养,并且在"教学内容"部分,根据初中不同教学阶段和教学内容,分别对三项基本任务提出了具体而有层次的要求。90 年代三维目标逐渐成为定制,沿用至今。同时,在"思想教育"部分,基于不同的教学内容提出不同的德育目标和要求,并对每一项德育目标进行阐述和解释,一改过去德育目标表述笼统、空泛的现象。以中国古代史为例,这部大纲提出以下德育目标:爱国主义教育、维护国家统一和民族团结的观念、社会发展的观点、人民群众创造历史的观点、阶级和阶级斗争的观点、历史的辩证的观点、品德情操修养。诚然,上述德育目标并未有太大变化,但单独列明、逐条解释的形式,更便于实践操作,提高了德育目标对学科德育实践的指导价值。

(二)明确提出辩证唯物主义的观点

1988 年的初中教学大纲明确提出了"初中历史教学,要求向学生进行初步的辩证唯物主义和历史唯物主义观点教育"。[1]这与以往仅强调要以"马克思列宁主义、毛泽东思想"为指导的宽泛提法,表述更具学科意味。例如,在"处理教学内容的若干原则"中,对辩证唯物主义观点进行了学科化说明:"历史是丰

---

① 课程教材研究所:《20 世纪中国中小学课程标准·教学大纲汇编历史卷》,人民教育出版社 2001 年版,第 510 页。

富多彩、曲折复杂的，又是有规律可循的。历史教学要阐明历史发展的客观规律，并说明历史发展的规律是不依人的意志为转移的。历史教学在揭示历史发展规律的同时，更要注意历史发展的特殊性。"并强调"运用辩证唯物主义的观点和方法，才能科学地讲述历史"，并以人民群众、生产力的作用为例，指出："历史教学应该阐明人民群众创造历史的作用，同时也要阐明个人对历史进程的促进或延缓作用；要阐明生产力对生产关系、经济基础对上层建筑的决定作用，同时也要阐明生产关系对生产力、上层建筑对经济基础的反作用"。①

（三）贯彻"三个面向"原则

1983 年，邓小平提出："教育要面向现代化，面向世界，面向未来。"这一原则具有重大的理论和现实意义，成为此后中国教育根本的指导原则。为响应这一重要提法，1988 年的教学大纲写明："历史教学要充分体现时代精神，面向现代化，面向世界，面向未来。"②在德目目标表述中，也着力体现上述原则，如为落实面向现代化，增加了"党在社会主义初级阶段的基本路线教育"，而最典型的例子是为落实面向世界，对国际主义教育的调整。

1956 年，"国际主义教育"首次出现在初级中学教学大纲中，表述为："在世界历史的教学过程中，必须贯彻爱国主义、国际主义和劳动教育，从而培养学生共产主义的世界观，加强他们对共产主义胜利的信心。"③在此思想指导下，大纲提出："只有把爱国主义和国际主义结合起来，才能使世界历史的学习成为整个历史学习的有机部分，才能使世界史的学习有助于本国历史的学习。"④此后的 30 多年，国际主义教育沿袭必须与爱国主义教育相结合的原则，并在世界历史教学中提出相应要求。1978 年的大纲提出："世界历史教材要在有关部分结合中国历史，正确体现中国在世界历史上的作用和地位，以加强爱国主义教育。"⑤1980 年的教学大纲则补充道："结合时联系学生已知的历史知识，一般不重复叙述中国历史的某些内容。但是结合当前国际斗争，个别地方也可以从世界历史的角度写一点中国历史写过的内容。"⑥

① 课程教材研究所：《20 世纪中国中小学课程标准·教学大纲汇编历史卷》，人民教育出版社 2001 年版，第 511 页。
② 同①，第 510 页。
③ 同①，第 166 页。
④ 同①，第 167 页。
⑤ 同①，第 329 页。
⑥ 同①，第 387 页。

从某种角度来说，在相当长时段中，国际教育的最终目标不仅是强化爱国主义教育，且或多或少富有"斗争"意蕴。例如，1956年的初中教学大纲要求："我们必须跟仇视本国历史上出现的压迫者一样地仇视世界各国历史上出现的一切压迫者，一切残害劳动人民的反动阶级……我们必须跟世界各国人民一道，反对破坏人类和平的共同敌人——帝国主义。"①1988年的初中教学大纲则对此进行了调整，一改世界历史教育的"斗争"色彩，更多突出"和平"主题，强调"世界各国之间的友好往来和经济、文化联系，是人类历史发展的重要因素"，"在世界历史教学中，应重视向世界历史上的优秀人物学习，培养爱国主义、国际主义精神和高尚情操"，②更首次提出要"培养学生具有为我国社会主义现代化建设和人类的和平、进步事业而献身的历史感和责任感"。③1996年的高中教学大纲更提出，在世界近代史的教学中，应着重向学生进行"国际主义和促进世界和平与发展的思想"，"培养学生面向世界，维护世界和平与发展，积极参与国际合作与竞争，为人类进步事业奋斗的信念和责任感"。④

（四）突显中国近现代历史的思想教育功能

20世纪90年代历史教育的思想教育功能再次加强。1991年，江泽民总书记致信李铁映、何东昌，强调进行中国近现代史及国情教育，强调历史教学要使中学生认识到人民政权来之不易，提高民族自尊心和自信心。在此基础上，国家教委颁布《中小学加强中国近代、现代史及国情教育的总体纲要（初稿）》，要求从小学到大学全面普及中国近现代史教育，提高学生的思想政治素质，培养社会主义事业的建设者和接班人，提防敌对势力的和平演变。1991年国家教育委员会制定的《中小学历史学科思想政治教育纲要》将这一指导思想落实到小学阶段和初中阶段的教学。1996年《全日制普通高级中学历史教学大纲（供试验用）》在以往教学大纲的基础上进行修订，提出："要进一步向学生进行国情教育和爱国主义教育，尤其进行热爱社会主义祖国、加强民族团结、奋发图强、振兴中华的教育……培养学生具有强烈的民族自豪感、自尊心和自信心。"⑤在

---

① 课程教材研究所：《20世纪中国中小学课程标准·教学大纲汇编历史卷》，人民教育出版社2001年版，第167页。
② 同①，第532页。
③ 同①，第510—511页。
④ 同①，第705页。
⑤ 同①，第690页。

"处理教学内容的若干原则"部分增加了历史教学"应着重揭露资本主义和帝国主义的侵略本质和掠夺罪行"等内容。

（五）初步关注初、高中德育目标的合理分层

由于学生生理、心理的发展变化，与初中相比，高中阶段的思想教育目标理应体现更高层次。就历史学科来说，区分思想教育目标的层次性比任何学科都重要，也更困难。1992年、1996年的初高中教学大纲针对这一难题做了有益尝试。例如，为培养学生高尚的道德情操，初中提出要基于学生的认知基础，关注人物教育，通过讲述"我国古代有无数杰出的政治家、军事家、思想家、科学家、文学家、艺术家和能工巧匠等的事迹"，"引导学生学习他们身上的优良品德和高尚情操"[1]；高中则着力体现与初中的差异，同样是人物精神教育，却表述为"通过了解中国古代杰出人物的优秀道德品质，进一步激发学生自觉学习古人的优秀品德，树立正确的人生观和世界观"[2]。简言之，初中生能够认同、赞赏杰出人物的优秀品德情操即可，而高中生要通过相关史实学习，不仅欣赏伟大历史人物的优秀品德，更要与个人的三观相关联，树立正确的人生观、世界观、价值观。又如，在开展爱国主义教育时，初中生通过学习相关史实，认同"爱国主义传统是中华民族的珍贵历史遗产，是使我们的国家兴亡发达的巨大精神力量"[3]，激发爱国热情、自觉形成民族自豪感和自信心；高中生则通过学习历史，在激发爱国主义思想感情的基础上，"培养学生振兴中华的历史责任感"[4]。

五、深化阶段(2000—2011年)

2000—2011年，我国先后颁布了五部历史教学大纲和课程标准：2000年《九年义务教育全日制初级中学历史教学大纲（试用修订版）》和《全日制普通高级中学历史教学大纲（试验修订版）》、2001年《全日制义务教育历史课程标准（实验稿）》、2003年《普通高中历史课程标准（实验）》、2011年《义务教育历史课程标准（2011年版）》。本文将这一时期的德育目标划分为"深化阶段"。

---

[1] 课程教材研究所：《20世纪中国中小学课程标准·教学大纲汇编历史卷》，人民教育出版社2001年版，第662页。

[2] 同[1]，第712页。

[3] 同[1]，第661页。

[4] 同[1]，第711页。

以下将主要以 2001 年和 2011 年两部课程标准为例，分析这一时期历史课程德育目标的特点。

（一）2001 年《全日制义务教育历史课程标准（实验稿）》

1. 首次提出"情感态度与价值观"目标

中学历史教育不只是学习基础的历史知识，而应是一个知识、方法、情感三维一体的完整的学习过程。这要求学生在学习历史知识的过程中，了解知识的获取途径，掌握基本的学史方法，在此基础上达成相应的思想情感教育目标，充分发挥历史教育的社会功能，实现升华个人精神境界、提高人文素养的教育目的。基于上述原则，2001 年版初中课程标准提出了"知识与能力""过程与方法""情感态度与价值观"三维目标，并首次以"情感态度与价值观"的表达方式，明确规定了学生通过历史学习应达到的德育目标。这不仅是表述方式的转变，更是中学历史课程价值取向的转变，是人们对中学历史课程育人目标、方向、途径新的看法与认识，是教师在确定德育目标、选择德育内容、制订德育方法时必须认真思考的重大转变。

2. 进一步丰富学科育人的内涵

历史学科因其学科特质，历来是国家实施政治、社会教育的主阵地。回顾 20 世纪的课程标准，可以发现，即便是在强调"双基"教学的时代，对学生的思想政治教育也是中学历史教育的重中之重。例如，历史教育要"向学生进行爱国主义和国际主义教育；进行党在社会主义初级阶段基本路线教育，以及革命传统和道德情操教育；培养学生具有为我国社会主义现代化建设和人类的和平、进步事业而献身的历史感和责任感"。①大同小异的表述在多版教学大纲中反复出现。诚然，对学生进行政治教育是历史教育的题中应有之义，但不可否认，将历史学科德育目标仅限于政治教育，忽视对学生人文素养等的培育，则无形中窄化了历史学科育人功能。

随着国家社会、经济发展，教育理论研究更深入，历史教育开始关注学生的成长，意识到教育和教学要有利于学生的全面发展。因此，这一时期的历史课程德育目标，不仅强调要培养学生逐步形成正确的国家意识、国际意识、社会意识、民族意识等，而且提出要注重培养学生具有健全的人格，逐步形成正

---

① 课程教材研究所：《20 世纪中国中小学课程标准·教学大纲汇编历史卷》，人民教育出版社 2001 年版，第 510 页。

确的道德观念和价值观念。相关课程德育目标的阐述,着力凸显历史学科所具有的提高国民素质的教育功能,强调通过历史教学,使学生从历史的角度去认识人与人、人与社会、人与自然的关系,从历史中汲取智慧,提高人文素养,形成正确的人生态度和价值观,从而得到全面发展。

2001 年版课程标准在"情感态度与价值观"目标中突破了过去单一的社会政治教育范畴,开始关注学生的人文素养和科学精神的培养。2003 年颁布的《普通高中历史课程标准(实验)》明确要求学生在学习历史基础知识,掌握学史基本技能的过程中,不仅要"逐步形成对国家、民族的历史使命感和社会责任感",同时要"加深对历史上以人为本、善待生命、关注人类命运的人文主义精神的理解。培养健康的审美情趣,努力追求真善美的人生境界。确立积极进取的人生态度,塑造健全的人格,培养坚强的意志和团结合作的精神,增强经受挫折、适合生存环境的能力"。[1]2001 年教育部颁布的义务教育课程标准中也有类似表述。可见,进入 21 世纪,历史课程标准的德育目标内容更为丰富,出现民主与法制意识、国际意识等新的表述,不仅要求学生养成对国家强大、社会进步的使命感和责任感,而且要求学生养成健全的人格和积极进取的人生态度,成为社会主义的合格公民。

3. 德育目标表述更具操作性

历史教学大纲所描述的行为主体是教师;而课程标准强调的行为主体是学生,描述学生的学习结果,体现以学生为本的基本原则。课程标准的德育目标最终要检验的是学生是否达到了预期的学习结果,而不是教师有没有完成某一任务或是否达到了某一目标。因此,德育目标不再采用"使学生……"等表述方式,而是把目标主体由教师转变为学生。这样做使德育目标的表达更具科学性、规范性和合理性。同时,在"课程目标"部分都采用了三维目标单列写法,将学科德育目标集中呈现于"情感态度与价值观"中,并在内容中以"了解""理解""形成""树立""培养""确立""尊重"等行为动词提出了具体目标要求。这些与以往教学大纲的思想教育目标表述方式有较大不同,体现了课程改革理念的进步。例如,课程标准要求学生通过历史课程学习,"逐渐了解中国国情,理解并热爱中华民族的优秀文化传统,形成对祖国历史与文化的认同

---

① 中华人民共和国教育部:《普通高中历史课程标准(实验)》,北京师范大学出版社 2003 年版,第 5 页。

感,初步树立对国家、民族的历史责任感和历史使命感,培养爱国主义情感,逐步确立为祖国的社会主义现代化建设、人类和平与进步事业做贡献的人生理想"等。

(二)2011年《义务教育历史课程标准(2011年版)》

1.强调社会主义核心价值体系的有效渗透

2011年版课程标准的情感·态度·价值观目标全面贯彻了《国家中长期教育革和发展规划纲要(2010—2020年)》精神,社会主义核心价值体系被融入义务教育历史课程德育目标中,强调要"培育具有社会主义核心价值观的公民,是时代发展和社会前进的需求,也是青少年自身成长和全面发展的需要",而"义务教育阶段的历史课程,是在唯物史观的指导下,弘扬以爱国主义为核心的民族精神和以改革创新为核心的时代精神,传承人类文明的优秀传统,使学生了解和认识人类社会的发展历程,更好地认识当代中国和当今世界"①。在"情感·态度·价值观"中增加了相关表述。例如,要求历史教育能够帮助学生"认识在漫长的历史进程中,我国各族人民密切交往、相互依存、休戚与共,形成了中华民族多元一体的格局,共同推动了国家发展和社会进步,增强民族自信心和自豪感"。又如,为渗透中国特色社会主义理想信念,要求学生通过"感悟近现代中国人民为救亡图存和实现中华民族伟大复兴而进行的英勇奋斗和艰苦探索,认识中国共产党在中国革命、建设和改革事业中的决定作用,树立中国特色社会主义理想信念;继承和弘扬以爱国主义为核心的民族精神,认识到国家统一、民族团结和社会稳定是中国强盛的重要保证,初步形成对国家、民族的认同感,增强历史责任感"。再如,为引导学生在学习过程中了解中国特色社会主义,要求学生"认识人类历史上物质文明、精神文明的重要性,理解历史上的革命与改革在不同程度上促进了社会的进步,认识到从专制到民主、由人治到法治是历史发展的必然趋势,不断发展社会主义民主与加强社会主义法制意识"。此外,目标中还出现了"从历史的演变中认识合理开发和利用资源、生态环境保护的重要性,初步形成可持续发展的观念"等新的表述。②

2.情感·态度·价值观目标体现思想性、人文性

2011年版课程标准对历史课程性质做了较大的修改与完善,着重强调了

① 中华人民共和国教育部:《义务教育历史课程标准(2011年版)》,北京师范大学出版社2012年版,第1页。
② 同①,第7页。

历史教育的"思想性""人文性"。为回应这种变化,情感·态度·价值观目标增加了相应的内容。例如,为培养学生能够用唯物史观阐释历史的发展与变化,逐步树立正确的世界观和人生观,要求学生通过学习能够"认识马克思主义诞生的重大历史意义"①,"认识人类历史上物质文明、精神文明发展的重要性,理解历史上的革命与改革在不同程度上促进了社会的进步,认识从专制到民主、由人治到法治是历史发展的必然趋势,不断发展社会主义民主与加强社会主义法制意识";②通过学习能够"辩证地看待人类社会不断发展和进步的总体趋势,感悟人类文化的多元性、共容性和发展的不平衡性"。③又如,这部课程标准第一次明确提出"人文性",提出要"认识人民群众创造历史的作用以及杰出人物在历史上的重要贡献,吸取前人的经验和智慧,初步理解个人与群体、个人与社会的关系,提高对是与非、善与恶、美与丑的识别判断力,逐步确立积极进取的人生态度,形成健全的人格和健康的个性品质"④,强调"以人类优秀的历史文化陶冶学生的心灵,帮助学生客观地认识历史,正确理解人与社会、人与自然的关系,提高人文素养,逐步形成正确的价值取向和积极向上的人生态度"。⑤

3. 情感·态度·价值观目标蕴含学科特性

2011年版课程标准强调历史教育的学科特性,即历史课程是通过学生学习人类社会按照时序的发展过程来塑造初中学生的人文素养;强调要基于历史学科特性设定学科德育目标,使学生在正确了解历史学科的基本特征、初步获得对历史发展的整体性认识的基础上,形成历史发展的进步观和积极向上的人生态度。例如,课程目标明确提出:通过历史课程学习,学生能够"对人类历史的延续与发展产生认知兴趣,感悟中华文明的历史价值和现实意义,养成爱国主义情感,开拓观察世界的视野,认识世界历史发展的总体趋势;初步形成正确的世界观、人生观和价值观,为成为拥有良好综合素质的合格公民奠定基础"。⑥为落实上述原则,淡化学习主题,采取编年体"点—线"结合呈现方式,使学生在历史的时序发展中,"从历史的角度认识中国的具体国情,认同中华

① 中华人民共和国教育部:《义务教育历史课程标准(2011年版)》,北京师范大学出版社2012年版,第28页。

②④ 同①,第7页。

③ 同①,第26页。

⑤ 同①,第2页。

⑥ 同①,第5页。

民族的优秀传统文化,尊重和热爱祖国的历史和文化","认识在漫长的历史进程中,我国各族人民密切交往、相互依存、休戚与共,形成了中华民族多元一体的格局","了解人类社会历史发展的基本趋势及人类文化的多样性,理解和尊重世界各国、各民族的文化传统,学习汲取人类创造的优秀文明成果",以培养初中学生的爱国主义情感和人文素养。[①]

4. 倡导三维目标的整合

2011 年版课程标准认同并坚持育人是历史课程的终极目标,承袭前版课程标准特点,继续坚持从"三维目标"方面进行课程设计,强调情感·态度·价值观目标的实现需要学生在初步掌握基本史实、习得学史方法的基础上实现。例如,标准要求教师要"注重课程目标中'知识与能力''过程与方法''情感·态度·价值观'三方面目标的整合,并使其具体化为课时目标"。这样的表述体现了历史课程德育的一个重要变化,就是学生不仅需要掌握历史的基本知识,并要习得收集、解读典型史料,发现和探索历史及有关问题的学习方式,在此基础上增强民族精神,开拓国际视野,陶冶道德情操,成为有历史意识和社会责任的人。

5. 情感·态度·价值观目标出现新表述

2001 年版课程标准中的"情感态度与价值观"被重新表述为"情感·态度·价值观",且对目标的叙述更为清晰、明确、完整,与纵向的、课程内容中规定的目标的结合更为紧密。第一,在保留目标指向基本不变的基础,对许多内容进行了补充和修订。例如,从"认识人类历史上物质文明、精神文明发展的重要性,理解历史上的革命与改革在不同程度上促进了社会的进步"的视角,补充强化学生民主与法治意识相关内容。又如,将帮助学生"形成健全的人格和健康的审美情趣,确立积极进取的人生态度、坚强的意志和团结合作的精神,增强承受挫折、适应生存环境的能力"丰富为"初步理解个人与群体、个人与社会的关系,提高对是与非、善与恶、美与丑的识别判断力,逐步确立积极进取的人生态度,形成健全的人格和健康的个性品质"。第二,在"情感·态度·价值观"的表述中增加了情感指向性更为明确、层次更为丰富的行为动词。2001 版的课程标准使用的情感动词包括:"了解""理解""形成""树立""培养""确立""尊重"等。而在 2011 年版中,新增了"认同""感悟""继承""弘扬""崇

---

① 中华人民共和国教育部:《义务教育历史课程标准(2011 年版)》,北京师范大学出版社 2012 年版,第 7 页。

尚"等情感动词。第三，"情感·态度·价值观"内容的表述上更具历史韵味。例如，将"逐渐了解中国国情"改为"从历史的角度认识中国的具体国情"，将"了解人类社会发展的多样性"改为"了解人类社会历史发展的基本趋势及人类文化的多样性"，将"逐步形成面向世界、面向未来的国际意识"扩展为"认识和平与发展是当今时代的主题，逐步形成面向世界的视野和意识"，将"不断强化民主与法制意识"改为"不断发展社会主义民主与加强社会主义法制意识"，等等。

6. 依据课程内容，对德育目标进行合理分解

这部课程标准将历史课程的德育总目标进行了分解，对各年级的历史教学提出了不同的德育要求，使德育目标有了分层。这种分层主要依据不同历史课程内容，分阶段提出具体要求。例如，初一年级将传承中华优秀传统文化和独特文明作为主要德育目标。学生通过学习中国古代史，"不断增强学习祖国历史的兴趣，激发民族自豪感，树立民族自信心和自尊心，加深对祖国历史文化的认同感"。①初二年级，学生通过学习中国近代史，"能够认识近代中国遭受过的深重苦难是国内专制统治的腐朽黑暗和外国列强入侵造成的；认识捍卫国家主权和民族尊严是中华民族的优良传统；知道救亡图存和实现现代化是近代中国人民奋斗的基本目标；知道民族民主革命的艰巨性；知道没有中国共产党就没有新中国的道理，从而坚定为中华民族复兴而奋斗的信念"。②初二年级的中国现代史则以认同社会主义建设成就和社会主义核心价值观为主要德育目标，学生通过学习相关史实，"能够知道中国社会主义初级阶段的基本国情，认识社会主义现代化建设是一个曲折漫长的过程；能从社会的不断进步和发展中体会到必须坚持中国共产党的领导，坚定建设中国特色社会主义的信念"。③初三年级，学生通过学习世界古代史，"能够辩证地看待人类社会不断发展和进步的总体趋势，感悟人类文化的多元性、共容性和发展的不平衡性，认识到世界各地区、各民族共同推动了人类文明的进步，他们创造的文明成就是人类的共同财富；树立民族自信心，同时初步树立起正确的国际意识，培养理解、尊敬、吸收其他民族文化精华的开放心态"。④学生通过学习世界近现代

① 中华人民共和国教育部：《义务教育历史课程标准（2011年版）》，北京师范大学出版社2012年版，第11页。
② 同①，第17页。
③ 同①，第22页。
④ 同①，第26页。

史,"认识马克思主义诞生的重大历史意义,理解殖民地半殖民地人民反抗资本主义侵略扩张斗争的正义性与合理性;初步形成崇尚科学精神的意识、历史进步意识、历史正义感和以人为本的价值观";[1]"增强国际意识,以开放的心态和开阔的视野看待世界,吸纳人类共同创造的文明成果;树立热爱和平的观念和忧患意识,增强社会责任感和历史使命感,立志为促进人类进步事业奉献自己的力量"。[2]

六、提升阶段(2012年至今)

教育是培养人的活动,历史课程德育目标的制定必须基于学科本质,遵循学生的身心发展规律。然而,相当长一段时期内,基础教育历史课程标准中德育目标的制定较多囿于国家政治领域,德育目标的社会价值、个人价值受到一定限制。随着国家政治、经济、文化不断发展,加之历史学和历史教育研究领域新的成果不断涌现,历史课程德育目标的制定也出现了一系列重大变化,课程德育目标的政治化、智育化和"去生活化"一定程度上得到解决,其制定越来越适应历史教育自身的发展规律,日益回归历史教育的本真价值。

2012年党的十八大提出了全面实施素质教育,强调要把立德树人作为教育的根本任务,培养德智体美全面发展的社会主义建设者和接班人。为将"立德树人"的要求落在实处,2013年教育部启动了普通高中课程修订工作。2014年颁布了《关于全面深化课程改革落实立德树人根本任务的意见》,指出教育部将明确学生应具备的适应终身发展和社会发展需要的必备品格和关键能力即学生发展核心素养,突出强调个人修养、社会关爱、家国情怀,更加注重自主发展、合作参与、创新实践。在此背景下,历史学科进一步修订了高中历史课程方案和课程标准,依据学生发展核心素养体系,进一步明确具体的育人目标和任务,努力构建既符合我国实际情况,又具有国际视野的纲领性教学文件。与之前的课程标准相比较,《普通高中历史课程标准(2017年版)》的德育目标具有以下特点。

(一)凝练学科核心素养,引领学科德育新方向

2017年版课程标准指出:"中国学生发展核心素养是党的教育方针的具体

---

① 中华人民共和国教育部:《义务教育历史课程标准(2017年版)》,北京师范大学出版社2018年版,第28页。

② 同①,第32页。

化、细化。为建立核心素养与课程教学的内在联系，充分挖掘各学科课程教学对全面贯彻党的教育方针、落实立德树人根本任务，发展素质教育的独特育人价值，各学科基于学科本质凝练了本学科的核心素养，明确了学生学习该学科课程后应达成的正确价值观念、必备品格和关键能力，对知识与技能、过程与方法、情感态度与价值观三维目标进行了整合。"①就学科德育目标而言，从"情感态度与价值观"发展到"家国情怀"的培养，是新一轮基础教育课程改革的新变化。这一变化不仅是表述上的更新，且是国家在新时代背景下对学科德育的新要求，是基础教育落实党和国家立德树人根本任务的重要体现，实现了从历史学科本体、知识本位到学科育人本位、学生核心素养发展本位的深刻转型。

（二）彰显育人为本，德育为先的理念

与以往相比，2017年版课程标准着力强化历史学科的新时代育人功能。一方面，在课程性质、基本理念、学科核心素养、课程目标、学业质量等部分多次阐述学科德育功能，论述学科德育目标，德育内容更加丰富，如增加了"认同走中国特色社会主义道路是历史的必然，树立中国特色社会主义道路自信、理论自信、制度自信和文化自信"等。另一方面，学科德育功能被提升到一个新高度，明确提出"以立德树人为历史课程的根本任务"，"历史课程最基本和最重要的教育理念，是全面贯彻党的教育方针，切实落实立德树人的根本任务，坚持育人为本，德育为先，使历史教育成为形成和发展社会主义核心价值观的重要途径。发挥历史课程立德树人的教育功能，使学生能够从历史的角度关心国家的命运，关注世界的发展，成为德智体美全面发展的社会主义建设者和接班人"。②

（三）进一步弱化德育目标的政治化、成人化倾向

纵观历史课程德育目标的发展，目标的政治化、成人化、抽象化、绝对化倾向一直是困扰历史德育实践的难题。2017年版课程标准的德育目标注意避免政治化、成人化倾向，克服重政治思想轻健全人格的问题，不刻意追求德育目标的完整性。目标内容的选择注重体现时代性，较符合学生的心理特征和认知水平，减少艰深的政治理论和概念，增加贴近学生生活、贴近社会的内容，有助于学生的政治素质、道德品质和健全人格全面发展。例如，学生通过高中历

---

① 中华人民共和国教育部：《普通高中历史课程标准（2017年版）》，人民教育出版社2018年版，第4页。

② 同①，第1—2页。

史课程的学习,能够"提高学科核心素养"①"能够确立积极进取的人生态度,塑造健全的人格,树立正确的世界观、人生观和价值观"。②

(四)目标内涵反映出新时代特色

历史学科属于人文社会学科,历史教育必然要向学生传递特定时代的政治、思想、社会、道德、价值等方面的意识和观念。2017年版课程标准的德育目标颇具时代特色,其德育目标的指向、内容及教学要求等,充分展示了国家希望历史教育用什么样的思想和观念来指导实践;并能够根据政治经济社会发展新变化,调整更新德育内容和话语体系,立德树人、社会主义核心价值观、习近平新时代中国特色社会主义思想、中华文化等"时代热词"都出现在其中。例如,历史课程要"切实落实立德树人的根本任务",要求学生通过学习能够"了解并认同中华优秀传统文化、革命文化、社会主义先进文化,认同社会主义核心价值观,认同走中国特色社会主义道路是历史的必然"等。

(五)进一步关注德育目标的合理分层

2017年版课程标准在德育目标的设计中考虑到与义务教育阶段德育目标的关联。高中历史课程德育目标在结构设计和内容编排上,既注意与义务教育阶段德育目标的衔接与贯通,又注意两者的区别,显现高中历史课程德育与初中的不同,使学生在义务教育的基础上进一步提升政治素质,涵养道德品质,形成健全人格。例如,2011年版初中标准中德育目标要求学生:"初步理解个人与群体、个人与社会的关系,提高对是与非、善与恶、美与丑的识别判断力,逐步确立积极进取的人生态度,形成健全的人格和健康的个性品质";2017年版课程标准提出要:"能够树立积极进取的人生态度,塑造健全的人格,树立正确的世界观、人生观和价值观。"

(六)提出将德育水平纳入学业质量的评价标准

2017年版课程标准首次将德育水平纳入学业质量评价。通过界定学生在完成历史课程学习后的德育表现来判断学科德育目标的达成水平。学科德育目标评价是以德育目标及其表现水平为主要维度,结合德育内容,对学生德育目标的达成度进行总体评价。依据不同德育水平表现的关键特征,学业质量标准明确将德育质量划分为不同水平,并描述了不同水平德育结果的具体表

---

① 中华人民共和国教育部:《普通高中历史课程标准(2017年版)》,人民教育出版社2018年版,第1页。

② 同①,第7页。

现。例如,将"能够发现历史上认同家乡、民族、国家的事例,认识社会主义核心价值观的历史依据,具有对祖国和人民的深情大爱"界定为水平 1;将"能够发现历史上认同家乡、民族、国家的事例,认识社会主义核心价值观的历史依据,具有对祖国和人民的深情大爱"界定为水平 2;将"能够把握中华民族多元一体的发展趋势,以及世界历史发展的进步历程,形成正确的世界观、人生观、价值观和历史观"界定为水平 3。①

七、结　语

　　1949 年以来,我国历史课程标准(教学大纲)的德育目标历经多次修订,每一次变化都展现了历史课程改革曲折的发展历程,勾描了历史教育的发展轨迹,反映出我国不同历史发展阶段的政治、经济、社会背景。20 世纪 50—60 年代,中小学历史课程标准(教学大纲)的德育目标设置及表述较多借鉴苏联经验,强调唯物史观的基础地位,强化革命人生观教育,并在中学阶段初步依据课程内容梳理德育目标。从 1961—1980 年,由于特殊的国内国际背景,从 1963 年的强调阶级斗争到 1978 年的逐步纠正"文化大革命"时期"左"的思想,德育目标的内涵和表述呈现鲜明的时代烙印。进入 80 年代,为适应改革开放的时代要求,我国先后颁布了七部中小学历史课程标准(教学大纲),并对其中的德育目标进行了多次修订,内容着力贯彻"三个面向"原则,并开始关注初、高中德育目标的合理分层,这一切都体现了课程改革的新方向。

　　随着 21 世纪的到来,我国基础教育课程改革深入发展,在最初 10 年间,先后有五部历史教学大纲和课程标准问世。这一时期的德育目标研制实践进入新的探索阶段:一方面首次提出"情感态度与价值观"目标,进一步丰富学科育"人"内涵,强调学生要学会做"人",民主与法制意识、国际意识等新的表述相继出现;另一方面,在贯彻"三个面向"原则的基础上,更强调社会主义核心价值体系的有效渗透,德育目标也着力体现思想性、人文性。尤其值得一提的是,2011 年版义务教育课程标准的德育目标强调基于学科特性开展学科育人,倡导三维目标的有机整合,并依据课程内容,对德育目标进行合理分解。此后,2012 年党的十八大提出了全面实施素质教育,强调要把立德树人作为教育

① 中华人民共和国教育部:《普通高中历史课程标准(2017 年版)》,人民教育出版社 2018 年版,第 41—43 页。

的根本任务,培养德智体美全面发展的社会主义建设者和接班人。在此背景下,历史学科进一步修订了高中历史课程方案和课程标准,依据学生发展核心素养体系,进一步明确具体的育人目标和任务。德育目标修订实践呈现跨越式进展:首次提出学科核心素养,阐述"家国情怀"的育人内涵,引领学科德育新方向;首次提出德育目标学业质量评价标准,指明学科德育评价新路径,进一步弱化德育目标的政治化、成人化倾向,进一步关注德育目标的合理分层等。纵观历史课程德育目标的演变历程,不仅彰显了课程改革推进的巨大成效,更折射出我国近 70 年的政治、经济、文化、社会的历史变迁。

历史德育概说(外一篇)

华东师范大学历史系　杨向阳

　　记忆中,倡导学科德育的事早已有之,这些年又被重新提起,予以强调。有学科德育一说,也便有了历史学科德育一说,精炼一下就叫历史德育。当然,对历史德育有人颇不以为然:历史本来就是一门"教养"学科,历史老师上课也就是在履行德育这个天然使命,何须再生枝节、再提德育。

　　德育是历史教学的"题中应有之义",教历史就是教做人,学历史就是学做人,这一点是谁也否认不了的。谁否认,谁就是历史虚无主义者。那么,对于天天都在和德育打交道的历史老师来说,跟他们再提历史德育是不是多此一举了呢? 我是这样理解的:首先,从命题或概念来说,既然学科德育能够成立,那历史德育自然也不在话下,历史不会特殊到超越"学科"的范畴。其次,概念即概括。相对于"大道至简"的教养之说,历史德育的概念具有明确的指向性、内涵性,它所概括的是时代、社会赋予历史学科的重任,是告诉你当下该做什么和怎么做,而不管你一贯在做什么和怎么做。每门学科都有责任、义务跟上这个时代和社会的步伐,做出无愧于这个时代和社会的贡献。从这个意义上说,今天对历史老师再提历史德育,并不多余。

　　事实上,历史老师今天做的一点都不比我说的差。他们遵照教育部、市政府、市教委等领导部门下达的文件精神,依托历史学科得天独厚的资源条件,积极开展传统美德教育、民族精神教育、廉洁教育、诚信教育、生命教育等一系列教育活动;有的老师还就国家倡导的"社会主义核心价值观",自觉注入历史内涵,打通古今,联系中外,使民主、法制、爱国、敬业等价值观更加具体生动,愈发入耳入脑;也有老师主动将弘扬"上海精神"引为德育使命,向学生宣示上海人爱国进步的奋斗精神、与时俱进的创新精神、海纳百川的包容精神等。可以说,老师们已然"进入角色",他们确实就像习近平总书记希望的那样:"做到每一堂课不仅传播知识、而且传授美德,每一次活动不仅健康身心、而且陶冶性情。"①

由此,也可以说,正是大量的老师们的实践活动,提供了我们从理念上把握历史德育的可能性——实践之树常青,理论才不至于是灰色的。比如有人要问:历史德育与历史学科三维目标、核心素养之间有无差别? 我们就能自信地回答:差别当然有。虽然三维目标、核心素养也涉及德育问题,但历史德育与之明显地存在四个"不一":一是提出问题的角度不一,前者(指历史德育)是单列角度,后者是整体角度;二是解决问题的要求不一,前者是特殊要求,后者是一般要求;三是话语体系不一,前者是德育话语,后者是教学话语;四是导入机制不一,前者是内容导入,后者是目标导入。概言之,两者既是一回事又是两回事,既要一视同仁又要区别对待。再比如,何谓历史德育,能否给出一个更为清晰、完整的概括? 我们也能试试(见表1):

表 1　历史德育含义

历史德育	
一大特色	含人文准则、道德理念、思想方法三大内涵
两条路径	内涵发掘路径;资源利用路径
三项策略	目标化策略;序列化策略;操作化策略

首先是"一大特色"。历史学科天生就是一门育人学科。德国存在主义哲学家、提出著名的"轴心时代"命题的亚斯贝尔思曾说:"教育要培育一代人的精神,必须先使历史进驻个人头脑,使个人从历史中汲取养分。"②历史的"养分"可谓丰富,含人文准则、道德理念、思想方法三大内涵(通常所说德育只限于思想道德教育),它的育人功能是全方位、立体化的,特色赫然而天成。

其次是"两条路径"。历史德育如何进行? 可用"两条腿"走路,一是内涵发掘,二是资源利用。前者依托课程与课堂,对学科内容中潜在的德育因素加以发掘、整理和应用;后者是课程与课堂的自然延伸,主要表现于借助公共平台、利用公共资源,以完成课堂教学所不能或不易完成的德育任务。

再次是"三项策略"。即目标化策略、序列化策略和操作化策略。策略大

---

① 习近平总书记于 2015 年在参加北京海淀区民族小学少先队主题活动时的讲话。

② 〔德〕雅斯贝尔斯:《历史的起源与目标》,1949 年出版。

于方法、先于方法，是个通盘考虑。决定了内容后，就要考虑如何实施，考虑这个"三化"，以使既定内容有目标、成序列、能操作。三化中的序列化存在变数，它可分短(一课)、中(一单元)、长(一学期)三种，当因势而定。

这里要特别谈谈操作化策略。从已有的经验来看，可以用三句话来概括历史德育的操作策略：一是"注重课上，兼顾课下——重发掘"，即始终把对课程的内涵发掘放在首位，重心在课堂上。二是"注重时机，淡化随机——重策划"，即课前必须选择时机，作好具体策划，不能把希望总寄托于"灵机一动"。三是"注重效应，不惟效果——重运作"，即"风物长宜放眼量"，把眼光主要地放在过程，放在"运作——效应"上，而不是一味地放在效果上。

前面提到了方法。方法是多种多样、千姿百态的，常常因人而异、因事而异，而只要能达成德育目的的就是好方法。方法还可以叠加，即可以同时使用几种方法。另外，方法是方式之和，每种方法都需要通过分解为方式来落实，因为只有方式才具备操作性。方法服务于内容，方式服务于方法，可以想见，比之方法，方式更是多彩而灵动的。

不管怎么说，历史德育的实践与理论的探索已经起步，尤其是在实践方面。作为传统的教化学科，历史学科有着与生俱来的育人优势，加之最近 20 余年中，老师们历经"两史一情教育""情感态度与价值观教育""两纲教育"和"家国情怀教育"等的洗礼，德育观念已根深蒂固，德育思维、方法和技能也日益成熟。金山区的老师们这回又在区教育学院、教研室的带领下，走出了"一本三跨"的路子，即"以课程、课堂德育研究为本体，跨学段、跨学科、跨学区筹划落实"，为本区的历史德育抹上了浓郁的亮色、特色。①毫无疑问，历史德育的不断实践和总结，将使老师们步入一个更高的境界，收获一分更大的欣慰。

历史德育大船的风帆已经鼓起，彼岸还远吗？

---

① "一本三跨"是金山区历史德育工作的指导思想和行动指南，是个"伟大的创举"。"一本"，是指以课程、课堂德育研究为本体，保持历史德育的可操作、可持续的基本态势。"三跨"，首先是跨学段，即把初、高中两个学段作为一个整体来考量，使得历史德育能够由浅入深、循序渐进地进行，同时避免了各自为政可能造成的无序与重复。跨学段是三跨的重头戏，也是金山教育"一体化改革"的具体体现；其次是跨学科，即在必要的情况下，联合本校的语文、政治、地理等学科一起开展德育活动，并筹组跨学科德育联合体；再次是跨学区，包括区内、区外之跨，也是在必要情况下，联合区内外其他的历史教师一起开展德育活动，并筹组跨区域、联高校的学科德育联合体。

历史德育断想录

题记：这些断续之念，是在帮助老师们开展德育研究时萌生、在审阅他们的成果时形成的，算是对"历史德育"的一点发蒙之思吧。

一

题目有德性，考试也育人，这是两位历史教师向我们清晰展示的一幅图画。记忆中，这样的图画过去上海不曾见，全国也鲜有。倡导学科德育，其突出的作用是要把德育从"神坛"上请下来，让它走进每个教师的教学生活，成为须臾不可分离的一部分，成为再忙也放不下的心头事。而践行"历史德育"，其明显的要求是要调动一切历史资源，运用史学思想方法，以十倍于前的体力、百倍于先的脑力去从事这项艰苦工作。现在，这两位老师已经用敏锐的眼光、辛勤的劳动为历史德育做出了精彩的诠释。

二

这是两个赋予历史德育特定文化（校园文化、区域文化）内涵的事例。文化，正如胡适、梁漱溟都曾定义的那样，是"人们生活的方式"。从衣食住行等日常生活到各种社会活动和历史运动，都显示出明确无误的文化内涵。在某种意义上，人类历史就是各种文化相互交织、相互渗透或各种文化生生灭灭的历史，以斯宾格勒的话说，是"一群伟大文化组成的戏剧"。离开活生生的文化，无论"人类"还是"历史"都会成为空洞的字眼。同理，文化毫无疑义地是历史德育的根基，自觉地寓文化于德育中，应该成为历史教师的"生活方式"。

三

课程可以成为历史德育的桥梁与媒介，是这两篇文章给予我们的最大启示。不仅日常的基础课程可以落实德育,而且可以开发和利用拓展性课程——杨老师针对资优生开发的高端课程,不忘"培养、提升学生的人格素养和公民意识";郝老师创设的"彭浦历史日",则是力图"使学生的认知能力和情感世界得到和谐发展"。这里值得指出的是,郝老师的"历史日平台"本质上就是一种课程,是将泰勒、杜威的两种课程观捏合到一起的"动态课程",如果我们可以把通常意义的课程称为静态课程的话。

四

"合作"与"共生",天造地设的一双,却分别是两篇德育文章的关键词,可见我们的教师想到一起去了。想什么呢?当然是历史德育的范畴、内涵问题。"教育不仅要有竞争的视角,而且要有合作与共生的视角,这或许就是当代教育的一种价值选择,一种未来取向。"(傅文语)说得多好!历史德育不能仍然限于"小德",即传统的道德教育的范畴,而应开创"大德"的体系,拓宽其内涵,坐实其宗旨,将人文准则、道德理念和思想方法纳入这一体系。如此,才是真正具有时代特征、历史特色的学科德育。

五

责任感教育、意志力培养如果出自历史教师之口会是怎样一种情形呢,还是空洞的说教、无谓的口号吗?这里的两篇文章读了就知道。历史学科作为传统教化学科,有着与生俱来的育人优势。这一点,不仅业内人士这样看,业外的专家学者也持相同观点。教育家杜威认为历史学科是塑造人的道德品质的最优学科,人类的所有道德规范都能从历史中找到其典范;哲学家亚斯贝尔思则更是强调:教育要培育一代人的精神,必须先使历史进驻个人头脑,使个人从历史中汲取养分。看来,我们是坐拥百城、底气十足啊。

六

但凡历史德育,"学科内涵"几个字总会被提及。的确,内涵的发掘和应用,是历史德育最大的特色、最明显的优势,没有之一。你不能想象从理科中去寻找道义,也不能奢望其他文科承载多少道义,这是分工不同、先天有别。但是光有内涵肯定不行,有了"米",还要考虑"炊",考虑"方法"的问题,如同张老师在她的文章中所说:只有以学生的兴趣、愿望、诉求等为出发点,历史德育才会具有吸引力、感染力和实效性。而如何从方法层面入手解决历史德育的效益问题，正是这里两篇探索文字的精要所在。

七

学科德育以特色见长。历史德育的特色之一是将人文准则、人文精神等纳入德育范畴，这不仅可行而且必要。以民主意识培养为例，诚如王元化所言："民主制是需要法治来保证的，但传统思想乃内在超越，重修身，而治国则是修身的延续，故法治理论与法治经验在传统资源中极为稀薄。"这无疑会使传统德育或其他学科德育陷入困境。历史德育则不然，凭借学科占有的西方历史文化资源，运用史学思想方法，能够清晰阐释民主与法治的关联，使学生在养成民主意识的同时增强法治观念。这就是特色。这就是特色的力量。

八

无论走到哪里，都忘不了我是谁，我从哪里来，要到哪里去——历史和乡愁何其相似乃尔！这也解释了历史学科何以擅长乡愁教育。青年学生大多不知乡愁为何物。这也难怪，思乡之情本不属于涉世未深者。但我们还是可以从引导入手，像郑老师那样，在课上，通过各种途径和方法，去帮助学生认识海派文化、体悟海派精神；或像王老师、唐老师那样，在课下，组织城市徒步活动，促使学生在亲历亲为中感受乡情、滋长爱心。历史是流动的乡愁，乡愁是凝固的历史。但愿我们的学生今后能像记得住历史一样，记得住乡愁。

九

图像和语言作为认知工具，本身不会导致德育后果，只有当它们与认知结合，与史学思想方法结合，才可能通过促进认知、开阔思维而释放德育功能，收获德育效果。这种间接的德育作用往往既明显又不易觉察，一定程度上影响了教师的主动性和积极性。从这个意义上说，这里的两位教师可谓"很不容易"。赵老师意识到图像资料具有强烈的视觉效应和情感信息，可以利用它来辅助历史德育；朱老师则认为，教师可以通过驾驭自身的语言来发挥其应有的德育作用。并且，她们不仅有思考而且有行动，值得我们学习和仿效。

十

培育海洋人文意识、文化传承意识，无疑是历史德育光荣而艰巨的使命。

尤其是，当海洋教育、皮影戏传承教育成为学校的课题和特色，历史学科如何主动适应、积极作为，在学校的探索方阵中找到自己的位置，发挥自身的优势，做出自觉的贡献，就更艰难，自然也更可贵。这当中，钱老师认识到"学生的海洋意识不仅表现为科学意识，也传递出人文意识、国家意识"，从而明确了自己的努力方向；严老师结合学科内容，带领学生走访皮影馆创作皮影戏，并坚信可以帮助学生逐步养成文化传承意识，都令人印象深刻。

十一

一个民族的文明进步，一个国家的发展壮大，需要一代又一代人接力努力。中华民族要继续前进，就必须根据时代条件，继承和弘扬我们的民族精神和民族优秀文化，特别是包含其中的传统美德——这是习近平总书记在参加北京海淀区民族小学少先队主题活动时指出的。他还强调：学校要把德育放在更加重要的位置，努力做到每一堂课不仅传播知识、而且传授美德，每一次活动不仅健康身心、而且陶冶性情。这里两篇文章的作者，郭老师和汪老师显然用他们出色的行动，为总书记的指示作了有力的注脚。

十二

如果说山水景致是大自然的馈赠，是自然遗存的话，那么"人文遗存"无疑是人类的作为、历史的馈赠了。历史学科德育运用历史赠与的人文遗存，这不仅顺理成章，而且意味深长：首先，人类的存在是历史的存在，"我们的本性表现在继承中，我们的历史表现在传统中"（德国历史哲学家李凯尔特语），历史的连续性在人类活动中的特殊地位得到了体现。其次，人文遗存向为历史学家所珍视，以期证明历史就是人类存在的连续性；而现在历史教师对之也备加重视，创造性地运用于学科德育，可见其历史素养已然有了明显提升。

十三

这里两篇文章或整体或部分地都涉及了一个不容忽视的问题——环境保护。从环境伦理学的意义上说，人类对于自然不能只是简单的索取，更要对自然承担相应的义务和责任，要尊重自然的权利。这一权利指的是维护自然界的利益而提出的合法或合理的主张，并通过法律的强制、道德的舆论和"大自然报复"的力量得以实现。把这些道理告诉学生，再把历史上的经验和教训告诉他们，让他们从小就懂得人与自然要和谐相处，生存环境要痛加爱护。两位老师的这番作为,有声有色且至美至善,可谓功莫大焉。

十四

读史之人都知道,古人每每以"道德文章"并称;司马迁作史赞,也每每有"读其文而想见其为人"的低回深叹。这是为什么呢? 中国自古以来就对"人"特别重视,追求人格的完美。人格的完美,知识当然是个标志,但问题是生有涯而知无涯,并且知识只是一种工具,可以为善,也可以作恶。这就需要为人生找一个支点,它就是"道德"。明心见性,知行合一,可以说这是中国古代士人完成人格的必由途径。现在这里的两位老师谈诚信、说廉洁,不啻以先人成才途径宣示学生,更以其成才事迹感召学生,殊堪可贵。

十五

不能不说,这里的两篇文章是一个很有特色的组合。首先是,两位同校教师,一副"菩萨心肠";其次是,两种历史德育,一个"光荣梦想"。诚如李大钊所言:"历史是死的,但解喻是活的,要与时俱化"——对历史的应用更应该是活的。朱老师在课上,想方设法让历史事迹凸显生命价值,以使学生感受生命的宝贵和生活的意义;张老师在课下,创造性地运用历史智慧、历史经验于班主任工作中,以寻求效益的最大化。他们都用实践印证了梁启超所谓史学乃为"学问之最博大而最切要者"。梁启超、李大钊若地下有知,当额手称庆。

十六

从历史中汲取思想的力量,让生活里洒满人性的阳光。"慢慢走,欣赏啊。活着不易,品味人生吧。'当时只道是寻常',其实一点也不寻常。即使'向西风回首,百事堪哀',它融化在情感中,也充实了此在。也许,只有这样,才能战胜死亡,克服'忧'、'烦'、'畏'。只有这样,'道在伦常日用之中'才不是道德的律令、超越的上帝、疏离的精神、不动的理式,而是人际的温暖、欢乐的春天。它才可能既是精神又为物质,是存在又是意识,是真正的生活、生命和人生。"鸣呼,李泽厚"情本体"的呼唤在耳畔回荡……

思 辨 与 阐 述

　　独创性的一个最好的标志就在于选择题材之
后，能把它加以充分的发挥，从而使得大家承认压根
儿想不到会在这个题材里发现那么多的东西。

——歌德

要重视史学思想方法的育人价值

上海市教育委员会教学研究室　於以传

教育部最新颁布的《普通高中历史课程标准(2017年版)》中,提出"历史学科核心素养包括唯物史观、时空观念、史料实证、历史解释、家国情怀五个方面","学科核心素养是学科育人价值的集中体现,是学生通过学科学习而逐步形成的正确价值观念,必备品格和关键能力"①。这一文本明确了学科核心素养与育人之间的关系。如果进一步从历史学科核心素养五个方面的关系看,应该说唯物史观是总领,其既是世界观,也是方法论;时空观念、史料实证、历史解释可以视作关键能力,其实也是具有历史学科特征的学习观念与方法;家国情怀乃是"出口",即通过历史学习最终必须具有的品格。

当然,假如仔细分析历史学科核心素养中的这三个关键能力,我们可以用史学思想方法这个概念来统筹命名。时空观念是将史事置于"特定的、具体的时间与空间条件下""进行观察、分析的意识和思维方式",②本质上指向的是历史主义的观念与方法;史料实证是"指对获取的史料进行辨析,并运用可信的史料努力重现历史真实的态度与方法",③其意在指向"我们如何知道(过往)"的思想方法;历史解释是"指以史料为基础,对历史事物进行理性分析和客观评价的态度、能力与方法",④指向的是"我们如何认识(历史)"的思想方法。

自然,唯物史观本身就是认识历史、解释历史的一种思想方法,所以粗略地说,历史学科的五大核心素养中有"三个半"涉及史学思想方法,因而不能不得出如下结论:史学思想方法在学科育人中的地位与价值不言而喻,关注这种价

---

① 中华人民共和国教育部:《普通高中历史课程标准(2017年版)》,人民教育出版社2018年版,第4页。
②③④ 同①,第5页。

值并在日常教学中予以落实,自然应成为中学历史教师教育教学的应有之意。

通常,我们把史学思想方法视作认识历史的思想方法,基础的史学思想方法是中学历史学习方法的重要组成部分。它旨在引导学生了解历史知识的产生过程和历史认识的形成过程,进而能运用这些思想方法判断史料的价值,揭示史实形成和史实之间的逻辑关系,以唯物史观观察、分析、解决历史问题,由此逐步形成历史学习中的证据意识、逻辑意识和兼容意识,提升历史思维品质,为终身学习与发展奠定基础。

无疑,史学思想方法的提出是以历史的本体认识为前提的。所谓历史的本体认识,意即从哲学高度回答"历史是什么"的问题。如果认定历史是基于史料证据和视角视野的解释,历史是会随着新材料的不断发现、新视角的不断涌现而变化发展、与时俱进、日臻完善的,那么,作为中学历史教育,向学生灌输历史认识的结论就远不如培养学生获得这种结论的史学思想方法来得重要。因此,讲证据、重逻辑、倡兼容、见理性的思维品质理应成为当下中学历史教育致力的方向。

从这个意义上讲,中学历史教育教学在运用史学思想方法贯彻、落实、达成学科育人上应当重视如下四个问题:

第一,史学思想方法也是中学历史教育教学的基础。中学历史教育教学的基础不只是基础知识和基本技能,应该还包括基础的史学思想方法的内容。诚然,知识是能力的载体,任何能力的形成和发展都必须以一定的知识经验为前提,离开知识的学习和掌握,能力不可能得到发展。但历史知识并非我们所认定的那样是一成不变的,我们还需看到,能力是掌握知识不可或缺的条件,它制约着人们获取知识的快慢、深浅和难易,而且一旦发展到一定阶段就可以相对独立地保存下来,即使人们已经忘掉了某些细枝末节的知识,它仍然可以在人们的活动中有效地发挥作用。史学思想方法作为历史学习的关键能力,其重要性、基础性显而易见,应当予以高度重视。

第二,史学思想方法所揭示或隐含的观念、意识、方法、路径等,其育人的生命力更长久。实践表明,仅靠价值观的说教,历史教育是没有生命力的。寄希望于依托历史知识直接达成育人的功效,在某种程度上也隐匿着这样一种危机:历史知识并非是教条的、僵化的、放之四海皆准的绝对真理。

我们曾拿华盛顿自承砍掉樱桃树的故事向学生宣教"诚实"的重要性,结果史家告诉我们这事纯属杜撰,乃子虚乌有;我们也曾拿牛顿临终的遗言

"我不知道别人看我是什么样的,但我自认为我不过像一个在海边玩耍的孩童,不时为发现比寻常更为绚丽的一块卵石或一片红色的贝壳而沾沾自喜,而对于展现在我面前的真理的海洋,却全然没有发现",向学生展示伟人的"谦虚",却忘了从牛顿的生平经历乃至宗教信仰看,他的上述遗言其实是面对上帝的"自谦";我们拿勾践卧薪尝胆的故事教学生体会忍辱负重、不忘初心,却不知史载勾践史事只有"卧薪"并无"尝胆","尝胆"乃后世文人穿凿附会之言;我们的教科书曾说"战国时期楚人甘德、魏人石申撰写了世界上最早的天文学著作《甘石星经》",史家的考证结果是此书乃伪书,后来这一段就从教科书中删去了。

这类事例不一而足,本身就揭示出寄希望于由历史知识直通"育人"价值的弊病:知识既倒,价值观也随之分崩离析。学生很容易联想并追问的一个问题是"究竟还有多少历史知识也是不可信的?",进而怀疑依托于这些知识之上的价值观导向。无疑,知识的更新会动摇价值观的根基。而只有立足于言必有据、史由证来、论从史出的史学思想方法,即知识必须经过史学思想方法这座桥梁,育人才可具有更长久的生命力。知识不是先验的,历史知识是需要证明的,历史解释是需要证据和逻辑支撑的,这个道理其实已是不辩自明的。

第三,史学思想方法的目标必须结合具体的课程内容,针对校情学情师情而有机地细化、分解,这是达成历史学科育人价值的重要前提。《普通高中历史课程标准(2017 年版)》对核心素养中的三大关键能力做了一定程度上的分解,只是平心而论,这种分解与具体课程内容之间的关系把握得尚不够紧密,甚至这种分解还远没达到细化的标准,这就要求基层教师在具体的教学实践环节中,必须认真思考并努力地将其拆解运用,以避免大而求全、囫囵吞枣、欠缺具体问题具体分析的思维品质。

目前来看,《上海市高中历史学科教学基本要求(试验本)》(2017 版)和《上海市初中历史学科教学基本要求(试验本)》(2018 版)中,借助以史学思想方法为核心的"过程与方法"目标,按"集证辨据"和"诠释评价"两方面将目标分解到每一课程内容单元。而"集证辨据"指向的就是"史料实证","诠释评价"呼应的就是"历史解释",其细化分解史学思想方法目标(核心素养)的路径具有借鉴价值。表1、表2 即是这两方面目标细化、分解到具体课程内容单元的梳理。

表1　初中历史教学基本要求"过程与方法"目标细化一览表

目标		目标内容	细化分解的目标	置于课程内容单元
以史学思想方法为核心的过程与方法目标	集证辨据的思想方法	懂得历史记载、著作和教材中的内容都是作者认识的结果，能指出其中含有价值判断或观点的表述	能在历史记载、著作和教材中指出其中含有价值判断或观点的表述	繁荣昌盛的隋唐文明
		懂得文献检索和调查访问是获得实物、文本、口传等史料的基本途径	懂得实物、文本等资料的检索是获得史料的基本途径	中华文明的拓展
			懂得调查访问是获得口传史料的重要途径	改革开放与民族振兴
		懂得文学艺术作品的史料价值，汲取和整理其中的主要信息	懂得诗词、楹联等的史料价值，汲取其中蕴含的历史信息	多元文化碰撞与交融的宋元文明
			懂得歌曲、戏剧、小说等的史料价值，汲取其中蕴含的历史信息	民族觉醒与共和革命
			懂得神话、绘画、雕塑等的史料价值，能汲取其中蕴含的历史信息	史前人类社会与古代区域文明
		懂得"原始史料"与"非原始史料""直接证据"与"间接证据"的区别，正确汲取和整理其中的主要信息	懂得"原始资料"与"非原始资料"的区别	中华文明的发轫
			懂得"直接证据"与"间接证据"的区别	抗日战争与民族独立
	诠释评价的思想方法	从时代特征、社会地位、文化背景、思想认识的视角，解释和评价历史人物	从时代特征、社会地位、文化背景、思想认识方面理解历史人物的作用与影响	大一统帝国与多民族交融
			从时代特征、社会地位、文化背景、思想认识方面解释历史人物的作用与影响	资本主义制度在欧美的建立
			从时代特征、社会地位、文化背景、思想认识方面评价历史人物的作用与影响	凡尔赛—华盛顿体系与第二次世界大战

（续表）

目标		目标内容	细化分解的目标	置于课程内容单元
以史学思想方法为核心的过程与方法目标	诠释评价的思想方法	从时代特征、自然环境、文化传统、社会生活的视角，解释与评价历史事件	从时代特征、自然环境、文化传统、社会生活方面理解历史事件的联系、作用与影响	拓展与停滞的明清文明
			从时代特征、自然环境、文化传统、社会生活方面解释历史事件的联系、作用与影响	中世纪的欧洲区域文明
			从时代特征、自然环境、文化传统、社会生活方面评价历史事件的联系、作用与影响	当代世界的多元文明
		从基本特征、主要贡献的视角，解释与评价优秀文明成果	从基本特征、主要贡献方面理解优秀文明成果的作用与影响	亚洲区域文明的发展
			从基本特征、主要贡献方面解释优秀文明成果的作用与影响	第二次科技革命与19世纪资本主义世界的文化
			从基本特征、主要贡献方面评价优秀文明成果的作用与影响	20世纪的科技与文化
		运用时间与空间、相同与不同、背景与条件、原因与结果、动机与后果的概念或范畴，分析、综合、归纳、比较基本史实和相关问题	用原因与结果的观点，分析、综合基本史实	列强侵略与民族危机
			用动机与后果的观点，分析、综合基本史实	从区域文明向全球文明的过渡
			用背景与条件的观点，分析、综合基本史实	工业文明的产生
			用相同与不同的观点，分析、综合基本史实	资本主义的全球性扩张
		根据一定的史实、史料或视角，质疑有明显缺陷的历史叙述或解释	根据一定的史实、史料，质疑有明显缺陷的历史叙述	中华人民共和国的建立与发展
			根据一定的史实、史料，质疑有明显缺陷的历史解释	第一次世界大战与十月革命
		懂得辨别史料性质、检验思维方式有助于认识历史真相	通过查证资料的可靠性，发现和认识历史	救国道路的新探索

表2 高中历史教学基本要求"过程与方法"目标细化一览表

目标		目标内容	细化分解的目标	置于课程内容单元
以史学思想方法为核心的过程与方法目标	集证辨据的思想方法	能区分对史实的客观表述和主观认识	能区分史实的表述和评价	古代两河流域
		懂得文献检索和调查访问是获得实物、文本、口传等史料的基本途径，知晓它们的史料价值，汲取和整理其中的主要信息	懂得档案检索和调查访问是获得史料的基本途径，以及这些史料不同的历史特点和证据价值	中国特色社会主义事业的开拓
		懂得文学艺术作品的史料价值，汲取和整理其中的主要信息	懂得神话、绘画、雕塑等的史料价值，能汲取其中蕴含的历史信息	古代希腊罗马
			懂得诗词、楹联等的史料价值，汲取其中蕴含的历史信息	明朝的兴亡与清前期的余晖
			懂得歌曲、戏剧、小说等的史料价值，汲取其中蕴含的历史信息	早期资产阶级革命
		懂得"原始史料"与"非原始史料"、"直接证据"与"间接证据"、"有意史料"与"无意史料"的区别，正确汲取和整理其中的主要信息	懂得"原始资料"与"非原始资料"的区别，能汲取它们蕴含的主要信息	从史前时期到殷商社会
			懂得"直接证据"与"间接证据"的区别，能汲取它们蕴含的主要信息	全民族抗日战争
			懂得"有意史料"与"无意史料"的区别，能汲取其中蕴含的主要信息	社会主义建设的探索与曲折
		懂得用现代科技手段获得的考古信息，其有效性与可靠性取决于这些手段的先进性和正确运用	懂得考古发现是获得史料的重要途径，认识出土文物的史料价值	古代埃及
			懂得用现代科技手段获得的考古信息，其有效性与可靠性取决于这些科技手段的先进性和正确运用	从周王朝到秦帝国的崛起
		懂得因对象和问题不同，历史材料的有效性与可靠性会发生变化；不同的史料有不同的历史价值	懂得因对象和问题不同，历史材料的有效性与可靠性会发生变化	新旧民主革命的转折

（续表）

目标		目标内容	细化分解的目标	置于课程内容单元
以史学思想方法为核心的过程与方法目标	集证辨据的思想方法	通过归纳和比较，发现史实重大或主要特征的异同点	能从历史文献（宗教典籍）中汲取历史信息	古代印度
			通过辨别结论或判断的准确性，发现史实间重大或主要特征的异同	战后科学技术革命与经济全球化
		能透过对史实的表述、评述，知晓其情感、态度与价值取向	懂得著作、笔记、回忆资料检索是获得史料的基本途径，知晓这类史料背后作者的情感、态度和价值取向	救亡图存
	诠释评价的思想方法	从政治、经济、文化、社会地位、思想认识的视角，解释和评价历史人物	从政治、经济、文化、社会地位、思想认识的视角，理解历史人物的作用与影响	从两汉到南北朝的分与合
			从政治、经济、文化、社会地位、思想认识的视角，解释历史人物的作用与影响	15—16世纪西欧社会的演变
			从政治、经济、文化、社会地位、思想认识的视角，评价历史人物的作用与影响	资本主义世界体系的形成
		从自然环境、经济状况、政治形态、文化传统、社会生活、时代特征的视角，解释与评价历史事件	从自然环境、经济状况、政治形态、文化传统、社会生活、时代特征的视角，理解历史事件的联系、作用与影响	中世纪西欧
			从经济状况、政治形态、文化传统、社会生活、时代特征的视角，解释历史事件的联系、作用与影响	隋的创制和唐的鼎盛
			从自然环境、经济状况、政治形态、文化传统、社会生活、时代特征的视角，评价历史事件的联系、作用与影响	从新民主主义向社会主义的过渡
		从基本特征、主要贡献、创新意义、社会影响的视角，解释与评价优秀文明成果	能理解优秀文明成果的主要特点、作用与影响	古代美洲
			从基本特征、主要贡献、创新意义的视角，解释优秀文明成果的主要特点与贡献、作用与影响	两宋的繁荣与元的统一
			从基本特征、主要贡献、创新意义的视角，评价优秀文明成果的主要特点与贡献、作用与影响	工业社会的来临

（续表）

目标		目标内容	细化分解的目标	置于课程内容单元
以史学思想方法为核心的过程与方法目标	诠释评价的思想方法	运用时间与空间、相同与不同、联系与区别、量变与质变、背景与条件、原因与结果、动机与后果、主观与客观等概念和范畴，分析、综合、归纳、比较基本史实和相关问题	从相同与不同的视角，分析、综合、归纳、比较基本史实和相关问题	古代伊斯兰世界
			用联系与区别的观点，分析、综合、归纳、比较基本史实和相关问题	社会主义运动和马克思主义
			用量变与质变的范畴，分析、综合、归纳、比较基本史实和相关问题	第一次世界大战
			从背景与条件两方面分析、综合、归纳、比较基本史实和相关问题	1917 年俄国革命与苏联现代化道路
			从时间与空间、原因与结果分析、综合、归纳、比较基本史实和相关问题	第二次世界大战
			从动机与后果分析、综合、归纳、比较基本史实和相关问题	两种命运的决战
		根据一定的史实、史料或视角，质疑或反驳有明显缺陷的历史叙述、解释或评价	能根据一定的史实、史料，对明显不符合史实的历史叙述提出质疑或反驳	天朝的危机
			根据一定的史实、史料或视角，对明显不符合史实的历史解释提出质疑或反驳	国共分裂与抗战开始
			根据一定的史实、史料或视角，对有明显缺陷的观点或评价提出质疑或反驳	战后国际政治格局的演变
		通过查证史料的有效性、可靠性，检验思维逻辑的合理性，反思自己认识与解决问题过程的正确和准确程度	通过查证历史资料的可靠性，反思自己认识历史、解决问题的过程和方法	"大萧条"中的资本主义世界
			通过检验思维逻辑的合理性，反思自己认识历史、解决问题的过程	中国走向世界

至于"时空观念"，上海的《中学历史课程标准》和初、高中教学基本要求曾将其置于"技能"目标。现在看来似可进一步转变观念、加深认识，将"时空观念"这一史学思想方法目标进一步细化、分解，以下大体罗列几个方面供参考：

（1）知道和理解史学常用的时间、空间等表达形式：

① 知道和理解史学常用的时间、空间术语。

② 使用两种以上的时间、空间术语描述同一史事。

③ 形成历史时间、空间的结构。

（2）从时间与空间的视角解释历史：

① 运用相同与不同的概念范畴，发现与整理史事的延续与变迁。

② 运用原因与结果、联系与区别的概念范畴，解释史事的延续与变迁。

③ 运用对立与统一、量变与质变、动机与后果的概念范畴，评价史事的延续与变迁。

④ 基于将史事置于其发生、发展的时间与空间下作审视的原则，反思以上的解释与评价。

（3）运用时间与空间架构历史叙述：

① 以时间或空间序列构建历史叙述。

② 整合时空二维构建历史叙述。

唯物史观所涉及的认识、解释历史的观念，自然也属于史学思想方法范畴。这一史学思想方法目标（核心素养）在教学实践中也需细化。早在 2010 年出版的《上海市高级中学历史学科教学基本要求》，就曾在"情感态度与价值观"维度的课程目标中做过分解，此处仅摘录部分内容如下：

（1）以人为本。人的生命、权利和人民的利益、愿望是衡量一切行为的起点和归宿。自由、平等、博爱、民主、法治是人类追求和创造的文明成果，有历史的特点。

（2）解放思想，使思想和实际相符合，按客观规律办事。思想的变革是社会变革的先导，一经人们掌握就会变成巨大的现实力量。

（3）实践是检验真理的唯一标准。判断个人、团体、政党，或政策、制度，不仅要看其声明或主观愿望，更重要的是看其行为及其客观后果。

（4）人民群众是历史的创造者，杰出人物有卓越的作用和影响。个人的价值取决于他的智慧、意志和社会贡献。历史是许多单个意志相互作用的结果，无数互相交错的力量和力的平行四边形决定其演变和发展。阶级对立产生以来,恶劣的情欲、贪婪和权势欲成了历史发展的杠杆。

(5) 自然环境造就人,人也改变自然环境,并在此过程中创新自己。人与自然的和谐发展是人类文明的重要经验。

(6) 生产力是生产发展中最活跃、最革命的决定因素,是社会发展的最终决定力量。人是生产力诸要素中主导的决定要素。科学技术是生产力,是在历史上起推动作用的、革命的力量。

(7) 生产关系是生产过程中人们的相互关系。生产力发展到一定阶段,便同现存的生产关系发生矛盾,生产关系通过改革适应并推进生产力的发展。当渐变的改革不能适应时,这些关系便成为生产力发展的桎梏,就需要革命,是质的变化。生产工具是生产力发展的测量器,也是生产关系的指示器。

(8) 社会意识是社会存在的反映。政治、法律、哲学、宗教、文学、艺术等的发展是以经济发展为基础的。但是它们又都互相作用并对经济基础发生重大影响。①

史学思想方法目标的细化、分解,旨在打破笼统且欠缺操作性的实践困境,针对具体的课程内容,创设具有实效的教学情境平行强化或循序渐进地予以贯彻、落实,从而为达成学科育人奠基。

第四,史学思想方法在中学历史课堂教学中的常态运用,离不开教师的示范、指导和点拨,相应地,站在学生的立场上,对于史学思想方法就有一个理解、模仿和迁移的过程。原则上讲,对于史学思想方法的每一个具体目标,最初总是在教师示范的基础上,学生能够理解其达成的路径、方法等,即所谓明了建模方式;其次才是在教师的指导下学生能在相同或相类似的学习情境中模仿运用,取得实效;最终达到教师稍加点拨,学生能迁移运用,即举一反三、触类旁通的程度。当然,这种"迁移",不应只是指向新的学习情境,其更深刻的意义在于对以往习得的史学思想方法(模型)作出修正、发展和完善。

从具体的操作路径上讲,史学思想方法目标的达成在分解目标的基础上,大体可分为穷尽载体、呼应主旨、细化方式三个基本流程。所谓"穷尽载体",即针对细化、分解后的目标,进一步思考、寻找,乃至穷尽——当然是相对于中学历史教学内容的"穷尽"——达成目标的内容载体。落实到一课课文,就必

① 上海市教育委员会教学研究室:《上海市高级中学历史学科教学基本要求(试验本)》,华东师范大学出版社 2010 年版,第5—6页。

须思考课文中有哪些内容是有助于达成这一目标的。所谓"呼应主旨",即以课程内容主旨①为据,梳理出最典型恰当、也最适宜于学生学习水平和能力培养的相应素材。所谓"细化方式",即具体周密地考虑选材、设问、活动等关键环节的起承转合和推进序列,包括如何自然地引出或切入素材,如何围绕素材设计针对性问题,以怎样的话语引发学生聚焦于思想方法的思考等。尤其是学生的模仿和迁移,教师更需明确"模仿(迁移)什么"和"如何模仿(迁移)",除了考量"学生是否有模仿(迁移)的基础"外,本质上仍需对师生如何"分工",包括如何确定载体(谁来确定)和如何设计问题(是教师设计还是引导学生发现),如何指导、点拨学生获得正确结论等作出策略预估。

自然,史学思想方法的践行,路径不可能只有一条。教师完全能够通过自身的教学实践,探索出更为行之有效的方法。只是必须强调的一点是,对学生而言,史学思想方法本质上不是"学会"而是"习得"的。学生习得史学思想方法的过程,本身就是践行学科育人的过程;而通过这个过程最终所获得的,就是历史学科在本质上所追求的育人方向。

严格来说,史学思想方法在教学中的实践,还有第五个问题值得一说,这个问题就是逻辑。历史的逻辑不同于一般意义上的形式逻辑,史学思想方法所蕴含的很多内容不止于形式逻辑,而是辩证逻辑。这个问题比较复杂,容日后专文论述。在这里只是强调一下,由史料本身证史信度与效度的分析判断,到由史料到史论,再到历史解释结论的获得,其间的论证是否严密自洽,逻辑的作用巨大!在这个问题上,"唯书"不可靠,"断章取义""望文生义"更要不得,史学思想方法的贯彻落实在逻辑上的失误,常常是导致学科育人价值崩塌的关键。因此,每位教师都要在历史逻辑方面不懈学习,持续修炼,不断提升自己的专业素养。

---

① 课程内容主旨是指"预设的通过这堂课的学习……学生在课堂上获得的不仅能统摄、贯通该课,而且能与其之前和以后的学习相通的核心概念"。详见聂幼犁、於以传:《中学历史课堂教学育人价值的理解与评价——立意、目标、逻辑、方法和策略》,《历史教学》2011 年第 7 期。

历史德育:情感教育的底子不能丢

上海市教育委员会教学研究室　郝宇曦

历史德育方兴未艾,情感教育作为育人的底子不能丢,理应受到更多关注。人有情感,教育也肩负培养情感的使命。中学历史教育基于自身的特殊性,义无反顾地要承担起这份责任,通过叙述、解释过往的人与事,传递蕴涵其中的真情实感,弘扬健康向上的道德情操,促进学生情感与认知的和谐发展,推动三维目标与核心素养目标的一体化达成。[1]但不能不看到,在以往的实践中也出现了一些问题,这些问题不解决,势必影响历史德育的实施与效果。

一、出现问题:缺位、错位、越位

(一)历史情感的缺位

1. 缺位于教学目标

不少教师把"情感态度价值观"目标自觉不自觉地表述成了认知目标,这种概念混淆,使得他们从上课伊始就偏离目标,而且偏得心安理得,如:《原始农耕的形成》情感目标是:大禹治水的成功事例反映了中华民族的智慧与勤劳。《第二次科技革命》:认识科技的进步促进了社会的发展,也给人类带来了灾难。《古代印度》:古代印度的佛教与史诗反映了现实世界经济与政治的发展状况。《民国初年的社会与政局》:民初社会习俗变化是思想道德观念的改革和社会发展的缩影,也是近代中国走向世界、文明进步的标志;二次革命和护国运动的结果,透射出近代中国走向民主共和的艰难曲折,也反映了资产阶级革命派捍卫民主共和付出的不懈努力。

---

① 齐世荣:《义务教育历史课程标准(2011)》,北京师范大学出版社 2012 年版。

2. 缺位于教学内容

表现一:有事无情。不知从何时起,历史课堂上总是大事纪年般罗列事件,看不见具体、生动的人的活动与思考。如初中《美国南北战争》一课,教师按时序交待"内战的过程",呈现以下史实:1861 年南方联盟成立叛乱政府,并挑起战争;南北战争初期双方力量对比;林肯颁布《宅地法》《解放黑奴宣言》,法令文件内容摘要;法令推动局面转变;1865 年,战争结束,美国国会通过第 14 条修正案。高中《古代印度》一课,教师讲述:古代印度地理位置;吠陀时代(时间范围,得名);种姓制度(四大种姓,种姓制度的特点);佛教的创立与发展(创立背景与时间、创立者,佛教的教义,佛教的传播);《摩诃婆罗多》和《罗摩衍那》。

表现二:有论无情。以初中论,本该感性见长的教学却常常表现得很"理性",如教师讲完指南针、印刷术和火药的发明与传播等史实,就得出结论:中华民族创造的灿烂文明为全世界所共享,推动了世界文明进步,为人类文明的发展做出了自己的贡献。再如,对亚历山大东征、蒙古西征、十字军东征等史实,教师都归纳为"文明交往的一种特殊形式";对新航路的开辟,则提出它"使西方国家的对外殖民、区域文明之间的碰撞与冲突、交流与融合更为频繁,从而打破了世界各文明区域相对封闭的状态"。当然这些认识没有错,但教师在论述过程中丝毫不流露出对征战的反感与厌恶,对被欺凌者的怜悯与同情,只是保持着冰冷的理性和貌似的中立。

高中历史教学要求"感性与理性并重",然而在实际教学中往往是"存理性、灭感性"。如《甲午战争与〈马关条约〉》一课,老师注重让学生读史料提取信息,分析战争爆发的原因,再分析战争的后果与影响,殊不知在"甲午战争彻底改变了近代中日两国间的关系"这一结论得出之前,学生还应有一个对原因、影响等的感悟过程。《民国初年的社会与政局》一课,老师们一般都突出这样的认识:"民国初年,一方面剪发辫、易服饰、禁缠足、倡女权、废跪拜、改称谓等一系列社会习尚的新陈代谢,呈现进步的光明面;另一方面二次革命、护国运动、军阀割据政局变化曲折动荡,折射倒退的黑暗面。"然而究竟是怎么光明、如何黑暗,学生全然没"感觉"。

表现三:有人也无情。情感发乎人。历史人物的情感、语言、行为等能直接感染、激发学生的情感。但课堂上,历史人物常常作为历史名词闪现,不见人的具体语言与行为,更无法感知人物的情感;有的人物事迹虽不可谓不具体,但似乎那些人只是行动的巨人、情感的侏儒。如《第二次科技革命》一课,有老师在课上提问:"被称为发明大王的爱迪生是美国人,他一生有1 000多项发明,你们能说出几项?"学生你一言我一语地列举了几项。老师接着问:"最为人们熟知的是他发明电灯的故事,哪位同学能把爱迪生发明电灯的故事说说呢?"学生又七嘴八舌地把爱迪生尝试了多少办法、寻找了多少材料、经过了多少次挫折的故事大致拼接完整。于是老师总结:"在这个故事里,我们看到了爱迪生作为一名伟大发明家严谨认真的科学态度和锲而不舍的顽强意志,因此才有了爱迪生对天才的感悟(99%汗水加1%灵感),这也是值得我们学习的地方。"再如《美国独立战争》一课,老师这样描述华盛顿:"他从战争伊始就是大陆军总司令,是独立战争的实际领导者,带领美国赢得了战争的胜利;战争结束后他将军权交回邦联政府,从此奠定了美国军队听命于民选政府的先例。1787年主持费城会议,制定了联邦宪法,建立了资产阶级政权。《1787年宪法》颁布之后,华盛顿作为总统连续担任两届后,毅然拒绝了第三次选任总统机会,由此开创美国总统一般只能连任两届的先例"——仅凭这样粗枝大叶的介绍,学生能产生对爱迪生、华盛顿的崇敬之情?

(二)学生情感的错位

表现一:忙于"知道"历史。常见的初中历史"家常课"程序是:前5分钟旧课复习;然后学生边看课文边听老师讲解新课,不时地在老师督促下圈划重点,或用表格将课文内容重新排列组合,或从课文里找出答案,回答老师的提问,或被那些内涵、特点、性质之类的问题"镇住";最后5分钟完成填空或选择题,或者因为读不懂那些材料分析题,乖乖地听写答案。学生这样忙于"知道"历史,自然无暇自主去发现问题、解决问题,更不可能有情感上的收获。

高中生可能较多面临一些具有思维挑战性的问题,新授课堂上常常被要求分析事件发生的原因、考察事件的影响等。但这些问题往往是教师根据"教学要求"或自己的一厢情愿,不顾教学的内在逻辑冷不丁抛出的。当课堂上鸦雀无声时,老师就只好决定"不浪费时间了,还是我来讲吧"。如《新文化运动与马克思主义的传播》,老师讲完新文化运动的主要内容后,突然提出:"你觉得新文化运动对中国的影响是什么?"学生纷纷作冥思状,应者却寥寥。等待片刻,只听老师自己答道:"它是辛亥革命在思想文化领域的延续,是一场伟大的思想启蒙和文化革新运动;打击了政治上和思想上的专制主义;动摇了传统礼教的思想统治地位;促进了人民特别是青年知识分子的思想觉醒;加速了马克思主义在中国的传播；推动了五四运动的发生。新文化运动是我国历史上一次空前的思想大解放，也指引着中国逐渐走向新民主革命的崭新旅程。"这里，且不说学生情感能不能产生，就连"知道"也基本成了"被知道"。

表现二：历史"审美"不足。审美催生情感。"审美对象的丰富性、变易性制约着美感的丰富性、发展性。对象美的不同形态、性质引起优美感、壮美感、崇高感、悲感、喜感、幽默感等不同类型的美感。"①历史美（形态之美、性质之美）真实地摆在那里，但我们的学生却明显表现得审视不足、体悟不够。如《唐代的诗与画》一课，教师一般会展示李白、杜甫等的若干名篇，以及吴道子、王维等的几幅名画。只听得老师指着屏幕上显示的诗与画，匆匆告诉学生"李白的诗歌雄奇壮丽，富于想象力；杜甫的诗真挚感人，语言精练；吴道子的作品气韵雄壮，线条运用富于变化……"却看不到学生的表情，更听不到学生畅谈观感。对于历史的"外在美"是这样，对具有丰富性、变易性的历史"内在美"也是如此。对夏王朝的存在、雅典民主政治进步性等的认识嬗变，对李鸿章、斯大林等人物的多元评价，对历史价值观、方法论的不同见解，我们的学生都明显地缺乏审美体悟，其历史美感难以乐观。值得一提的还有，历史的面目有时令人欣喜，有时叫人气愤，更多时候却是让人无奈。无奈之下，人们不禁会对那些陷于苦难、艰险和无助中的普通民众或英雄豪杰产生悲悯之情。而我们的学生往往只记得憎恨侵略、厌恶战争，却忘了同情、悲悯天下苍生，忘了因为有同情与悲悯，我们才更加热爱和平、专注发展。

（三）教师情感的越位

表现一：泛爱国主义。不少教师"凡事不忘说爱国"。比如《一国两制》课上，教师小结：只要祖国开放，国力强盛，国际地位提高，海峡两岸统一指日可待，历史遗留问题一定能解决！《暴虐与抗争》一课，老师说道："日军占领上海后，向南京进犯，他们在攻占南京后展开了灭绝人性的大屠杀，共杀害我同胞30万人。南京大屠杀，规模之大，手段之残忍，是中国近代史上空前的。目前日本的右翼势力不断否认南京大屠杀的事实，这是对中华民族的又一次伤害，我们要铭记这段历史，树立爱国情操和民族责任感。"《鸦片战争与南京条约》一课，老师的结束语是："鸦片战争的过程体现了先进与落后的较量、进取与愚昧的对决。南京条约尽显英国侵略本性。由此可以得出，闭关导致落后，落后

---

① 冯契：《哲学大辞典》，上海辞书出版社2007年版，第53页。

就要挨打。因此振兴祖国,改革开放成为我们的必然选择。"如此,当爱国主义成了口头禅,成了"百得胶",它究竟还有多少震撼力。

表现二:狭隘道德观。对历史人物、事件和现象缺乏"历史感",不考虑历史情境和具体对象,简单、武断地用狭隘的道德观进行评判或表述。例如,某老师讲了很多关于近代日本侵华的残暴行径,但叙述中却总是夹带"日本人"这个概念,有学生表示"憎恨日本人""鄙视日本人",也没有发现和纠正这种情感倾向。再如,有学生表示"崇拜希特勒,因为他是为德国尊严与富强奋斗的伟人",原因是该学生在听了教师讲述希特勒的早年生活经历、他的扩张理论以及策划一系列侵略行动的"合理性"之后,认为那是一种"伟大",而这一教育效果,肯定不是老师的初衷。《古代希腊城邦制度》一课,不少老师在讲授"雅典民主政治"的建立、发展、特点等后,都会"赞扬古代雅典在政治文明方面的创造,肯定古希腊在民主政治上的时代先进性,推崇其民主制度"。而事实上古代的雅典民主制度和近现代民主制度不可同日而语,肯定了近现代民主政治,不能成为推崇古代雅典民主制度的必然理由。

二、解决途径:把握、引导、提升

（一）教学目标、内容的把握

1. 目标问题

历史情感缺位问题首先是教学目标混淆、缺失的问题。要将情感目标确实与认知目标区分开来,这里仍以前述为例,试作改变如下:

《原始农耕的形成》情感目标:赞赏大禹治水的智慧,感悟古代人民征服水灾、改造自然的勇气和毅力(原目标为"大禹治水的成功事例反映了中华民族的智慧与勤劳")。

《第二次科技革命》情感目标:喜爱探究电灯、汽车与飞机发明创制的过程,敬佩爱迪生等发明家勤于思考、勇于创新的精神(原目标为"认识科技的进步促进了社会的发展,也给人类带来了灾难")。

《古代印度》情感目标:对种姓制度下的苦难民众产生悲悯之情(原目标为"古代印度的佛教与史诗反映了现实世界经济与政治的发展状况")。

《民国初年的社会与政局》情感目标:对民初社会习俗的文明进步感到欣喜,对中国走向民主共和的艰难曲折产生同情,进而增强信心(原目标为"民初社会习俗变化是思想道德观念的改革和社会发展的缩影,也是近代中国走向世界、文明进步的标志;二次革命和护国运动的结果,透射出近代中国走向民主共和的艰难与曲折,也反映了资产阶级革命派捍卫民主共和付出的不懈努力")。

需要特别指出的是,不仅情感目标要准确、明朗,而且要注意区分不同层次,相宜而为,择善而行。借鉴布鲁姆的情感目标理论,①教师可以将历史课情感目标细化为情感发生(情绪)、情感积淀(情感)和情感升华(情操)三个逐步递进的水平层次,使得情感教育能够细致合理地进行,收到切实效果。比如,针对近现代史上中华儿女争强求富、救亡图存、振兴发展、屡创辉煌的历史内容,课堂教学的情感目标可以分步设定为:激发对国家贫弱的痛心之情;感受志士仁人的爱国情怀;感悟爱国壮举的价值意义;树立强国富民、振兴祖国的愿望与信念,并将这些目标有机、有序地落实于中国近现代史的教学过程中。

2. 内容问题

教师是否善于精选教学内容,会引起学生完全不同的情绪体验。历史情感的缺位问题,首先是教学内容苍白、无情的问题。如何改变?这里择要谈两点。

一是细节生情。历史,由人类群体和个体活动的无数个精彩而复杂的细节构成。感知细节,才能触及历史鲜活的生命,才能唤醒自身沉睡的感情。教师在课堂上适时、适量地利用细节和开发细节,是历史情感归位的有效手段之一。

利用细节,就是运用教科书中已有的细节。它们或是出现在小字(变体字)中,或是隐含在课文大字及插图中。小字的使用比较容易,大字则要做化隐为显的工作。比如对华盛顿,有教师在他的主要政绩之外,介绍了他对独立、自由和民主的思想表达,以及他拒绝称帝、捍卫共和等细节。讲到蔡元培,有教师谈到了他在北大实行改革过程中与新旧两派教授交流际会的细节,以及北大思想因改革而活跃等细节。从课文插图中寻觅细节,不是去简单、机械地诠释插图,而是开掘其内涵,编制由插图衍生或导引的历史细节。至于开发细节,则是创设教科书中没有甚至未隐含的细节。当然,说未隐含只是相对而言,离得远一些罢了。

二是心灵生情。历史,需要用理性去研读,更需要用感性、知性去品鉴,品味那些真、善、美的事物,鉴赏那些求真、向善、唯美的心灵。

---

① 〔美〕布卢姆等:《教育目标分类学(情感分册)》,施良方等译,华东师范大学出版社1989年版。

心灵之真善美，最能打动人。我们钦佩司马迁，不仅是因为他为后人留下了一部皇皇巨著，更因为他的胸怀大志，他的仗义执言，他的忍辱负重！我们推崇华盛顿，不仅是因为他领导了美国独立战争、缔造了共和国，更因为他的淡泊权位，他的真诚品格，他的宪政理想！我们赞赏诺贝尔、爱迪生，不仅是因为他们的发明造福人类，更因为他们的百折不挠，他们的使命意识，他们的创新精神！我们敬仰邓小平，不仅因为他是中华人民共和国的缔造者之一，中国改革开放的总设计师，更因为他那句发自肺腑的话——我是中国人民的儿子！教师如能用反映历史人物美好、崇高心灵的言行去打动学生，何愁无情。

另外不能不说，心灵之能够打动人，其中的信念、价值观的力量不可小觑。希特勒、墨索里尼纵然能使国家强盛一时，却被世人痛恨；曾国藩、李鸿章未能使国家强盛的变法，却受后人尊崇，这就是信念、价值观在起作用。当我们确信"人的生命、权利和人民的利益、愿望是衡量一切行为的起点和归宿"；确信判断一个人"不仅要看其声明或主观愿望，更重要的是看其行为及其客观后果"；确信"1840 年以来一切有利于中华民族生存、发展，有利于抵御国内外敌人的贡献或斗争，都是中国人民争取民族独立和自由幸福的组成部分"，我们爱什么恨什么，同情什么厌恶什么，就有了源头，就水到渠成了。毫无疑问，教师应以代表正义的信念、价值观去引领学生，以这一"正能量"去感召学生。

（二）学生情感体验的引导

假设把历史课情感目标化为情感发生（情绪）、情感积淀（情感）和情感升华（情操）三个递进的水平层次（即设定情感发展的三个阶段）能够成立，就可以考虑分别在这三个阶段做出对学生情感体验的引导。这种引导，审时度势是灵魂，着眼点则是：

（1）重度刺激，唤醒懵懂。中学历史课的一个痼疾是多内容、快节奏，像是在赶任务，又像是练反应。学生面对汹涌而来、倏忽而去的知识加训练，无所适从，唯有木然。对此，国外学者早就诟病，国内专家也屡有微词，但是改变不了这种状况，课堂依然故我，学生依旧木然、犯糊涂。显而易见，情感教育在这样一个环境里是难以作为的，因此我们说唤醒懵懂，既是对学生也是对教师，只有教师醒悟了，才能唤醒学生。教师改变不了世界，但必须改变自己的课堂，否则情感教育只能是一句空话。

改变课堂，唤醒懵懂，让学生有感可发、有情可生，教师要做的事情很多。前面提到"细节生情""心灵生情""信念生情"等，这是对教学内容进行变革，是一种"重度刺激"。而从引导学生的角度讲，同样也可以在内容调整上作些探索，"不拘一格降人才"。比如"不拘一书"，即不拘泥于教科书的叙述逻辑。历史教科书不仅偏重于宏观叙事，而且叙述逻辑给人以方向既定、具有某种必然性的印象，似乎一切尽在掌握之中。这种缺乏不定性、复杂性和多样性的历史，自然难于吸引学生，更遑论使其萌生细腻的情愫。教师可以尝试打破这种平淡无奇、波澜不惊的局面，适当地将突发性、偶然性、尤其是人的多面性展现出来，让历史叙述变得跌宕起伏，让历史人物变得栩栩如生，以此来打动学生。再如"不拘一说"，即不拘泥于事实、事理上的一家之说。一种说词总嫌单调，两种以上就有了比较，有了热闹。教师可适当引入一些有分量的材料或学说，使历史呈现出丰富厚实，表现得多姿多彩，以此达到感染学生的目的。

　　内容之外还有一个方法、形式的问题，也可以尝试改变，以起到辅助刺激、唤醒懵懂的作用。比如，学生学习方式的改善，不再是被动接受而是主动获取；教师讲课方式的改善，不再是一言堂而是群言堂，不再是单靠语言而是借助媒体；甚至，教师讲课语言的语音语调、语气语速等都有改善的必要，以增强亲和力和感染力。①

　　（2）重复刺激，锁住体悟。前面所述一言蔽之，就是学生只有从认知上获得体悟，方能激发情绪、滋生情感。体悟乃情感之源。但是体悟也有深浅之分，表面性、初始性的体悟会轻易流失，情感也会随之消解。解决的策略是锁住体悟，让体悟不仅留驻，而且升级；具体办法则是进行"重复刺激"，即提高复现率、增强对比性。

　　所谓"复现"，是指多次运用具有煽情动感功能的同一事物于历史教学中。比如"自由女神像"一直是教师渲染美国独立战争的点睛之笔，学生目之所接、耳之所受，很难无动于衷。抓住这一效果，教师可以在上"南北战争"时再次出示这尊神像——"自由照耀世界"（女神像的别称），却偏偏遗漏了她脚下的黑奴。这种前后的矛盾、巨大的落差，无疑会对学生的情感再次造成冲击，使其加深对南北战争，甚至整个美国近代历史的认识。所谓提高复现率，就是要更多运用这类复现技能。对比则是另一种复现，即通过一定对象的比照来达到激发学生情感的目的。例如教学"新航路开辟"，教师可先让学生欣赏两幅欧洲人绘制的世界地图：一幅形成于15世纪，另一幅是16世纪的，时间间隔虽

---

① 黄燕群：《历史教学语言的情感性》，广西梧州师范高等专科学校学报，2005年，第21期第3页。

然不长,但效果大相径庭。前者反映当时欧洲人只知道欧洲、亚洲和非洲一些地方,对整个世界的认识还十分模糊;后者却表明欧洲人对世界地理的了解已经和现代认知非常接近。这是怎么回事呢? 欧洲人眼里的"世界镜像"怎么一下子由模糊变清晰了呢? 感叹于这种变化,学生便会认真地去探究、深入地去把握新航路开辟这段历史。一般说,对比可以是前后之比、相邻之比,也包括性质、范畴、方法等之比。

（3）巩固刺激,奖励宣泄。研究表明,学生用语言或文字的形式表达自己的情感,这一外显化过程也是他们进一步自我确认内心情感的性质与强度的过程。[1]基于此,教师不妨在课上课下多创造些机会、多挤出些时间,鼓励乃至奖励学生臧否历史、宣泄情感,以巩固、升华其可能已初步形成的历史情感。下面是初一、高三两位学子的感悟文字,虽然稚气未脱,尤其是前者,但谁能说它们不是一种真情流露,不是一种"众里寻他千百度,蓦然回首,那人却在,灯火阑珊处"?

> 许多人认为两宋是一个糟糕透顶的朝代,它往往与秦朝并称,曰"孤秦陋宋"……但是从经济、文化、科技等不同的层面来审视两宋,就好像不那么"陋",反而有点"盛"。"文盛武衰"可能是对两宋一个比较好的概括吧。而金戈铁马、震动欧亚的马背上的元朝,给人的印象是"武功盖世",并且滥用民力,最后被一个乞丐踢回老巢去了。这样的结局令人叹息。通过这两朝的历史风云,可以看出"重文轻武"和"重武轻文"的政策都不可取。毕竟只有两只翅膀健全的雄鹰才能飞得更高更远。[2]

> 翻开历史的书页,我们惊叹不已,莘莘学子从象牙塔里走出,登上了开往大洋彼岸的轮船,望着茫茫大海,他们的心并不茫然。每个人心中都装载着振兴中华的宏伟梦想。他们是学界翘楚,他们克服了生活上、文化上的种种不便,在地球的另一端找回了中华民族一百多年来所丢失的尊重。而面对着祖国的召唤,他们义无反顾,似乎离开祖国海岸之时便已计算好学成回国之日。我们成长在理科班,许多人将来也要走上前辈走过的道路。爱国科学家的义举使我们钦佩,也令我们思索……[3]

---

[1] 朱智贤:《儿童青少年心理发展与教育》,中国卓越出版公司1990年版,第367页。
[2] 袁文菁:《中学历史学科情感教育研究》,上海师范大学人文与传播学院2007年。
[3] 杨冰:《让学生感受接近真实生活的历史》,《上海教育》,2013年第16期(总873期)。

（三）教师情感素养的提升

培养学生的情感，能够对学生的情感体验进行引导，教师自身也要建立起积极的情绪背景基础，提升自己的情感修养。具体说，就是要保持良好的主导情绪和形成丰富的历史情感。

（1）保持良好的主导情绪。一个人的主导情绪，也就是经常表现出的情绪状态。教师应保持怎样的主导情绪，专家早有定论，那就是"快乐、饱满和振奋"的情绪状态。[1]首先是快乐。因为情感教育需要一个最基本的情绪氛围，就是学生在快乐的情绪状态下学习，而教师的快乐情绪能够影响和引发学生的快乐情绪，这是情感的感染功能决定的。同时，情绪感染又具有互动性，学生的快乐情绪反过来会影响教师，进一步促进教师的快乐情绪，对教师的教学活动产生相应的促进效能。其次是饱满和振奋。因为教学的艺术多在于激励、唤醒和鼓舞，但只有当教师自己处于饱满、振奋的情绪状态中，才有可能唤起学生振作、兴奋的情绪，"只有生气才能产生生气，死气只能从死气而来"。[2]教师如果自己萎靡不振、死气沉沉，不仅会影响学生的学习效果，还会影响学生对教师及其所教课程的态度。

如何保持快乐、饱满和振奋的主导情绪，专家对大量优秀教师的调查表明，"三爱"，即爱学校（教学）、爱学生、爱学科的态度与之有着极为密切的关系——只有真正热爱教学工作，才会从走进教室的一刻起，心中便充溢发自内心的欢欣；只有真正热爱自己学生，才会从师生目光的交会里，激起无比亲切与甜蜜的感受；只有真正热爱所教学科，才会在如数家珍的教学中，激情四射并充满由衷的愉悦。可以说，快乐、饱满和振奋的情绪状态，正是"三爱"态度中的情感成分在具体课堂情境中的情绪性体现。这样的情绪基调也必然是稳定的、充实的和强有力的。

（2）形成丰富的历史情感。历史情感的丰富，离不开历史认知力的提升。世间事物，大体是知之愈深，感之愈深，历史认知与情感的关系尤其如此。新课程改革以来，教师中普遍存在对新教材的史观、架构、用材等的不理解（甚至不信任），导致无法处理好有关史实与史论，自然更无法倾注自己的情感。这种现象其实是在提醒历史教师必须更新知识、开阔视野。如何更新与开阔？

---

① 卢家楣：《情感教学心理学》，上海教育出版社 1999 年版，第 231 页。
② 夸美纽斯：《大教学论》，人民教育出版社 1984 年版，第 3 页。

阅读当下大学历史系科的专业教科书，包括中外通史通论、断代史、专门史等，应该是最便捷的方法。除此之外，还可以读一些史著、史论和传记等，这方面的优秀著述近年来已问世不少，不仅蕴涵生动历史，字里行间更折射出作者丰富的历史情感，如熊月之的《西学东渐与晚清社会》、许纪霖的《大时代中的知识人》、李颖的《共和国历史的细节》、英国历史学家汤因比的《人类与大地母亲》、法国佩雷菲特的《停滞的帝国——两个世界的撞击》等。

历史情感的丰富，还有赖于历史想象力的拓展。历史之真、之美、之动人，常在隐隐约约、断断续续之中，有如隔岸观景，又似雾中探花。即便是不争事实，或名家高论，也须得教师用心领会、感同身受，方能行之于课堂、效之于学生。而这种时候，历史想象力的神奇就显示出来了，它可以帮助教师真切地感受历史，真情地述说历史。拓展历史想象力的办法应该很多，最理想的是观看一些优秀的历史纪录片，例如 CCTV 的《世界历史》《中国历史》《长城》等，以及美国 Discovery 频道和英国 BBC 电视的历史专题片，要特别留意它们的"场景再现"和充满意蕴的解说，以及如何在历史与想象之间潇洒行走。另外，也可读些历史文学类的"时代巨制"，如《双城记》《九三年》《汤姆叔叔的小屋》等，还可以看些历史题材的电影，如《建国大业》《爱国者》《法国大革命》等，这些经典作品都有助于教师拓展历史想象力，滋养自身的历史情感。

充分发挥历史叙事的育人功能

普陀区教育学院　　鲍丽倩

严整而科学的历史叙事，有助于客观地还原历史的过程、情景和现象，并在叙事中彰显出历史的灵性、智性和情意性，让历史解释变得更畅达。好的历史课总是表现为老师在史料实证基础上，通过娓娓道来的叙事呈现历史意蕴、力量和温情。如何将行云流水的历史叙事与严谨周密的史料实证在教学的流程中、在学生的认知中有机融合，不仅是一个实践的难点，也是如何发掘学科养分、滋育学生素养的一个攻坚问题。本文将就此以些许思考及例证与读者分享。

一、历史叙事是历史解释的呈现方式

历史是一种解释。许多历史学家指出，"历史"实则是一堆混乱的碎片。历史叙事是历史解释的一种呈现方式。作为历史教师，在教学中需要将无意义的碎片历史重新建构成有意义的关联历史。因为只有将历史中的人和事置于有意义的叙事结构中，我们才可能跳出就事论事、狭隘肤浅、牵强附会、断章取义的窠臼。同时，近年来学界提出历史课要有"中心"、有"主旨"、有"立意"、有"灵魂"等，既回应了如何应对历史知识的无限性和教学时间的有限性这一现实矛盾，又体现了中学历史界对于历史课堂教学价值的创新思考。历史叙事正是蕴涵上述价值追求的有效载体，一堂课如果只是一堆知识碎片的堆积，没有叙述史事之外貌和内涵，是不可能体现"立意"和"灵魂"的。另外，从学习者的学习需求看，历史叙事是贴合其兴趣、补充其成长养分的有意义内容重构。好的历史叙事正是以其跌宕的故事悬念、丰满的人物形象、曲折的史事进展、严密的逻辑关系、深远的事理启迪等，不仅使学习者深受吸引，共疑共思，也有助于学习者在对史事的理解中实现从历史旁观者到历史体验者的角色过渡，感同身受历史中人的处境、心境与语境，进而感悟事理，并在知识、能力和情意等多方面获得发展。

然而，当前历史叙事在教学中并未得到应有重视。原因之一是历史叙事被误解为教师单向的灌输，认为历史叙事专注于教师表达的流畅性，内容组织的完整性和历史讲授的情节性，而忽视了学生的认知、理解和个性差异。它往往被认为是教师一言堂和满堂灌。以为讲求历史叙事的课就不需要史料，不需要思维，不需要其他解释了。因此，历史叙事教学被认为是不符合时代育人需求的。看来，这里又将其与知识灌输画了等号。

新时期的学科育人对广大中学历史教师提出了新的要求，"教师在教学中要尊重历史的研究逻辑和学生的认知逻辑"①，即不能只专注教学而忽视史学，而应当在尊重史学本体特征的基础上合理地开展教学。"历史叙事"作为史学的专属概念，应回归本意，它不是简单地对某一历史事件或历史人物进行叙述，而是建立于史料研读基础之上的、以较为完整的叙事结构对史事内在逻辑关系作出科学合理解释的一种方式。因此，历史叙事教学不是对知识内容简单的趣味式加工，而是教师在准确把握课程内容史学内涵前提之下，对教学内容进行意义重构的过程，其背后彰显的是教师对历史的认识和解释，同时也是对学生历史认识和历史解释路径的一种示范。

二、历史叙事与史料教学的有机融合

史料在研究和教学中的重要性不言而喻。从史学本体看，史料是构成历史认识和历史解释的基石，傅斯年先生"史学便是史料学"也成为学界的共识。从学科育人的视角看，史料教学在培养学生证据意识、同情理解、探究能力和质疑精神等方面，有着不可替代的作用。当前，没有史料的历史课堂通常会被认为是落伍于时代。然而史料教学在备受重视的同时，尚存在着不少误区。李惠军老师指出，当前史料教学中最突出的问题有三种：一是史料开发的过度化；二是史料解读的随意化；三是史料分析的碎片化。②究其原因，史料教学终

---

① 上海市教育委员会教学研究室：《知真求通立德——中学历史学科育人价值研究》，上海教育音像出版社 2013 年版。

② 李惠军：《博识而畅达广征而顺达（一）——从"诗性预预构"引出的关于史料与叙事的教学联想》，《中学历史教学参考》2016 年第 8 期。

究只是一种教学方法,而方法当服从于内容和目标,如果我们将该方法的作用过分夸大,那么历史课就将陷入史料的汪洋之中,也会迷失史料研读的方向。为此,一方面我们对史料教学法本身的内涵和作用要有准确的把握,另一方面要将史料教学置于内容和目标体系下作系统思考。

将史料教学与历史叙事有机融合,让史料研读服务于历史叙事不失为纠偏的有效手段。回归到史学本原,历史叙事正是依托史料来建构意义关联的。史料的证据力可以彰显叙事的理性;反之,缺乏史料支撑,历史叙事也就成了空中楼阁。同时,建立基于史料尤其是一手史料解读基础上的同情之理解,是彰显历史叙事温情的必备环节。李惠军老师主张在历史教学中,史料的解读与历史的叙事要交互一体,要将宏观的历史叙事与微观的史料解读兼容相济,在对史事的全面陈述与把握的同时在历史的细部洞察秋毫、精审考订,做到故事中饱含史料,叙事与史料无痕衔接。①自然,要达到"无痕衔接"需要深厚的史学功力和娴熟的教学技艺,当是中学历史教师的不懈追求。目前首先需要做的,就是树立史料教学与历史叙事有机融合的意识,理解其意义,并在践行中优化。

三、充分发挥历史叙事的育人功能

(一)唯物史观:历史叙事和史料开掘的出发点

只有在科学的社会史观指导下构建了严密合理的历史叙事逻辑,史料的开发才可能在叙事逻辑指引下有精准的定位。马克思主义哲学是关于自然、社会和思维发展一般规律的学说,它包含历史唯物主义和辩证唯物主义,是科学的世界观和方法论。历史唯物主义强调生产力与生产关系、经济基础与上层建筑、社会存在与社会意识之间作用与反作用的关系,主张人是历史的创造者但也受制于时代。辩证唯物主义认为物质世界处在永恒的运动、变化、发展之中,揭示了事物发展的根本原因在于事物内部的矛盾性,坚持用联系、发展、全面的观点看问题。对立统一规律、质量互变规律、否定之否定规律,是辩证法的三个基本规律,矛盾分析法是辩证法的根本方法。时间与空间、相同与不同、联系与区别、量变与质变、背景与条件、原因与结果、动机与后果、主观与客

---

① 李惠军:《博识而畅达广征而顺达(一)——从"诗性预预构"引出的关于史料与叙事的教学联想》,《中学历史教学参考》2016 年第 8 期。

观、必然性与偶然性、可能性与现实性、内容与形式、本质与现象等，这些范畴都是对立的统一，范畴可以帮助人们从人或事物的各个不同的侧面分析其矛盾，从而达到较全面的认识。

1. 多视角观察历史人物，不以个人喜好代替客观评价

唯物史观指导我们要多视角、客观辩证地观察历史人物，不以个人喜好代替客观评价，不以道德评价代替历史评价，而要将历史人物的全貌呈现给学生，进而将最终评价权还给学生。曹杨二中徐寒雄老师这样设定《汉武帝时代》一课的课程内容主旨："汉武帝刘彻为刘汉天下的世袭，在继承了文景之治的遗产，审时度势、不失时机、不择手段地沿袭和创新了以巩固皇权为宗旨的帝王之术，以'独尊儒术''内外朝制''推恩令'等方略逐个解决了思想异道、王政旁落、王国分裂和匈奴入侵等由来已久的痼疾，实现了自秦以来多民族大一统的中央集权帝国梦，称雄中土、威震四夷、远播亚欧，推动了华夏文明的再造、崛起和扩张——这就是汉武帝时代。"从唯物史观角度看，该主旨整体体现出辩证性：一是将历史人物"巩固皇权为宗旨的帝王之术"的主观意图与客观效果有机关联，体现了全面的观点；二是将历史人物置于特定时空下，并从短时段"解决了由来已久的痼疾"、中时段"多民族大一统的中央集权帝国梦"和长时段"华夏文明的再造、崛起和扩张"的角度综合观察，体现了发展的观点。从叙事的角度看，内容具体，逻辑清晰，表述聚焦，这就非常有利于后续教学环节的设计、教学资源的开发和教学过程的实施；同时，最后"——汉武帝时代"的表述，既体现了教师对这个概念的理解，也隐含了对归纳教学法的示范。如果依据该主旨的叙事逻辑来开发史料，则会兼顾主观上为维护汉室的"帝王之术"和客观上带来的促进"多民族大一统"及"华夏文明的再造"，汉武帝的形成会更真实立体。

2. 大视野体察社会风貌，不以局部表象遮掩历史本质

唯物史观指导我们要大视野体察社会风貌，要融表象与本质、局部与整体、当下与过往于一体。李惠军老师这样设计《坎坷的进化——民国初年的社会生态》一课：首先，从局部解剖的视角铺陈"坎坷"（经济："时运"与"失运"，生活："开化"与"闭塞"，文化："宽容"与"论战"，制度："立宪"与"帝制"）；其次，从整体时势的视野体察"进化"（经济：民族工业的"黄金时期"，生活：追求时尚的"民国范儿"，文化：兼容并蓄的"文化生态"，制度：坎坷艰难的"制度畸变"）；再次，从历史纵深的视域理解"坎坷的进化"（发展之艰难："半殖民"的社会现实，

进化之艰难:"超稳定"的历史引力,和平之艰难:"分散性"的暴力怪影,启蒙之艰难:"国民性"的传统依恋)。李老师的史学功底和教学艺术堪称典范,历史叙事的功力更是令人折服。李老师倡导"大格局"与"精细化",在本课的整体设计中就可见一斑,他融细部解剖、宏观体察和纵深理解于一体,勾勒出一幅既大气磅礴,又精于细节,更赋笔触张力的民国初年社会生态"坎坷进化"的历史画卷。他将微观与宏观、现实与过去、民族与世界,表象与本质等多个范畴有机融合,构建出社会风貌变迁背后严密的逻辑关系。回顾二期课改以来中学历史教学中对于民国初年社会的认识,经历了一个渐进深入的过程。历史解释的不断完善,是基于科学史观的把握、史书阅读的广博和史学理解的深入,不同的解释会直接影响到史料开发的定位和史料解读的落脚点。

3. 多维度洞察历史事件,不以合力理论排除核心要素

合力理论是当下历史教学中比较常用的一种解释方法;但如果只有合力理论,没有核心要素,历史解释也缺乏重心和说服力,是不符合唯物史观的。徐寒雄最初这样分析《清末新政》改革失败的原因:"晚清十年,改革代价的承受者们成为政府的离心力量。废除科举,士心浮动;新政改革,民心丧失;驱散请愿,绅心游离;皇族内阁,官心相背……《清末新政》这节课告诉我们一个浅显的道理,那就是:比起风起云涌的时局,更为波澜壮阔的是:人心。"总结通常是历史叙事的提炼和升华部分,该总结体现了对清末新政的多维度观察,从士心、民心、绅心和官心等合力角度思考清政府改革主观意愿与客观效果相背离的原因,较有新意,但最终提炼到放之四海而皆准的"人心",失去了历史的韵味。在改进稿中教师则改为:"晚清十年,'革命'和'改革'其实在赛跑,最终结果是:革命胜利了,改革失败了。回过头来看这段历史,革命之所以成功,不是革命的口号有多么吸引人,而是改革已死。晚清政府希望通过新政、立宪来完成王朝的自我拯救,最后却落得个人心尽失,江山失守,为什么呢? 用孙中山的一句名言作为本课的结束:世界潮流浩浩荡荡,顺之则昌,逆之则亡。晚清政改舍本逐末,最后落得个搬石砸脚。"清政府逆时代大势,对自身王朝利益的维护远大于跟上世界现代化潮流的考量,最终导致事与愿违。教师用时人的话点出了历史玄机,直指核心要素,史料教学与历史叙事融为一体。

(二)灵性人物:历史叙事和史料解读的倾情点

历史叙事首先必须围绕人展开,没有人就没有历史。要力求还原真实、立体的人,塑造有情感、有灵魂的人。其次,要正确处理好人与时代的关系。人

永远是时代中人，始终烙有时代印记，时代造就人，而人对时代又有反哺作用。再次，要正确处理好主要人物与次要人物的关系。伟人固然重要，但一个人成就不了一个时代，也代表不了一个时代。次要人物也是历史的创造者。同时，要理解历史中的人，回到时人的具体处境中，从其所思、所言、所行及结果中去观察。由此，对于史料的解读不仅要提取其表层信息，还要透过史料的表述，知晓其背后的内心世界，从而帮助学习者真正走进时人的心界，生成对历史的温情与敬意。

1. 勾勒群像，彰显对历史主体的尊重

除了对主要人物要着力刻画外，对群像的勾勒也非常重要。尽管那些次要人物在课堂中"步履匆匆"，但有时教师只要寥寥数笔就能让这些人物生动起来，历史中的人被赋予生命与性情。徐寒雄在讲《汉武帝时代》时这样叙述主父偃的出场："武帝的权力在慢慢膨胀，而地方王国问题则一直困扰着他，让他夜夜不得安睡，如何解决地方王国问题呢？这就不得不说到下面这位能人了（出示'推恩令'史料），他就是主父偃。他是山东临淄人，出身贫寒，早年学纵横之术，中年改学儒术，因在家乡受到排挤，决定西入长安，去京城碰碰运气，托关系，走后门，仰人鼻息。主父偃觉得这样下去不行，于是情急生智的他给汉武帝写了一篇非常长的奏章，让他意外的是奏章早上呈送，晚上汉武帝就召见了他。见到他时武帝非常激动地说：'你以前在哪里啊？为何我们相见这么晚呢？''相见恨晚'这个成语就是说他的。"一般讲《汉武帝时代》，教师大多只关注汉武帝，而其他人物往往只是史料背后的一个名字而被忽视。从史学角度看，会令人产生误解，似乎汉武帝个人撑起了一个时代，有个人英雄主义之嫌；从教学角度讲，人物稀少，形象单薄，人物间缺少交集与互动，这样的课堂恐怕也不会有太大的魅力，更谈不上学习者与历史人物的生命对话和历史智慧的孵化。从学科育人角度讲，课堂中长期只有主要人物，没有次要人物，或只有大人物，没有小人物，既不利于学习者养成对历史人物的尊重和对历史的敬意，也不利于形成小人物大人格的价值观。从该案例中主父偃的出场，我们感觉到史料"推恩令"计策背后的名字不再冰冷，教师将《汉书·严朱吾丘主父徐严终王贾传》中相关主父的史料记载转化成自己的语言，虽然用语不多，但刻画精心，人物形象鲜明立体，跃然纸上，而且展现了人物之间互动的场景，令历史立即变得生动起来。这样的处理体现了教师较高的史学功底和教学素养，叙事中有史料，史料中有温情。同时，在本课教学中，教师除了着力刻画了汉武帝的形象外,还用简洁明朗的笔调勾勒了董仲舒、卫青、霍去病等辅佐人物的形象。汉武帝时代也因为这些有性情、有灵魂的人物群像塑造而显得可视、可亲近。

2. 走进内心,感悟历史主体的情感

历史最打动人心的,一定是历史中人的内心世界,走进内心是为了走进真实,并触摸历史的温度。新黄浦实验学校张添在执教《第二次世界大战的爆发》时是这样导入的:"我们首先来看一幅画(出示左图油画)。这幅画的作者是一个叫埃丽卡的小女孩,1934 年出生在布拉格,7 岁那年被遣送到特莱津的集中营。这幅画里,埃丽卡记录了自己的生活,也画出了一个小女孩的憧憬。她的画面前面留出了很大的空间,这里放上了集中营里没有的鲜花,让蜜蜂围绕着花朵,花瓶上也刻上爱的印记。花儿无论是颜色还是姿态都生动而平衡。时时处于饥饿中的埃丽卡还在花儿旁边,放上了满满的一盘水果!(出示右图照片)实际上,有着架子床的房间十分拥挤且充满着哀伤,孩子们饥饿、寒冷、经常生病,想念妈妈。埃丽卡把架子床推得远远的,也把残酷的现实生活远远地推开,这幅画完成于 1944 年。同年 10 月,埃丽卡被杀死在奥斯维辛集中营,那一天离她的 10 岁生日还有 12 天。"战争的叙述有很多种方式,何以张添老师的叙述能那么打动人心,发人深省?张老师在历史叙事和史料运用上有其独到之处。一般情况下,老师们在讲述希特勒屠杀犹太人的暴行时,通常出示的都是成堆的尸体、毛发、鞋子等象征死亡的图片,令人不寒而栗。而张老

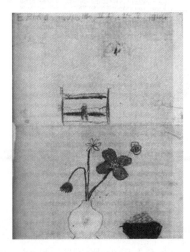 

油画　　　　　　　　　　　　照片

有着架子床的房间

师是边呈现有巨大视觉冲击力的《有着架子床的房间》的油画和照片,边动情讲述身处集中营凄惨现状中的埃丽卡们对生的渴望和对美好生活的向往。这样的处理可谓匠心独运,既避免了直接出示死亡的照片引起孩子们不适,又突出了法西斯摧残无辜生命的冷血行径,更讴歌了在困境中不屈坚守的人性之美,将小画者们的主观愿望和其所处的残酷客观世界融为一体,历史叙事与史料教学浑然天成,极富感染力。

(三) 以小见大:历史叙事和史料运用的关键点

历史包罗万象,历史遗存的史料浩如烟海。为此,在备课时需要精选典型的史料,以助力历史叙事重点突出、以点带面地有序推演。同时,史料的呈现应依学情特征而定,或要义概括,或图片示意,或故事讲演,或细节刻画等,当短小精悍、生动形象、关键信息突出。史料的解读过程要呼应历史叙事,要示范史学思想方法,从而透过小史料读出大历史。

1. 小史料,大逻辑

史料虽小,但在教学运用中必须遵循大逻辑。逻辑之"大",其要义指向严谨科学的态度和方法。史料的运用当遵循以下三种逻辑。一是史学的研究逻辑,其核心是有一分证据说一分话;二是学生的认知逻辑,其核心是尊重学生的个性特征和认知规律;三是历史的叙事逻辑,其核心是对历史形成有意义的关联性解释。曹杨二中附属学校王婕婷老师在《美国独立战争》一课中,运用了漫画《联合,或者死亡》。其最初设计是教师先介绍这幅流传于独立战争初的漫画,实际上是富兰克林创作于 1754 年英法战争期间,进而提问:"为什么大部分人会误解这幅漫画创作于独立战争时期? 我们怎么避免类似的误解再次发生?"这样的设计虽然在一定程度上体现了史料实证,但却与历史叙事相游离,成

联合,或者死亡

了课堂流程的"肠梗阻"。在其后的改进稿中,教师改设问为:"1774 年的北美报纸为何争相刊登 20 年前的旧作?"这样的设计既将问题直接指向当时的社会心态,体现了对史学研究逻辑的遵循,也与北美人民追求自由与权利的内容主旨相关联,与历史叙事逻辑的一致。

2. 小切口，大格局

着手于小处，着眼于大处，在历史叙事中要微观中见宏观，小史事寓意大事理。这绝非无中生有的牵强附会，它需要教师具有深邃的历史洞察力和高超的史料驾驭力。北海中学黄晓慧老师在执教《冷战》一课时，以柏林墙为重点展开叙事，其观察问题的视角转换可谓娴熟。首先，教师以勃兰登堡门为典型讲述了柏林墙初建时柏林墙建立的始作俑者，即苏联领导人赫鲁晓夫的话"柏林墙是阻止西方帝国主义侵略的篱笆……饿狼就再也别想闯进东德"，帮助学生理解当事国政府意图。接着，通过"艾青诗歌《墙》"和"民众用自己的脚作出生存和生活的选择"两个小环节，帮助学生理解当时普通民众的生存状态和内心渴望。然后，通过 1961 年 10 月 28 日美苏十几辆坦克对峙 24 小时却最终保持克制的细节进一步转换视角，帮助学生从更广阔的时空，即 20 世纪世界格局变化的视野下，理解柏林墙所隐含的两大超级大国不失理性、自我控制的一面，进而提炼出"冷战"的概念。最后，教师再次呈现勃兰登堡门的照片，不过场景已经切换到 1989 年柏林墙被推倒之后的欢乐圣诞夜，引发出人类需要理性、和平与发展的深层思考。总体来看，教师分析问题的视野由小及大，层层深入，递进提升，体现了历史人看问题的辩证和深邃，小切口中彰显出了大格局，既增加了历史叙事的实证性，又为历史叙事搭建了立体的展台。

历史叙事如何发掘学科养分、滋育学生素养，既在于发掘史料的证据价值去支撑叙事的求真追求，培养学习者的理性意识，也在于透过史料的历史理解去彰显叙事的时光温情，培养学习者的人文情怀。为此，教师首先要在充分阅读、准确理解课程内容的基础上，从宏观上构建出历史叙事严密的内在逻辑结构；然后再据此开发、解读和运用史料，帮助学习者在史料研读的过程中贴近历史、体验历史和感悟历史，并进而领悟、内化历史叙事的解释逻辑和思维方法。

历史学科德育的"跨学段"思考

金山区教育学院　王　群

一、"跨学段"思考的提出

中学历史课程是人文性与科学性相统一的一门基础课程,是社会科学学习领域课程的重要组成部分。中学历史课程的内容包括人类发展历程的重要史实,基于唯物史观的立场、观点、方法,以及史学界已有较大共识的解读和评价。中学历史课程以聆听、阅读、观察、理解和思考这些内容,收集并解读典型史料,发现和探索历史及有关问题为主要学习方式。

最新版的普通高中历史课程标准,在解读课程性质中,强调了中学历史课程承载着历史学的教育功能——高中的历史课程是在义务教育历史课程的基础上,"进一步"运用历史唯物主义史观,以社会形态从低级到高级发展为主线,展现历史演进的基本过程以及人类在历史上创造的文明成果,揭示人类历史发展的基本规律和大趋势,促进学生全面发展的一门基础课程。学生通过学习,拓宽历史视野,发展历史思维,提高学科的核心素养。

历史学科的学习宗旨是"寻史知真,释史求通,鉴史厚德",体现于认识历史及有关问题过程中的证据意识、发展观念、兼容气度,民族精神、全球视野、时代担当等思维品性。初步运用唯物史观的立场、观点和方法,积极而谨慎地观察和思考历史问题是中学历史课程的核心所在。中学历史课程旨在帮助和促进学生在追寻文明足迹、知晓前人得失、体验历史发展、感受史学进步的过程中,从历史发展的角度理解并认同社会主义核心价值观和中华优秀传统文化,认识并弘扬以爱国主义为核心的民族精神和以改革创新为核心的时代精神。初中义务教育阶段与高中的课程学习之间,学生的思维、学习能力成阶梯状变化与提升,其课程的学习与学科能力的落实,也必然有着承续与提高。

基于历史课程标准,以及不同学段的学生世界观、人生观、价值观与历史观的培养,"历史学科德育协同研究中心"的核心策略中提出了"一本三跨"理念。"一本"指基于学科本体,深化中学历史教育德育内涵,构建中学历史学科德育实施的理论框架,厘清学科德育实践路径,创新学科德育操作方法。"三跨"包含三个层面:一是跨学段,探索初高中历史学科德育一体化课程建设,重点关注不同学段德育实践的有序性、关联性,把握不同教学文本、不同学段教学内容的育德依据,思考同一教学主题、同一育德实践的不同德育边界;二是跨学科,研究借助其他学科(如语文、政治、地理等)的课内外优质资源提高历史学科德育效能,重点关注不同学科德育资源的互补与统整;三是跨学区(区域),整合不同区域学科德育资源,探索建立区域学科德育及区域与高校合作联盟,建立盟内共享资源的学科德育格局,重点关注学科德育实践的跨区域联动与整合。

历史学科作为一门德育教育的显性课程,很容易找到育人的内容,落实德育目标。德育目标中的政治认同、国家意识、公民人格、文化自信等,每个方面都有具体的要求。落实到学段,要求也不相同。以要求的用语来说,感受、体验、体会、感悟、认同、欣赏等,在初中和高中阶段的意蕴则有着明显的差异。

二、"跨学段"思考的内涵

(一)洞悉目标与文本

在初高中的历史学科教学中,目标设定一般分为:知识与技能、过程与方法、情感与价值三个板块。在第三个目标,情感价值这里,对初高中的要求也是不一样的,初中"尊重历史,敬畏先贤,有正义感、荣辱感和责任感,认同和欣赏杰出人物的历史贡献,体验人与社会、人与自然关系的文明历程,推崇文化进步、科技创新、民主法制和高尚世风,敬仰前人对民族自立、平等、和睦的追求,以历史主义态度肯定民族自尊、自强的思想与行为,感悟世界历史的多元,赞赏合作竞争、平等互利与和平发展、共同繁荣,认同文明的差异、包容与和谐共进";高中则是"领悟社会存在决定思想意识,认同民主、法制、自由、平等有不同的时代内涵,并逐渐发展包容的观点;领悟生产力是社会发展的最终决定力量,认同生产关系必须适应生产力变革,同时又反过来推动生产力的进步;领悟哲学、宗教、文学、艺术等的发展是以经济为基础的,认同其对社会意识和经济基础的反作用;领悟实践是检验真理的唯一标准和解放思想的重要性,认同不仅'听其言'更要'观其行'的历史评价原则"。

在过程与方法上,初中明显趋向"从时代特征、社会地位、文化背景、思想认识等方面解释和评价历史人物;从时代特征、自然环境、文化传统、社会生活等方面解释与评价历史事件;从基本特征、主要贡献等方面解释与评价优秀文明成果;根据一定的史实、史料或视角,质疑有明显缺陷的历史叙述或解释";高中更侧重于"从政治、经济、文化背景,以及历史人物的地位、认识、处境等视角,解释和评价历史人物;从经济、政治、文化、社会等视角,解释与评价历史事件;从创新及社会作用与影响的视角,解释与评价优秀文明成果;根据一定的史实、史料或视角,质疑或反驳有明显缺陷的观点或评价;通过查证史料的有效、可靠性,检验思维逻辑的合理性,反思认识与解决问题过程的正确性和准确性"。

高中阶段目标和初中阶段目标是累积关系,不是割裂的,需要有延续、有提升。而同一学段的同一主题,也可以发掘出不同视角的育人价值,关键在于如何落实,如何在实际教学中去研究解决同一教学内容在不同学段的实施。如中国古代史中涉及历史人物的教学内容,其情感价值目标的要求描述为:从时代特征、社会地位、文化背景、思想认识等方面"理解"历史人物的作用和影响;高中则是:从政治、经济、文化、社会地位、具体处境、思想认识等视角理解历史人物的作用与影响。

中国近代史中涉及到历史人物的教学内容则有了更明显的梯度与分层要求。初中对历史人物教学时,其情感价值目标的要求是"欣赏、赞赏"历史人物的爱国主义精神,如林则徐等;高中阶段则是"感悟"某一历史事件中个人机遇与国运、时运的联系,"体会"杰出人物的尴尬和痛苦,如洋务运动时期的李鸿章等。而对于洋务运动,同样的历史事件,初中的要求是:"感受"洋务派在内外交困时局中的艰难探索。从情感价值的程度上来说,初中更多地是体现在"体会""感受"等相对比较浅的层次上;而高中则明显地增加了思维含量,上升到"体悟""感悟""领悟"等。

(二)加强实践与感悟

历史学科的学科特点决定了在教学中,即历史基本元素的整体性,时空意识、唯物史观、史料实证与历史解释过程中落实德育目标,因而历史学科的基本元素——时间、地点、人物、事件、结果和影响都不是独立的。教学中侧重点不同,就会有不同的情感价值目标的落实。例如高中阶段的《美国独立战争》一课,可以是通过人物——个体与群体的,也可以是事件——单一的或世界整体性的角度,事物的——法律文本与革命纲领的制定与运用等,都可以挖掘出相应的学科育人的价值内涵。结合主题内容,老师们结合自己的教学实践,以相关史料进行解读并落实目标。

目前老师们比较多的是针对国家利益、公民人格进行教育,在初高中的案例中,学段之间的差异还是很明显的。老师们涉及的历史人物贯通古今中外,个体性的有苏格拉底、孔子、祖冲之、文成公主、华盛顿、李鸿章、张謇、周恩来等,群体性的有诸子百家、洋务派、维新派、新文化运动中的知识分子等。通过历史事件落实德育的有百家争鸣、洋务运动、五四运动、美国独立战争、启蒙运动等。同样是历史事件,有通过事件的过程、通过事件中的人物(或个体或群体,如美国独立战争中的华盛顿,或美利坚民族等),也有通过事件发生的背景与影响落实德育的。

以跨学段学科德育研究课《新中国外交》为例,两位老师不约而同地以周恩来为中心,围绕周恩来在中华人民共和国外交上的策略与作为来展示这一节课,不管是知识技能、过程方法还是情感态度与价值观,侧重点与展示方式都不尽相同。初中学段的老师,从"敬业"的角度突出周恩来的人格魅力,教学上侧重于引导学生形成尊重历史、敬畏先贤的意识,认同杰出人物的历史贡献,培养正义感、荣辱感和责任感,进而树立正确的人生观、价值观;高中学段的老师则从周恩来的外交成就引申到我们整个民族的自信与责任担当等意识,引导学生认同和欣赏杰出人物在历史上的重要贡献,正确认识个人与国家、个人与社会的关系,增强历史时代感和责任感。

在知识技能上,整节课,初中阶段侧重于周总理为了中华人民共和国的外交工作而不辞辛苦、日夜操劳、兢兢业业等生活细节,以故事的方式呈现其个人性格与工作态度,以期达到学生对"敬业"的理解与认识,比较适应初中生思维方式的感性知识。高中阶段则侧重于周恩来在外交场合所面临的国际形势及其在一些具体外交问题上与各方唇枪舌剑、针锋相对的谈判技巧,以及他在国际会议上的外交策略所带来的效果与影响,体现中华人民共和国在外交上的努力、期盼以及由此产生的国际影响,提升民族自豪感,比较符合高中生理性思维的知识点。

在过程方法中,初中阶段侧重于引导学生懂得文字、口传等资料是史料的基本形式，表格是了解历史的重要途径，并学会从中正确汲取和整理历史信息，更多地是用教师的讲述如故事、形象的图片等，让学生比较直观地获取信息，并从信息中感知历史人物的性格、特点等，真正达到对"敬业"的理解。高中阶段则侧重让学生学会从政治、经济、文化等多角度的时代背景以及历史人物的地位、认识、处境等视角来解释、评价历史人物，更多地是从人物的作为在当时、在中国、在世界所产生的影响中去体悟人物所代表的一个国家、一个民族的一种精神，懂得因对象不同，所用历史材料的不同，其有效性与可靠性也会发生变化。

学科德育的范畴很广，老师们在教学实践中还需要进一步去发掘素材，找到更多的落脚点。除了爱国情怀、人物精神之外，文化自信这一块，老师们还没有更好地去展开。在教学中，史料的选择上不仅仅取自文献，也会用到很多历史文物——也就是我们通常所说的实物史料、考古发现等。我们在利用这些史料的过程中，不同的学段可以有不同的阐释。也可以结合博物馆等文化场所，初中学段可以带学生去参观，近距离地接触这些文物的前世今生，这既是最好的爱国主义教育，也是一种文化阐释与渗透。让学生在学习、参观的过程中去思考所谓"我是谁？我从哪儿来？"这样的问题，而更多地还是了解我们个体、国家、民族的文化基因。高中学段的学生可以从文物的价值、在历史中的作用等去体悟，做一个中国人意味着什么，我们的生活、生命、历史与这些文物的关系，提升民族自豪感、民族精神，获取进步的力量，让人生变得更加有意义。教师在运用这些史料的时候，要通过形体、表情、语言去感染、震撼学生，让学生打心眼里感觉到对中华文化的自信；同时，也应注意史学逻辑与教学逻辑，运用恰当的史料，通过恰当的讲述与解读，重逻辑、讲证据，契合学生的认知规律，符合历史学科文本的内容编排，以及不同学段间的承续关系等。

历史学科家国情怀教育的使命与策略

金山区教育学院　李亚南

在教育改革不断深入的背景下,培养学生的核心素养日益成为各界关注的焦点。家国情怀是中学历史学科核心素养的重要构成,体现了诸核心素养中的价值目标。如何正确理解家国情怀的内涵? 怎样基于学科特性来开展家国情怀教育? 笔者将从家国情怀教育的价值思考入手,梳理实践中存在的问题,探寻可行的教学策略,总结其对中学历史课堂的启示。

一、家国情怀教育是学科育人的重要使命

（一）历史学科是家国情怀教育的天然载体

家国情怀是一种自家而国一脉相承的情感表达,是个人对国家所具有的深情大爱,是个人对国家富强、人民幸福所具有的高度责任感和使命感的体现。《普通高中历史课程标准》指出,它是学习和探究历史应具有的人文追求与社会责任,是历史学科核心素养的重要构成。何谓家国情怀教育? 一是以历史视角理解国家制度,认识中国国情,形成对国家的认同感与责任感;二是认识中华民族多元一体的历史发展趋势,培养民族归属感与自豪感;三是认同中华优秀传统文化和社会主义核心价值观,树立道路自信、理论自信、制度自信和文化自信;四是了解世界历史发展的多样性,尊重不同国家、不同民族的文化传统,具有宽广的国际视野;五是塑造健全人格,树立正确的世界观、人生观和价值观。

家国情怀在历史发展中形成,其蕴含的"家国同构""忠孝一体"的价值理念在历史发展中丰富,构成了中华优秀传统文化的价值源流;其倡导的"经邦济世""爱家爱国"的行为追求在历史中延续,曾鼓舞无数中华儿女以身报国。

从岳飞的"精忠报国"到郑成功的"敢向东南争半壁"，从左宗棠的"身无半亩，心忧天下"到周恩来的"为中华之崛起而读书"。正如梁启超所言："史学者，国民之明镜也，爱国心之源泉也。"这反映了历史学科在铸炼家国精神，培育家国情怀方面具有天然的、无可替代的教育功能。

（二）历史课程含丰富的家国情怀教育内容

历史包罗万象，涉及人类社会生活的方方面面。历史学科丰富的课程内容为培养学生的家国情怀提供了内蕴丰厚、文质兼美的教育资源。历史教育，特别是国史教育，能给予学生基础的历史本体知识，使他们了解家国观念的起源、发展，能以历史的、发展的眼光理解家国情怀的内涵，作为他们思考、解决现实问题可依凭的历史资源。同时，它能使学生养成以爱国主义为核心的民族精神，热爱和继承中华民族的优秀文化传统，形成对国家、民族的历史使命感和社会责任感。以中国近代史为例，通过了解近代中国人民抵御外来侵略、争取民族独立、捍卫国家利益、实现人民解放的历史过程，有助于学生理解由家国情怀孕育的爱国主义是中华民族反抗外来侵略的重要精神武器，激发强烈的爱国主义情感，自觉形成把国家和民族利益放在首位，把个人发展与国家、民族利益融为一体的意识。

二、家国情怀教育目前存在的一系列问题

（一）家国情怀教育游离历史学科本质

一方面，对家国情怀教育与历史学科本质关系的认知模糊导致出现舍本逐末的现象，不能通过组织有效的学习活动帮助学生体验、认识、内化，以形成相对稳定的思考问题、解决问题的历史思维方法，虚化了家国情怀的培育目标，消解了历史学科的育人功能。另一方面，或在家国情怀教育中过度历史解释，牵强附会学科育人功能；或以脱离历史学科的内容或教学方式空谈家国情怀教育，或对历史课程中的新内容及多元的史观理解不充分，曲解家国情怀教育的本质内涵，这些现象都会异化学科关键能力的培育。

（二）家国情怀教育无视学生主体

家国情怀教育的关键，在于学生能主动地参与家国情怀培育的过程。这要求教师在教育教学过程中要促进学生知识、技能、情感等多方面的"意义构建"，包括引导学生将不断更新变换的知识与已构建的历史知识体系相融合，将所处的现实情境与相隔甚远的历史情境相勾连，将所接触的事物与自身发

展成长相联系,要力图做到理论与实际相结合,历史与现实相联系,摒弃死记硬背、只关注知识积累,无法将历史学习与自己的信念和价值观养成关联起来的现状。然而,在常态历史教学中不时会出现无视学生主体地位、育人"贴标签"的现象,将家国情怀教育以知识讲授而非体验内化的方式传递给学生,堆积动听华丽的辞藻,进行坐而论道的说教,将蕴意深刻、富含智慧的历史程式化地演绎成僵化的教条。由于学科育人不得法,寓教于史、寓教于理、寓教于情便成为空谈。

(三)教师对家国情怀教育的认知模糊

认知是个体形成有意义行为的最重要的心理条件。教师对家国情怀内涵的认知,应包括对家国情怀教育的本质、目标、内容、学习活动方式等的核心理念。换言之,教师能否准确把握家国情怀教育的关键点,认清与其他几项学科关键能力的关系,厘清与学科知识技能、过程方法之间的逻辑关联,会对学科育人效果产生重要影响。现实中,由于部分教师的知识体系更新慢,理解家国情怀教育的内涵和把握学科教学契合点不到位,导致难以准确把握和有效落实教育主旨。

三、家国情怀教育可采取的基本教学策略

(一)挖掘家国情怀教育的课程知识连接点

历史课程蕴藏着丰富的家国情怀教育资源,课堂是开展家国情怀教育的主阵地。教师应对家国情怀教育目标加以分解,把每一单元、每一课的德育目标与智育目标一样清晰列明。同时,教师应钻研教材编排、单元组合方式,找出家国情怀教育目标与历史知识之间的连接点,组织与目标相符合的教学内容,变隐含为外显,做到点面相连,有效地将育人理念落实到各教学环节。例如,西周宗法制是家国情怀的制度溯源,学生掌握相关内容有助于理解家国同构内涵,理解古人崇尚"修身、治国、平天下"理念的历史缘由;了解秦以后国家发展进程,廓清自秦以来至元明清中国版图演变的过程,有助于学生感悟并认同中国作为统一的多民族国家的发展历史;学习近代中国人民反对外国侵略的相关史实,有助于学生认识捍卫国家主权和领土完整的重要性,形成自觉保卫国家安全,维护国家利益的意识,赞赏中华民族与时俱进的强烈变革精神;学习古代埃及、古代两河流域、古希腊、古罗马文明成果等,有助于学生理解和尊重世界各国优秀文化传统,形成正确的国际意识。

（二）找准家国情怀教育的史学方法渗透点

现代认知心理学认为，知识、方法和情感是同一过程的不同方面，具有内在的统一性，是一个完整的人在学习活动中实现素质建构的三个侧面。学史方法的习得、学史能力的培养不仅为学生提供了丰富学习经历，更对其情感的积淀与升华、态度的转变与保持、价值观的形成与发展颇有裨益。鉴于此，家国情怀教育必须基于对历史本体的认识、立足于中学历史课程目标的理解，从史学方法入手拓展育人价值及实践的新边界。例如，讲述甲午战争内容时，教师可以呈现立场各异的多种类型史料，以求实现多元互证，在学习和研究的过程中，学生了解了近代中国国家利益遭受严重破坏的背景、原因，感受到民族危机的深重，进而激发捍卫民族尊严、维护国家利益的意识；讲述长征内容时，教师通过出示毛泽东的诗作《七律·长征》，播放音乐舞蹈史诗《东方红》的选曲，学生在理解诗歌、音乐等艺术作品证史路径的同时，更能直观感受当年红军长征所遇到的艰难险阻，以及他们所表现出的不怕困难、不怕牺牲、勇往直前的大无畏的革命英雄主义精神；讲述五四运动内容时，教师通过出示《晨报》《新闻报》等新闻材料，在引导学生理解新闻证史路径的同时，更能感受中国人民为维护国家利益、民族尊严所迸发出的巨大力量。

（三）抓准家国情怀教育的策略融合点

家国情怀教育终极目标指向学生正确的世界观、人生观、价值观的形成，它不能靠机械记忆而要通过心灵的感受和体验。因此，家国情怀教育要基于不同年龄学生的身心特点，通过呈现历史细节，以史实点悟学生；通过语言渲染，以真情感染学生；通过征引各类史料，创设历史情景，还原历史人物心境以启发学生；通过勾连历史与时事，引领学生以史鉴今、由今观史。例如，讲述维新变法内容时，通过分析谭嗣同的诗句"有心杀贼，无力回天；死得其所，快哉，快哉！"，学生可感受到维新志士舍生取义，杀身成仁，为了国家进步不惜牺牲生命的英雄气概，树立以天下为己任的正确人生观和价值观；讲述新文化运动内容时，教师通过出示陈独秀的照片等图像材料，讲述陈独秀从日本回国途中的遭遇，引导学生通过对人物经历、文献材料和历史故事的解读，了解新文化运动的背景，学会从基于史实的历史故事中发掘历史信息，掌握从人物经历探寻历史发展轨迹的方法，感受新文化运动代表人物勇于变革的精神和对国家民族的责任感。

（四）发现家国情怀教育的课外资源生成点

家国情怀教育具有开放性，需要教师积极利用校外教育资源，创生和延展教育内容。例如,利用历史博物馆、历史纪念馆、历史文化遗迹,开发乡土和社会资源等,组织家国情怀教育主题活动,为学生创设生动的历史场,去触摸历史、感受历史,激发学生积极的情感体验。教师在组织此类活动时,要做到:基于学生基础,选好活动主题;关注能力培养,定好活动内容;强化学生主体,设计活动过程;整合多种资源,创新活动方式。又如,在开展全民族抗战教学时,教师可带领学生走进金山卫侵华日军登陆遗址、参观四行仓库抗战纪念馆,在真实的历史现场与学生共同感受历史;也可组织学生走进历史档案馆,从众多珍贵的历史文献中探寻全民族抗战的历史痕迹,感受中华儿女为维护民族独立,百折不挠的英勇精神,激发学生强烈的爱国情感;还可组织以"我身边的历史"为主题的教育实践活动,引导学生探究家族、家乡的历史,进而形成爱家乡、爱祖国的人文情怀。

总之,家国情怀教育是中学历史教育的重要使命。教师应认清历史课堂在家国情怀教育目标达成过程中的地位与作用,应明确历史课程内容是落实家国情怀教育的基础载体,厘清家国情怀与其他学科关键能力之间的关系,理解家国情怀的养成要经历逐次递进、紧密衔接的内化、升华和外显的过程,具有鲜明的实践性、生成性和融通性的特征,从而有的放矢地引导学生认识历史及其相关问题,实现既定的育人目标。唯其如此,历史学科才能实现其铸造民族精神、坚定政治信念、拓展国际视野的重要功能。

多管齐下,提升历史德育水平

华东师范大学第三附属中学　余兆木

教育是一个漫长的育人过程,历史学科育人价值的精髓在于"知真""求通"和"立德"。"知真"是育人价值的基石;"求通"是育人价值的路径;"立德"是育人价值的归宿。历史学科是德育的重要载体,教师如何有效实施德育则是一项系统工程。为更好落实历史德育,我们教研组多管齐下,从营造德育氛围、撰写德育案例、关注德育教学等方面进行探索,以切实提升教师的德育水平。

一、营造教研氛围　深化德育观念

为了让组内成员对德育的内容和途径有一个深入的了解,对德育教学都重视起来,历史组专门开展一次关于德育教学的教研活动。首先,我们一起研读上海市高中历史学科教学基本要求。在其中,我们重点关注课程目标之情感态度与价值观的阐述,它是对我们高中历史德育教学的总体要求,为一线教师指明德育教学的方向,如生产力与生产关系的关系、社会存在与思想意识的关系、实践是检验真理的唯一标准等,在学习中我们特别关注到"认同""欣赏""感悟""领会""体认"等词语,这就要求教师在具体德育设计和教学中掌握一个"度"的问题。其次,我们回顾了以往上课时德育教学的落实情况,如:在上《康乾盛世》一课时,教师通过地图展现清朝辽阔的疆域以及康雍乾时文治武功的史实,使同学们感受到清王朝的辉煌以及在中华各民族国家形成过程中的重要地位;在上《改革开放》一课时,教师通过呈现丰富的材料以及层层引导,使学生能够认同"实践是检验真理的唯一标准"的深刻道理。通过这一环节的交流,我们认识到在教学设计中先要找准德育的点,继而有效地组织材料,润物细无声地渗透到课堂教学中。关于德育点的挖掘,我们仍然可以参考上海市高中历史学科教学基本要求,这本书里面对于教材中每个单元的具体德育目标已做说明,这使我们的德育教学有路可寻。最后,我们梳理了历史学科的德育内容及德育路径,包括人文准则(如民族精神教育、国家利益教育)、道德理念(如人格修养、诚信教育)和思想方法(如公民教育、生命教育、责任意识)。

通过此次教研活动,大家在学习了上海市高中历史学科基本要求的基础上,对高中历史德育的内容有了深入了解,从而使得之后的德育教学能有的放矢;进一步深化德育观念,认识到历史德育的重要性和必要性;集思广益,在交流中丰富德育教学的经验。当然,这样的教研活动还要继续进行,同时教研主题可以细化,要研究常态教学中德育的各种方法与手段,重视学生的感受与体悟,重视德育经验的传播与推广,以不断提升历史学科德育的品质。

二、撰写教学案例 领悟德育内涵

德育案例不同一般的教学案例,它要体现出在特定的时间里触动学生的情绪,牵动学生的心灵,从而达到感动学生的效果。案例是基于实践基础的,但要呈现于读者面前,除了实录这部分外,案例的说明也体现出对德育内涵的领悟。如《洋务运动》一课,教师从李鸿章、张之洞、容闳三个洋务派的事迹中梳理出本课德育主题,即他们是领跑时代、勇于担当的人,且说明如下。

(一)目标阐释

时代使命,是历史赋予不同时代人们的责任和担当。社会的进步和国家的发展离不开一群肩负时代使命、勇于担当的人,他们用敏锐的眼光观察时局,身体力行,付诸实践,成为时代的领跑者,推动着历史车轮滚滚向前。时代不同,使命也不同。古代有王昭君不畏艰难,跋涉千里,与匈奴和亲,结束汉匈的战争状态,为汉朝带来和平局面;近代有孙中山为振兴中华,实现民主共和制度,四处奔波,一生致力于中国民主革命的事业;正处在新时代的中国有新的历史使命,即实现中华民族的伟大复兴。根据上海市高中历史学科教学基本要求,高中历史教学要洞察历史认识的时代性和发展性,帮助和促进学生成为有处世能力、发展意识和责任担当的公民。对于当代高中生而言,要认识当今国内外时局,要有强烈的时代使命感,为实现中华民族的复兴而贡献一份力量。

自1840年鸦片战争以来,救亡图存就成为近代中国的时代主题。面对日益严重的民族危机,近代知识分子率先以革故鼎新的姿态出现在国人面前,前赴后继地探索着如何实现中华民族富强的道路。洋务派在内忧外患下,担当起求强、求富的时代使命,开展洋务运动。本课在初中课程标准中要求学生掌握洋务运动以自强为目的、以北洋海军覆灭为终结,通过梳理洋务运动的主要史实,从中归纳出目的与结果南辕北辙的原因。鉴于此,本课的德育目标要求高中学生感悟洋务运动中个人际遇与国运、时运的联系;反对西方列强的野蛮侵略,体认欧风美雨下的社会变局;洋务派在民族危机关头,把个人命运与国家前途紧密相连,勇于担当,致力于国家富强事业,在中华民族复兴路上践行他们的时代使命。

（二）实施路径

在知识与技能方面,高中课程标准要求通过本课学习知道洋务运动的背景、总理衙门、洋务运动的主要内容及客观作用。基于此目标,为体现洋务运动中洋务派的时代使命感,本课选取以下知识点进行渗透:(1)通过李鸿章《筹议海防折》的描述,指出洋务运动内忧外患的时代背景,特别指出:经历两次鸦片战争的失败,一些先进的知识分子明显感受到西方先进的机器、武器等,从而展开学习西方器物的洋务运动。(2)通过李鸿章创办上海江南制造总局、张之洞创办汉阳铁厂和容闳率领第一批留学生前往美国等典型事例,概括洋务运动的主要内容有以"求强"为目标创办军事企业、以"求富"为目标创办民用企业和培养洋务人才,以及理解洋务派的这些举措开启了中国近代化的进程。(3)通过了解三个最具代表性的洋务派人物事迹,感受到他们的时代担当和使命感。

在过程与方法方面,课程标准对高中学生的要求是,通过分析洋务运动的背景和主要内容感悟洋务运动中个人际遇与国运、时运的联系,体会杰出人物的痛苦;理解洋务运动的客观作用;反对西方列强的野蛮侵略,体认欧风美雨下的社会变局。基于此,本课从以下途径展开:(1)通过李鸿章对时局的认识,明白近代中国在国门被迫打开下,人们的视野逐渐开阔,认识到自己的不足,感受到时代的变化。在西学东渐的背景下,洋务派为实现国家的富强而付出努力。(2)通过李鸿章、张之洞和容闳的具体洋务措施,体会到洋务派在实现中国富强道路上的艰辛付出和面对时代使命的担当精神,以及他们在近代中国各个领域的开拓性,从而迈出中国现代化的第一步。

德育案例的撰写首先要找准德育的切入点,关注初高中的德育差异,包括目标差异、知识差异、方法差异等，然后再组织丰富、典型的史料聚焦到德育点上。案例的撰写基于、高于教学实践，是特定状态下的德育，教师可以通过预先的设计，在特定的教学时间里打动学生的情感，以达到师生共鸣的效果。

三、关注课堂教学 追求德育实效

德育的效果是通过课堂教学来检验的。以《启蒙运动》一课为例，教师在进行独立思考精神教育时，做了如下实践：

教师：英国启蒙思想家霍布斯提出社会契约论，认为统治者的权力是人民授予的，并认为统治者具有绝对的权力。

教师：我们用和尚分粥的小例子来检验这种制度的合理性：7个和尚每个和尚都是平等的，但不免自私自利。为了防止争斗，以设立制度方式分食一锅粥，但并没有称量用具和有刻度的容器。问：根据霍布斯的思想该如何分粥？

学生：请一个人来分粥。

教师：那么会导致什么结果呢？

学生：分粥的人碗里的粥最多最好。

教师：绝对的权力必然产生绝对的腐败。那么该如何避免集权呢？

学生：分权。

教师：讲解洛克的社会契约论，并出示洛克的分权思想图片。提问：如果按照洛克的分权思想，7个和尚会如何分粥？

学生：部分人来制定法律，部分人执行。

教师：这是不是一定能够做到公平分粥呢？为什么？

学生：不一定，因为权力之间缺少制衡。

教师：哪一位启蒙思想家继续完善了分权思想，如何完善的？

学生：孟德斯鸠：行政、立法、司法三权分立，相互制衡。

教师：洛克和孟德斯鸠针对社会问题，用自己的智慧，用理性的思考，提出政治构想，解决前人思想的弊端。这些思想也深深地影响到了近代中国社会的发展。提问：中国近代史上那些事件受启蒙运动的影响呢？

学生：戊戌变法、辛亥革命、新文化运动。

教师：启蒙思想的核心——理性，即一种独立思考和判断的精神。这种精神至今依然熠熠生辉。你们今天的读书学习同样需要独立思考，激发想象力，激发创新精神。读书与思考相伴，方能读出思想；读书与质疑相随，方能读出境界。中华民族的复兴、国家的进步,离不开肯动脑筋、勇于创新的人们。当前我们生活在建设有中国特色社会主义的新时代,同时也是全面深化改革的时代,我们也面临很多新的情境,需要我们从实际出发,运用自己的智慧——独立思考的精神解决问题。

历史学科的德育必须体现学科特征。教师通过生动、形象的史料,激发学生对历史的感受,在与史料的对话中,感知、体悟历史。德育的对象是人,历史德育是通过历史中的真人、真事去感动人,是以人育人。简言之,历史教师是要在"求真"的过程中达到"立德"的目标,而绝不是作口号式的德育宣传。

高中生"集证辨据"思想方法的培育

金山中学 王 超

"集证辨据"的思想方法见于上海市教育委员会教学研究室编制的《上海市高级中学历史学科教学基本要求(试验本)》①,其主要内容可概括为以下 6 点:区分表述与评价;获取史料的途径;史料的一般分类;史料性质的判断;史料证史的路径;史料的比对归纳。②其主要目的是引导学生在学习历史知识、分析历史现象、形成历史认识的过程中,能够判断、选择、运用不同类型的史料,分析、理解、揭示历史现象形成的内在逻辑,最终形成解决历史问题的方法,提升历史思维品质。

由教育部编制的《普通高中历史课程标准(2017 年版)》中也有与之类似的学科核心素养要求"史料实证",其定义为:对获取的史料进行辨析,并运用可信的史料努力重现历史真实的态度与方法。该标准还中明确指出"史料实证是诸素养得以达成的必要途径"③,进一步强调了其重要作用。由此可见,"集证辨据"思想方法是历史学习的重要思想方法之一。对于当代高中生而言,掌握这一思想方法不仅对于高中历史学习有所裨益,更有利于其客观、辩证认识事物乃至整个社会,树立正确的人生观、价值观和世界观。

---

① 上海市教育委员会教学研究室:《上海市高级中学历史学科教学基本要求(试验本)》,华东师范大学出版社 2010 年版,第 4—5 页。

② 於以传:《中学历史:史学思想方法的理解、模仿与迁移》,《上海课程教学研究》2016 年 6 月,第 11—14 页。

③ 中华人民共和国教育部:《普通高中历史课程标准(2017 年版)》,人民教育出版社 2017 年版,第 5—6 页。

一、培育历史学科"集证辨据"思想方法的必要性

（一）"集证辨据"是历史研究中的必备思想方法

注重史料的收集、辨析、整理和运用是史学研究的重要方法。早在司马迁撰写《史记》时就注重运用诸如简牍、档案等材料，并且通过实地走访，广泛搜集见闻，通过辨析、整理收录《史记》中。如《史记》中就有诸如"余尝西至崆峒，北至涿鹿，东渐于海，南浮江淮"（《五帝本纪》）；"吾闻之周生曰，'舜目盖重瞳子'，又闻项羽亦重瞳子"（《项羽本纪》）；"公孙季功，董生与夏无且游，具知其事，为余道之如是"（《刺客列传》）等记载。①

20 世纪以来，特别是现代考古学兴起后，大量新史料被发掘，对于史料的搜集、整理和运用就进入了一个新的阶段。1925 年，王国维在清华研究院开设"古史新证"时，曾力倡"二重证据法"，他说："吾辈生于今日，幸于纸上材料外，更得地下之新材料……此二重证据法在今日始得为之。"②即是强调实物史料与文献史料相互印证的重要性。而随着口述史学、计量史学、影视史学等新的史学研究方法的出现，史学研究材料得以进一步扩充，也进一步要求历史研究者运用"集证辨据"的思想方法进行史学研究。

（二）"集证辨据"是历史课程性质及目标的要求

2010 年"集证辨据"的思想方法被纳入《高中历史教学基本要求》，作为"课程目标"中的"过程与方法"目标确定下来。作为历史课设计或评价的五个重要问题之一③，其在实施教学行为，达到教学宏观立意上的重要作用不容忽视。而在 2017 年版《高中历史课程标准》中有关"史料实证"这一核心素养的培养目标中亦指出：通过本课程的学习，学生能够知道史料是通向历史认识的桥梁，了解史料的多种类型，掌握搜集史料的途径与方法；能够通过对史料的辨析和对史料作者意图的认知，判断史料的真伪和价值，并在此过程中体会实证精神；能够从史料中提取有效信息，作为历史叙述的可靠证据，并据此提出自己的历史认识；能够以实证精神对待历史与现实问题。④简言之，对历史的叙

---

① 司马迁：《史记》，中华书局 1982 年版，第 46、338、2538 页。

② 王国维：《古史新证》，清华大学出版社 1994 年版，第 2 页。

③ 即教学立意、教学目标、教学逻辑、教学方法、教学策略。参见聂幼犁、於以传：《中学历史课堂教学育人价值的理解与评价——立意、目标、逻辑、方法和策略》，《历史教学》2011 年第 13 期，第 10—12 页。

④ 中华人民共和国教育部：《普通高中历史课程标准（2017 年版）》，人民教育出版社 2017 年版，第 5—6 页。

述、理解、分析、解释、评价等都要建立在史料证据的基础之上。无论是"史料实证"还是"集证辨据",既是学习和研究历史的重要方法,也是学习和研究历史的核心问题,更是形成历史思维的重要途径。

与此同时,放眼世界,很多国家的历史教育都十分重视"集证辨据"思想方法的培育,在历史课程标准中也多有体现。例如,《美国国家历史课程标准》明确指出:学生要能辨别历史文献或历史叙述的作者或资料来源,并评价其可信程度,要能区分历史事实与历史解释,又能认识两者之间的联系,能运用历史图表、文学资料等阐明历史叙述隐含的信息,要能运用史料支持历史解释,尽量构建理由充分的论点等;[1]诸如英国、日本等国家的历史课程标准中亦有"集证辨据"的目标要求。可见,"集证辨据"被各国历史教育界普遍关注,并被纳入课程标准之中,由此也体现了"集证辨据"思想方法在历史教育中的重要性。

(三)"集证辨据"思想方法的当下运用有待提升

首先,教材限于篇幅限制,对于史料的呈现情况也不是十分理想。以春秋战国时期的经济变革之一知识点为例,华师大版、人教版和岳麓版高中历史教材中原始史料的呈现多采用战国时期出土铁农具照片的形式呈现,并且只有人教版说明了文物的出土地点及主要功能,华师大版和岳麓版教材则仅说明了年代及文物名称。[2]很显然,这样的史料呈现形式相对单一,史料的解释说明不够清晰,学生在学习时很难从教材出发完成"集证辨据"方法的实践。

其次,历史教师在搜集、运用史料,传授"集证辨据"的思想方法上也存在一些问题。根据洪广信在江苏省徐州市睢宁县宁海外国语学校和文华中学、浙江省台州市椒江区育英学校所做的随机调查看,虽然一线历史教师普遍认为"集证辨据"思想方法及其体现出的证据意识在历史教学中十分重要、不可或缺,但是从问卷调查的结果来看,有较多的学生认为课堂中并未或很少渗透证据意识的内容,也间接说明了证据意识的教学存在问题。[3]

再次,学生在历史学习中主动学习、运用"集证辨据"思想方法的情况也不尽如人意。根据汤金波对苏州市新区一中和新区实验高中的部分学生进行的

---

① 赵亚夫:《国外历史课程标准评介》,人民教育出版社 2005 年版,第 54 页。
② 参见华师大版高中历史第二分册第 5 课《社会变革与百家争鸣》,《高中历史(实验本)》,华东师范大学 2008 年版,第 18—21 课;人教版高中历史必修 2 第 1 课《发达的古代农业》,《历史 必修 2》,人民教育出版社 2007 年版,第 4—7 页;岳麓版高中历史必修 II 第 1 课《精耕细作农业生产模式的形成》,《历史 必修 II》,岳麓书社 2004 年版,第 2—6 页。
③ 洪广信:《高中历史证据意识教学实践研究》,广西师范大学硕士学位论文,2013 年。

关于中学历史证据意识培养现状的调查，可以看出学生对史料的态度与运用、对历史证据概念的理解及其历史学习方法的养成状况都存在明显问题。[1]

以上这些问题都反映出现阶段高中历史教学中对于"集证辨据"思想方法的重视程度不够、运用效度不佳的状况。

二、培育"集证辨据"史学思想方法的路径与策略

（一）立足教材、适当补充——渗透"集证辨据"的思想方法

以华师大版高中历史教材第二分册第 5 课《社会变革与百家争鸣》为例。其中的"社会大变革"一目，主要讲述春秋战国时期由经济领域变革引发的政治等领域的重大变革。教材中所运用的史料仅有出土的战国时期铁农具图片和《论语》中关于政治秩序动荡和政治权力下移的描述，其余内容均为课文的史实性叙述。在实际的教学过程中，教材中提供的史料可以充分利用，进行解读，但显然无法完全支撑经济变革引发整个社会大变革的历史逻辑，所以需要补充部分史料对其进行补充。

我们在教学中采取的策略是，展示并分析《左传》中关于"初税亩"（《左传·宣公十五年》：初税亩，非礼也。谷出不过藉，以丰财也。）和"分地"（《左传·宣公十五年》：以众地者，公作则迟，有所匿其力也，分地则速，无所匿迟也。）的材料，提问：这其中反映了哪些经济领域变革？借此说明井田制的瓦解和土地私有制的兴起。通过展示出土春秋战胜国时期铁农具分布图和牺尊的图片，以及《国语》（《国语·晋语九》：宗庙之牺为畎亩之勤。）和《孟子》中有关铁犁牛耕的材料（《孟子·滕文公上》：（孟子）曰："许子以釜甑爨、以铁耕乎？"陈相道曰："然。""自为之与？"曰："否，以粟易之"。），提问：引发经济领域变革的根源是什么？以达到综合运用实物史料和文献史料，证实铁犁牛耕在春秋战国时期广泛使用，并造成经济领域的巨大变革的目的。最后，提示学生关注材料中的"易"字，提问这又反映了经济领域什么变化？说明当时商品经济开始活跃，进而产生了社会呈现出追逐利益、实力竞争的新局面。

在运用和传授"集证辨据"思想方法的过程中，要关注所选取史料的信度和效度。因而，补充的史料多为春秋战国时期的文献或实物史料，借此提示学生在史料的选择上要以可信度较高的一手史料为主，并注重"二重证据法"的

---

[1]　汤金波：《中学历史教学中证据 9 意识的培养》，扬州大学硕士学位论文，2014 年。

应用;同时在运用史料进行历史解释、得出历史结论时还要注重结论推导的逻辑关系,达到"论从史出"的目的。

(二)合作探究、辨证思考——运用"集证辨据"的思想方法

胡适先生曾提出"大胆猜测,小心求证"的治学名言,而就历史研究和学习而言,要得出结论就必须建立在"集证辨据"的基础之上。在实际的教学过程中,要让学生习得并掌握"集证辨据"的思想方法,除了在教学目标的设置、教学环节的设计上有所渗透,在学生课堂活动的组织上也要有所体现,要让学生有实际运用的场景,课堂的合作探究、小组讨论形式就是一个很好的实践载体。

仍以《社会变革与百家争鸣》一课为例,第二目主要讲述百家争鸣的历史,在课程目标的设置上要让学生掌握各家的主要主张及其影响,能够辩证看待思想潮流与时代发展间的辩证关系,并达到知人论史、叙史见人的目标。为此,在讲述各家学说时也多采用诸如《论语》《孟子》《老子》等原始文献,而在难点突破时则组织了学生们的讨论。本课的难点在于如何理解学术思想与时代发展的辩证关系,在组织课堂讨论时采用的方法是给出学生儒、道、法三家代表人物孔子、老子、韩非子的生平遭遇,让学生讨论为何三人的遭遇会有不同,即:先给出"结论"——三人的不同遭遇,让学生通过"集证辨据"的方法从史料中寻找各家的思想主张,辨析这些主张与时代发展潮流是否相适应。在此过程中,学生既完成了对史料的辨析和筛选,又完成了运用史料证史的过程,达到了史学方法训练与运用的目的。

总之,在课堂教学的过程中,以讨论形式为主的学生合作探究,应当渗透"集证辨据"等思想方法的实践。唯此,才能使学生做到重点和难点的突破,真正掌握史学思想方法。

(三)第二课堂、课题研究——深化"集证辨据"的思想方法

课堂是高中历史教学的主要阵地和根本立足点,历史知识和史学思想方法的传授也大多通过课堂教学来完成。然而,课堂教学由于其时间和容量的局限性,很多知识和方法传授的效果依旧不尽如人意,第二课堂就成了补充这些不足的重要途径。

对于历史学习来说,特别是针对渗透"集证辨据"思想方法来说,史料的获取、辨析是很重要的环节。课堂中呈现的史料大多以文献为主,也会出现少量的影像等,而大量的实物史料只能通过图片的形式出现,这些在还原历史信

息、给学生直观的历史认识等方面都存在着欠缺。因而，在有条件的基础上，可以更多地运用公共博物馆资源，近距离地感受文物，直观感受历史。更进一步，可以利用正在蓬勃兴起的公众史学项目。在这一方面德国的历史教育界起步较早，也卓有成效。德国历史教育学始终强调历史编纂、历史传授与历史实践是统一体。因此，尽管专业历史学与历史教育学之间、学术界与公众领域之间的隔阂并没有完全被克服，但围绕公众史学建设的学科交流却十分频繁，甚至已经达到了某种整合的效果。各校还会有大量来自出版社、博物馆、展览会、大众历史期刊等机构的兼职教师，他们为学生带来了诸如历史布展、文化管理等以实践为导向的课程。[1]近年来，我国的公共史学项目也开始出现，如上海博物馆组织的"市民考古"项目、[2]自 2011 年起由《东方历史评论》主办的"全国中学生历史写作大赛"等。

除了利用第二课堂之外，"集证辨据"史学思想方法的实践也可与学生的研究型课题相结合。目前，上海市已经将研究型课题纳入学生综合素质评价体系中，并作为高考招生录取的重要依据。在课题研究过程中，学生可以完成由问题提出、史料搜集、筛选整理、分析运用、得出结论、总结反思等史学研究的全部过程，全面实践"集证辨据"的史学思想方法，提示自身的史学素养。在笔者指导完成的学生研究型课题中，无论是侧重文献研究的《酒筵歌席莫辞频——北宋饮食与宴饮文化》，还是侧重实地考察的《松江区历史遗存的保护与开发——以广富林遗址为中心》，学生对于"集证辨据"思想方法都有较好的掌握，得出的结论也颇具说服力。总之，掌握"集证辨据"的思想方法是历史研究和学习的必备素养，又是历史教学过程中必须坚持和渗透的基本要求，同时也是培育学生实践能力、思维品质的重要途径。

① 孟钟捷：《公众史学学科建设的可行路径——从德国历史教育学改革模式谈起》，《天津社会科学》2013 年第 3 期，第 142—144 页。
② 其成果见《上海市民考古手册》，2014 年。

5 分钟演讲:思想方法的自我锤炼

张堰中学　　陆兵峰

作为一名高中历史教师,在长期的课堂教学实践中,深知学生通过自我教育学会运用史学思想方法的重要性。然而,课堂主要是教师在讲述,在运用史学思想方法,穿插一些课堂提问,学生思考回答,涉及学生思想方法的自我教育、自我锤炼很少。如何把课堂还给学生,促进学生思想方法的自我锤炼,成了我思考的一个方向,学生课前"5 分钟演讲"也成了我的一种日常实践。

其实,"5 分钟演讲"并非什么创新,它来自我多年前听讲的一节语文课。瓶非新瓶,却也能装入一点新酒,还能散发出历史的味道。

我希望通过学生的课堂演讲,达成历史学科三大核心素养的目标:一是史料实证的能力。课堂演讲学生必须搜集史实,整理材料,在这个过程能对获取的史料进行辨析,并运用可信史料努力重现历史真实,体会实证精神。二是历史理解的能力。通过演讲培养学生语言组织,叙述历史的能力,并在此基础上对史事的叙述提升为理解其意义的理性认识和情感取向,即依据可靠史料设身处地认识具体的史事,对历史境况形成合理的想象,更好地感悟和理解历史上的各种事物。三是历史解释的能力。对于学生课堂演讲要求必须形成自己的观点,培养学生以史料为依据,以历史理解为基础,对历史事物进行理性分析和客观评判的态度与能力。下面谈一下我规范和激励学生演讲的一些做法。

第一,教师对演讲的要求。上课伊始,邀请学生演讲。首先要求学生把时间控制在 5 分钟左右,没有特殊情况不得超过 10 分钟,否则对教师的课堂教学任务造成冲击。其次,要求学生演讲与本堂课教学内容相关事件或人物。如《辛亥革命》,学生可以讲"兴中会",也可以讲武昌起义或者孙中山。还有,要求学生抓住历史的细节，娓娓道来，生动有趣，不能简单、平淡地朗读。另外，要求学生制作与演讲内容相关的幻灯片，边讲边放映，增加视觉效果。

第二，对演讲学生的安排。教师新接一个班级，对于学生的情况不甚了解，史实的查阅重组方面、语言的口头表达能力、演讲的临场发挥水平等各有不同。这些方面表现好的学生需要他们上台演讲锻炼提高，更是起到示范作用，带动那些不善组织材料进行演讲的同学。因此开始的半个学期按照学号顺序演讲，结果演讲下来的水平参差不齐。演讲本就是如此，不求讲得多好，主要是给予学生锻炼提高的机会。经过半个学期的训练，学生大致明白了如何进行历史演讲，于是把机会让给对某段历史感兴趣的主动积极表现自己的同学，那么后半学期的演讲可能精彩纷呈。

第三，学生演讲的准备时间。高一、高二的历史教学一般每周两课时，曾经尝试过每堂课都有演讲，后来发现无法实行。学生查阅相关的历史资料最便捷的途径是网络，去学校图书馆查阅的话，可能没有这个资料，而且花费的时间太多了，对于大部分学生而言没有可操作性，所以上网查阅最方便。由于部分学生是住宿的，他们没有在校上网的条件，即使走读的学生因为忙于各项作业也很难上网，所以是一周一次演讲，让学生双休日在家有足够的时间上网或者去图书馆查阅资料，整理筛选，制作幻灯片等。

第四，教师对学生演讲的点评。学生演讲完，并没有因此结束，教师用一两分钟的时间予以点评。总的原则是以鼓励为主，哪怕他的演讲有很多瑕疵，只要有一个优点都应表扬。如果学生的演讲不是敷衍了事，我总是首先感谢学生的辛苦付出，给大家带来了知识与欢乐。点评一般从演讲内容的思想性、生动性，语言的表达能力，幻灯片的制作水平等方面来进行。学生的演讲即使多么不尽如人意，也尽可能以委婉的语气来指出他的问题，因为我们演讲的目的不是为成绩，不是为了考大学，是以学生的思想方法、综合素养的提高为长远目的。

第五，对学生演讲的奖励。一次短短的成功演讲，尽管可能不到 10 分钟，但是要讲好却要花一番功夫，这其实与教师备课一样艰辛。所以在不吝言辞的赞美之余，对演讲特别优秀的学生我会奖励他一本或一套历史方面的书，比如《国史大纲》《天朝的崩溃》《近代中国社会的新陈代谢》《全球通史》。这些书籍是我大学时代的记忆，现在成了赠送学生的奖品，也成了一种岁月的情怀。一学期几百元的付出如果真的对学生的成长有一丝帮助的话也是教师的荣幸。

　　瑞士教育心理学家皮亚杰说过:"智力方面的工作都必须依赖于个人的兴趣。"在各种规范要求以及奖励机制下,确实涌现出了一些能说会道的高手。有的学生把历史讲得风趣幽默,同学们欢声笑语;有的学生专业知识超过了老师,把一场日德兰海战讲得惊心动魄,既有专业的海战知识,又说得浅显易懂;有的学生把自己做的漫画与历史结合起来,让人耳目一新。原来历史可以这样讲啊! 当然,学生的演讲很精彩,但是问题同样也很多。

　　经过几年的实践,我觉得主要有以下几个问题。一是很大一部分同学把整篇课文的内容制作成幻灯片,全部都讲,而不是选择其中的某一个事件或者人物重点介绍。这使得他的演讲看似内容很多,却都蜻蜓点水,浮于表面,缺乏灵动的历史细节和内涵。二是有的学生材料整合组织能力较差,其演讲内容凌乱,前后重复,没有逻辑性,思路不清。还有的学生态度不端正,没有认真对待他的演讲,直接照抄网络上的内容,没有自己的加工整理,生搬硬套,敷衍了事,没有达成教师希望实现的演讲的目标。另外,有的学生把要讲的内容全部复制在幻灯片上,直接朗读,没有训练自己的语言表达能力,而且幻灯片质量甚差。这些问题都有待解决,不仅靠老师,更要靠学生自己。

　　学生课堂演讲很老套,却很实用,很有效。每当听到某位学生精彩的演讲,我总是拍案叫绝,我看到了他们的未来,他们的人生一定很美丽。每次期末,学生到我办公室里讨要我答应送给他们的书籍,我总是乐呵呵地说:"随便你挑哪一本,有用就好。"历史课不是"百家讲坛",课堂应该还给学生,让他们学会自我锤炼,学会运用史学思想方法,这需要我们更多的努力与创新。

初中历史教学如何贯彻民族精神教育

张堰二中　王　醒

民族精神"是民族文化的核心和灵魂,是一个民族在长期生产与生活中表现出来的富有生命力的优秀思想,是一个民族共同的价值观念"。①中华民族拥有五千多年连绵不断的文明史,在漫长的社会历史发展过程中创造了辉煌灿烂的文化,逐步形成了自己的伟大民族精神。要使中华民族精神得以传承,就要充分发挥历史课堂教学在学生民族精神教育中知识支撑、理论支撑和智力支撑的基础作用。在课堂教学中注意挖掘民族精神教育的因素,采取多样化教学手段,使学生受到熏陶和教育,帮助学生将民族精神内化为个人品质。

一、有效运用教育素材

(一) 找准人物切入点

历史教材内容丰富、生动有趣,里面蕴藏着丰富的民族精神教育素材,而这些又都是通过一个个人物和事件表现出来的,因此进行民族精神教育不能脱离具体的历史人物和事件而进行空洞的说教,否则就变成了无源之水,无本之木,民族精神教育也就会显得假、大、空而不能说服学生。只有通过鲜活的人物和典型的事件才能真正地激发学生的思考,才能触动他们的情感,从而才能达成民族精神教育的有效性。

中华民族漫长的历史上涌现过许多杰出的政治家、思想家、军事家、科学家、艺术家、民族英雄、革命英雄等,他们为我们的祖国、为人类社会作出了卓

---

① 宋志明、吴潜涛主编:《中华民族精神论纲》,中国人民大学出版社 2006 年版,第 4 页;俞祖华、赵慧锋:《中华民族精神新论》,人民出版社 2005 年版,第 3 页。

越的贡献,同时也流传着许多关于他们的或感人至深、或发人深省、或可歌可泣、或令人叹息的故事或事迹。历史人物的事迹不同,他们向学生展现的思想品质也不同,但都展现了中华民族的民族精神,符合中华优秀传统文化。榜样的力量是无穷的,历史人物的事迹对学生的教育作用也是无穷的。因此在平时的历史教学中,在进行民族精神教育的过程中,我们总是特别注意寻找素材中的典型人物作为民族精神教育的切入点,通过多种教学手段使这些杰出人物的形象再现于学生面前,以此感染和鼓励学生,使他们受到熏陶和感召,主动地传承中华民族优良的传统美德,使民族精神教育得到有效贯彻。

例如,七年级下册《两次鸦片战争》是进行爱国主义教育非常典型的一课,但是本课内容较多,体量较大,为了更好地渗透爱国主义教育,我们选取了林则徐这个典型人物。通过林则徐赴广州任前给道光皇帝的一道情词恳切的奏折,使学生体会他关切国家命运的忧国情怀;通过赴广州任后林则徐严格主持禁烟,积极整顿军队加强防御,坚决阻击英军挑衅以及设立译馆主动了解西方文化等行为,感受林则徐勇敢御侮的勇气和决心;再通过林则徐即使在被革职查办之后依然位卑未敢忘忧国,密切关注时局,向皇帝提出御侮建议的行动,感受林则徐对国家深厚的热爱,对民族强烈的责任感。还有《原始农耕的形成》一课选取大禹作为切入点,带领学生感受早在几千年前中华民族敬业奉献的优秀传统美德就已经发端;《春秋战国的社会变革》一课选取商鞅作为切入点来引导学生赞赏敢于改革创新的勇气;《甲午战争》一课选取邓世昌这一典型人物作为切入点,让学生领悟其为了国家民族战斗至最后一刻的强烈的爱国主义精神;《戊戌变法与义和团运动》一课,人物很多,但我们选取谭嗣同作为典型人物,让学生感受为了国家甘愿献身的强烈的家国情怀。

历史上有很多正面人物万古流芳,也有很多负面人物因其负面事迹被人们唾弃而遗臭万年,他们正是我们对学生进行民族精神教育的反面教材。例如,《多民族政权的并立》一课中对秦桧这个反面人物,我们通过介绍秦桧陷害忠良,使其与岳飞英勇抗金收复失地的形象产生鲜明的对比,让学生对其有个大致印象,然后通过杭州岳王墓前秦桧夫妻跪像引发学生思考:这反映了中国人民对秦桧的什么态度?为什么会有这种态度?虽然偶有人为秦桧平反,认为秦桧通敌卖国的故事应属虚构,且杀害岳飞的责任不应由秦桧承担,但是几百年来中国人民对其评价仍然基本趋同,这反映了什么问题?让学生意识到对秦桧的唾骂批判，其实反映了整个中华民族的一种共同价值观，那就是对忧国忧民、忠贞报国的爱国行为的认可，对敌人委曲求全、屈服顺从的批判。

（二）适时进行历史主题教育

通常的历史教材一般是按照章节体通史的形式编写，其特点是时序性较强，严格按照历史发展的时序性来选择教学内容，安排教学进度，而对于某一类或者某一方面历史知识的系统性整理不足。再加上历史教材往往是高度浓缩，单元之间的时间跨度很大，很容易造成学生零散化、碎片化地接收历史人物、历史事件，不利于他们从整体上感知中国历史阶段发展特点或者时代特征，从而不利于他们从宏观上感受中华民族精神的内涵。

为此，我们尝试在一个历史阶段的学习结束之后适时地提炼出一个贯通前后的历史主题，组织和引导学生紧紧围绕特定的主题来系统梳理本阶段或者本领域的历史线索，更宏观、更整体性地认知历史发展过程。我们力争在整合历史知识、提升认知能力的基础上，培养学生对于文化的认同和传承，使他们形成对国家、民族的历史使命感和社会责任感，实现自我目标、自我品格、自我价值的反思与提升。

例如，在7年级下册学《列强侵略与民族危机》《民族觉醒与共和革命》《救国道路的新探索》三个单元的学习完成之后，可以组织一个"近代中国的救亡图存"为主题的专题教育活动。通过以下几个问题来引发学生思考：近代中国面临的最大问题是什么？在探索救亡图存道路的过程中涌现出了哪些杰出人物？你最敬佩哪一个？请说说你的理由。这些人物可以大致划分为哪些阶层？他们探索的道路有何不同，产生了什么影响？由此你感受到了什么？通过这样的一个集中探讨，学生对近代中国在面对列强侵略、民族危机的情况下努力探索救亡道路的历史线索更加清晰，从中认识到中华民族并没有被危难所打倒，进而感受到中华民族自强不息、坚韧不拔的伟大民族精神；同时面对危局，来自社会不同阶层的人们都在努力探索挽救中国的方法，虽然其出发点和效果有所差异，但都是为了民族独立和国家富强，由此让学生产生情感共鸣，激发学生的使命感责任感，思考在新时代面对新的形势该如何报效祖国。

再比如，在7年级上册中国古代史的教学完成之后，可以组织一个以"中国历史上的皇帝"为主题的专题活动，设置"皇帝面面观""我心中的千古一帝"等环节，引导学生全面辩证地看待传统意义上的明君圣主和暴君酷主，使他们认识到站在整个中国历史发展的角度来看，这些皇帝都为维护祖国统一、推动中华文明发展起到了重要作用。我们还可以通过"中国古代史中外文化交流"专题,让学生感受不同民族文化之间互相交流、互惠互利的观念;通过"中国古代史上的改革创新"专题,引导学生树立与时俱进、革故鼎新的创新精神;通过"古代世界的庞大帝国",引导学生思考开拓与征服、战争与交流的内在关系。还有"世界史上的改革""古代世界宗教比较""西方资本主义的自由民主"等专题,都可以作为我们进行民族精神教育所依托的平台。

(三)国内、国际方面教育相结合

在民族精神教育方面,通常只重视对中国历史的挖掘和思考,而对世界历史的关注不足。事实上,世界历史在贯彻民族精神教育方面的意义不可低估。"通过研究别人,我们可以更好地了解和提升自己"。对世界历史的学习,有利于学生了解并掌握不同民族的历史,在拓宽视野、了解世界文化的多样性、形成多元文化共存共处意识的同时,也能够吸收其他民族文化中的有益要素,为我所用。在探索如何将中国历史与世界历史相结合,共同促进民族精神教育的过程中,我们发现可以通过形成共鸣与比较差异两条路径来进行尝试。

1. 形成共鸣

"世界各民族历史中的许多人和事,其反映的精神实质可以与本民族历史中人和事所反映的精神形成共鸣,从而增强民族精神教育的内在作用力。"最简单的例子,中华民族的历史上有许多仁人志士、民族英雄为了祖国抛头颅、洒热血;世界历史上,许多国家和民族也都有热爱祖国,为祖国贡献一切的民族英雄。尽管在不同国家里,爱国主义内容和表现形式有所不同,但在爱国情感方面却有相通之处。因此在世界史教学中关注此类产生共鸣的人物或事件,极易唤起学生们的热情,促进他们在情感的共鸣中实现优良品格的内化,树立历史使命感和责任感。这是对学生进行以爱国主义为核心的民族精神教育的有益尝试。

仔细寻觅一下,这样的共鸣还有很多:公元前6世纪,印度产生大彻大悟的释迦牟尼创立了世界三大宗教之一的佛教;与此同时,中国产生了伟大的思想家孔子,致力于教育,整理古籍,创立儒学,奠定了中国封建文化的基石。公元前5世纪,古希腊奴隶制政治经济高度发展带来了文化的繁荣,文学、哲学、自然科学等各个领域人才辈出,硕果累累;大致同期,中国诸子百家争鸣,著书立说,异彩纷呈。公元1—2世纪,是罗马帝国的极盛时代,政治稳定,经济繁荣,称为1世纪繁荣;在此前百余年,中国有西汉的"文景之治""光武中兴"。

公元 8 世纪中期,是阿拉伯哈里发国家的鼎盛时期;与此同时是中国的盛唐时期……在进行世界史相关内容的教学时适当地引入这种中外之间的"共鸣",可以引导学生形成世界文明是由多元文化共同创造发展的,且中华民族在创造物质文明和精神文明方面,比同时期其他国家和民族毫无逊色,从而有效地激发他们的民族自尊心和自豪感,坚定我们实现中华民族伟大复兴的信念。

2. 比较差异

"有比较才能知道好坏,有比较才能知道真善美,有比较才能知道假恶丑",这是众所周知的道理。比较是人们认知事物、辨别正误、解决问题的一种最普遍、最有效的方法。在世界历史教学中穿插一些典型的中国历史知识,通过两者之间的分析比较得出结论,可以使学生在掌握世界史知识的基础上,巩固已学中国史旧有知识。不仅如此,有比较就有差异,就有高下之分,如若中国占了优势,自然可以极大地增强学生的民族自豪感和自信心;即使中国落了下风,也可以引发学生思考,知耻而后勇,激发对祖国的使命感和责任感。

例如,在对中国古代的科技成就进行复习总结的时候,就可以将之与世界同期或同类的成就进行比较:东汉张衡发明的地动仪是世界上最早测定地震方位的仪器,比欧洲早 1 700 年;南朝的祖冲之第一次把圆周率精确到小数点后 7 位数,比欧洲早 1 100 多年;北宋毕昇发明活字印刷术比欧洲早 400 年;从数量上来讲,明朝以前的世界重大发明和伟大科技成就有 300 多项,其中有 175 项是我们中国人发明的等等。通过这种比较,可以使学生清楚认识到,在世界范围内中国古代科技一直走在各国的最前列,从而证明了我们中华民族是一个充满智慧的民族。这样,既让学生掌握了中国古代文化成就,又激发了学生对祖国的自豪感,坚定了他们对国家前途、民族未来的自信心。

然而,我们在中外历史的比较对照中,并不总是遥遥领先,很多时候甚至望尘莫及,被远远落下。这种比较往往会暴露我们的不足之处,似有破坏国家美好形象、让学生失落沮丧之嫌,但是"危难"往往更能够激发人们热爱祖国、报效祖国的情怀。因此,通过比较让学生认识到我们落后的一面,它会更加激发学生对建设伟大祖国的责任感,可以鼓励学生以天下为己任,立志披荆斩棘,报效祖国,从而把以往受到的爱国主义教育进一步深化和升华。例如,在讲《美国独立战争》时,我们启发学生把美利坚民族和中华民族比较,系统地进行民族反思。我们通过以下问题来引发学生思考:中美两个民族之间有什么差异? 为什么会有这些差异呢? 曾经在历史上辉煌一时的中华民族到了近代为什么难以跟上时代的节奏？而仅仅两三百年历史的美利坚却能百尺竿头，蒸蒸日上？你认为美利坚民族身上有哪些特点是值得我们学习的？通过学生讨论及教师引导，大部分学生都一致认可美利坚民族的实干精神、善于学习吸收多种文化营养等是值得我们学习的。

二、适当补充教育资源

在中学历史教学中贯彻民族精神教育，如果仅仅依靠教材的资料恐怕也难以真正触动学生的情感、激发学生对传统文化、民族精神的深刻思考和认同。这就需要我们在历史教学的过程中，适当补充一些或生动、或具体、或更有说服力、或更有启发性的知识材料乃至丰富多彩的活动来加强学生的情感体验、推进学生的情感认同，从而使民族精神教育真正内化到学生的心中。

（一）补充阅读材料　推进情感体验

在历史教学的过程中，在恰当的时机补充恰如其分的史料对于我们贯彻民族精神教育往往能起到出人意料的效果。如此，选择恰当的史料对于我们历史教师而言就是非常重要的了。史料的呈现方式多种多样，包括文献材料、图片、图表、实物、遗址、遗迹、影像、口述以及历史文学作品等。我们发现其中大部分都是可以阅读的材料。阅读是我们获取历史信息的重要途径，同样也是激发内心情感从而塑造人格精神的重要方法。因此，我们要重视补充阅读材料，推进学生对民族历史、对人文精神的情感体验。

例如，在 7 年级下册《暴虐与抗争》一课讲述淞沪会战的时候，为了让学生更加深刻地感受到广大爱国官兵浴血奋战、拼死力争的大无畏抗战精神，在简单介绍了战役概况后，我们补充了三段文献材料：

> 当时我军参战约 50 余师，战斗兵员在 70 万左右，约是全国兵力的 60%。投入战场人数既多，然而上海是十里洋场，四面平旷，无险可守，日军陆海空三军的火力可尽量发挥，我军等于陷入一座大熔铁炉，任其焦炼。敌方炮火之猛，猛到我炮兵白日无法发炮，而夜间又无法寻找目标，只是盲目轰击。所以淞沪之战，简直是以我们的血肉之躯来填入敌人的火海。每小时的死伤辄以千计，牺牲的壮烈，在中华民族抵御外来的历史上，鲜有前例……是我国抗战八年，牺牲最大，战斗最惨的一役。（《李宗仁回忆录》）

> 我们的部队，每天一个师又一个师投入战场，有的不到 3 个小时就死

了一半,有的支援 5 个小时死了 2/3,这个战场就像大熔炉一般,填进去就熔化了!(冯玉祥)

> 各地战士,闻义赴难,朝命夕至,其在前线以血肉之躯,筑成壕堑,有死无退,阵地化为灰烬,军心仍坚如铁石,陷阵之勇,死事之烈,实足以昭示民族独立之精神,奠定中华复兴之基础。(1937 年 11 月 13 日国民政府发表自上海撤退之声明)

亲身经历战争的抗战军官的两段文字描述非常具有震撼力和感染力,让从未经历过战争的学生们真切地感受到当时战况的惨烈,而广大的爱国军人在实力悬殊的艰难形势下仍坚持以血肉之躯来保卫家园,极大地触动了学生们的心灵,让他们由衷地敬佩这种誓死守卫祖国的爱国精神;而由政府发布的撤退声明则以其昂扬顿挫的气势,让学生们感受到中国决不放弃抵抗侵略的坚强决心。

(二)借助视听资源 加强感官刺激

随着科学技术的发展,现在的多媒体教学,使得我们不仅能以阅读的方式来呈现我们的教学内容,还能以更加感性的声音、动画、视频影像等方式来再现历史。在历史教学中运用多媒体技术手段来补充一些视听资源,不仅利于激发学生学习的兴趣,提高课堂教学效率,而且能够给学生充分的感官刺激和情感体验,为我们进行爱国主义教育、弘扬民族精神提供了一个更加生动而有效的途径。

在教学实践过程中,我们发现有很多历史题材的影视作品具有很强的爱国主义的感染力,将他们运用到历史教学中来培养学生的民族精神往往能起到意想不到的效果。但是对历史题材的影视作品我们也需要进行甄别区分。例如,8 年级下册《一国两制》这一课,教材只是用简短的文字叙述了香港和澳门回归的历程,加配几组图片,如果仅仅用教材中的这一点资源进行教学,是不能够让学生对香港和澳门回归的历史事件有充分感知的,也很难让他们从这一重大事件中感受到国家的强大所带来民族自豪感。为此,我们为学生补充了"邓小平会见撒切尔夫人""香港澳门回归政权交接仪式"两段视频资源。通过这些历史视频,学生能够直观地感知到香港和澳门回归的基本情况及意义,视频中庄严的仪式及国歌能够有效地形成一种历史氛围,让学生油然而生强烈的民族自豪感,这比我们单纯地用嘴讲述的效果要好得多。

再如,《五四运动与中国共产党的诞生》一课,为了让学生更加深切地理解五四运动爆发的原因,我们播放了《我的1919》电影中中国代表顾维钧在巴黎和会上的精彩演讲片段,效果显著。学生们从影片中感受到了西方列强对中国的无视、日本代表的傲慢,从而真切地感受到弱国无外交的道理,产生一种要国家建设得更强大的使命感,而中国代表在会议上据理力争及其铿锵有力、悲愤激昂的发言则让学生们热血沸腾,深刻地感受到中华民族威武不屈的民族精神,激发起他们蓬勃高涨的爱国激情。类似的运用还有《甲午战争》中播放《甲午风云》的片段、《中华人民共和国的建立》中播放《建国大业》的片段、《两次鸦片战争》播放《鸦片战争》的片段等。

除了视频之外,歌曲特别是一些革命歌曲,体现了时代的主旋律,表达了时代的心声,具有强大的感染力,也是我们进行爱国主义教育、弘扬民族精神的生动题材。如《空前的民族危机》一课,在讲述九一八事变后,播放歌曲《松花江上》,歌词与乐曲相互配合,那种哀伤悲愤的呐喊、那种声泪俱下的控诉,让学生们对日本帝国主义入侵给中国人民带来巨大灾难感到愤慨不已,生发出保卫祖国、人民奋起抗争的意识。

(三)组织自主活动 加强个人体验

新的教育理念强调以学生为本,学生是学习的主体,也是课堂的主体。在历史教学中也是如此,在弘扬和培养民族精神的过程中,我们设置丰富的教学活动,鼓励学生进行自主性的探究活动,给学生以更大、更自由的思维空间,为他们创造充分表达思想和见解、充分展现自我的机会。通过更多自主性的活动提升学生学习的主动性,同时也能让民族精神的教育更主动地深入内心。在教学的探索实践过程中,我们发现模拟性的历史角色扮演或者历史剧、讲故事、演讲朗诵、知识竞赛、辩论赛等能够拉近历史与学生的距离,将学生与历史人物和事件联系在一起,是发挥学生主体性和主动性、在自我体验和经历中感受民族文化、弘扬民族精神、提升人文素养的有效方式。

例如,七年级上册《文化的繁荣》一课涉及儒墨道法、阴阳纵横、民兵杂等众多思想流派的思想,课前让学生们自主选择分组,其中儒墨道法各一组,其他流派为一组,请学生们在课下针对自己所选思想流派搜集资料,分析为了解决当时的社会问题各流派都提出了什么样的对策。由于有些思想对于七年级的学生来说还有难度,所以在准备过程中,教师随时关注并加以指导。正式上课的时候,在回顾总结上一课所讲的春秋战国群雄并立诸侯争霸,劳动人民饱受战争之苦以后,就提出了本课的关键性问题:如果你是当时的一个关心国家前途、人民疾苦的有识之士,你们会拿出什么样的对策呢? 然后各个小组的学生分别扮演儒墨道法各流派,根据自己的已有准备发表看法。学生们表现非常踊跃,甚至有的小组之间还针对谁的对策更有效产生了辩论,还有的学生自己制作了道具衣服,惟妙惟肖地表演当时读书人的样子。虽然,七年级学生的知识储备、语言表达方面等还有些欠缺,但是这种积极参与本身就让学生真切感受到了春秋战国时期百家争鸣的文化繁荣景象,初步意识到中华民族悠久的历史、深厚的文化传统,同时这种类似于辩论的形式使学生初步地产生了一种社会责任意识。

三、尝试"跨学科"教育

俗话说:"文史不分家。"历史与语文学科的关系一向是十分紧密的。在平时的历史教学中,我们经常会使用一些文献材料来帮助学生领会传统文化、培养民族精神,特别是遇到古代文献的时候,带领学生顺利地理解文言文的内涵就成了非常迫切的问题。除了历史性的文献,我们也经常运用文学作品作为辅助阅读材料来引导学生感受时代精神、产生情感共鸣,此时引导学生通过分析语言、环境描写等来了解时代背景、体会作者情感就显得非常必要。这时我们就可借助于语文学科老师的专业知识。

例如,七年级《唐代的诗与画》一课,我们希望通过杜甫的诗歌让学生了解唐代中期以后的社会风貌,感受诗人忧国忧民的情怀,从而激发学生热爱祖国、关注民生的使命感和责任感,为此选择了杜甫的《石壕吏》作为详细分析篇目。在此过程中我们请了该班的语文老师来为学生们进行 5 分钟的诗歌解读,让学生大致了解了诗歌所述内容,并通过遣词用语的字斟句酌引导学生领会诗人关切人民苦痛的忧国忧民情怀,最后由语文老师进行现场朗诵,沉郁顿挫、饱含深情的慷慨悲歌,极大地感染了学生的情绪,激发了他们对劳动人民极大的同情与热爱。《宋词与元曲》一课,我们采用了同样的方法,请语文老师现场带领学生赏析南宋词人辛弃疾的爱国词,感受中国豪放词派的大气磅礴,以及作者愿为祖国统一而献身的豪情壮志,从而极大地激发起学生的爱国报国情怀。

梁启超曾说:"读史不明地理则空间概念不确定,譬诸筑屋而拔其础也。"可见,历史与地理的关系也是很密切的,培养一定的地理空间意识对于我们贯彻民族精神教育也是十分必要的。例如,在七年级《农村包围城市》一课讲到长征,为了让学生了解红军在长征过程中遇到的自然界的重重险阻,我们请了地理老师来给学生们介绍长征过程中所经历的湘江、赤水河、金沙江、大渡河等险要地理形势以及雪山、草地等的艰苦环境,通过这种方式,学生更加深切地感受到红军不畏艰难、坚韧不拔的坚定意志和大无畏的革命精神。

在开展图像教学时,我们还向美术老师寻求帮助。如八年级《文艺复兴与宗教改革》一课在讲述"艺术三杰"时,我们请美术老师来带领学生们欣赏比较中世纪绘画作品中的圣母像与文艺复兴时期拉斐尔圣母像,通过两个时期圣母像美术表现形式的变化,让学生感受文艺复兴时期艺术作品中所表现出的人性光辉,也就是关注人本身追求和谐自然的人文主义精神。再如,八年级《20世纪的文化》一课中教材选用了画家毕加索的两幅作品《格尔尼卡》《和平》,这种超现实主义的绘画作品我们教师理解起来都有难度,更何况学生,所以请美术老师讲述,通过专业的艺术讲解,学生才真正明白了画中所表达的真正内涵,从而深刻地感受到法西斯的暴行、战争的残酷以及和平的美好,进而树立热爱和平、反对战争的意识。

单独学科的教学各成体系,缺乏必要的沟通,已经不适应现实了。为了实现更有效的学科互动合作,贯彻民族精神教育,我们还需要加强学科之间的沟通交流互动。可以尝试着将历史与其他学科之间的交流成为固定模式,共同探讨学科之间可能渗透的交叉点、共通点,就结合度比较高的知识点进行研究性、探索性的讨论。我们还可以争取到其他学科的课堂上去听课,学习不同学科贯彻民族精神教育的切入点和策略方法。跨学科互动是我们贯彻民族精神教育的一个新的途径,需要我们进行更深入的探索和思考。

场馆育人：从金山卫遗址到嘉定孔庙

蒙山中学　方　晨

20世纪60年代"场馆学习"逐渐兴起，它是由博物馆教育逐渐发展而来的。这种学习发生的场合一般是向社会开放，展示自然和人类文化遗产实物的公共机构，如自然博物馆、历史博物馆、科技馆、天文馆等。历史场馆即"历史"曾经发生过的各种场所，以及保存历史遗留下来的文物和资料的各种场馆。历史学科是记录和解释人类从古到今一系列活动进程，即历史事件、历史人物和历史现象的一门学科，学生往往很难从现实中找到真实的情景，而历史场馆可以建构情景，更好地帮助学生体验、感悟历史，从而凸显历史学科的育人价值。

一、场馆育人的当下背景

（一）场馆育人是历史课程改革不断深入的需要

随着课程改革的不断深入，历史教学也面临着新的挑战。一方面，一般的历史教学模式也显现弊端，学生记不住历史知识、缺乏灵活的历史思维，甚至学生和老师对于学习和思考历史的兴趣也逐渐变少。另一方面，上海市统一的历史教材关注的是整体的历史，立足点在整个中国、世界的历史，视角比较宏观，这就使得无论在时间上还是空间上，学生都缺少一种亲近感，当然也对于历史的学习降低了兴趣。学生所熟悉的就是他们从小到大生活的环境，他们所有亲近感的是一部地方史，而不是中国史或者世界史，能否将地方的历史资源与历史课堂相结合，就成为一个值得思考的问题。

《历史课程标准》指出：历史课程资源包括教材、教学设备、图书馆、博物馆、互联网以及历史遗址、遗迹和文物等资源。试想，在我自己的历史课堂中用到的资源有教材、教学设备、互联网，仅此而已。李恩培老师在讲到博物馆与历史教学时曾说："博物馆里大量珍贵的文物是历史的见证，它可以补充或订正文献古籍的不足和谬误。博物馆的陈列所展示的是一部立体的历史教科书。博物馆是社会教育的课堂，展示古老文明的窗口，传送各种信息的媒介。"①除了博物馆之外，历史遗迹、遗址也都是一部立体的教科书，也是提升学生情感、态度与价值观的重要教材。因此，新课标下，历史教师应该不断开发地方的场馆资源，将历史课堂与地方史、与场馆资源相结合，带给学生一部生动、熟悉的历史。

（二）场馆育人是培育历史学科核心素养的需要

2014年，随着核心素养的提出，对现代教育提出了新的要求与挑战，历史学科核心素养也随之而出，其是指具有历史学科特征的最重要的必备的品格和关键能力，是历史知识、能力和方法、情感态度和价值观等方面的综合表现，主要包括唯物史观、时空观念、史料实证、历史解释、家国情怀。在认识历史的过程中，要通过唯物史观对所认识的史实全面客观地进行考察，要将所认识的史实置于具体的时空条件下进行考察，要依据可靠的史料作为证据对史实进行推理和论证；所有历史叙述在本质上都是一种对过去事情的解释，任何历史阐释都蕴含着一定的价值判断和人文情怀，最终能帮助学生建构正确的历史认识，落实立德树人的任务。

依托历史场馆践行学科育人，可以通过场馆中保存的历史文物与资料为学生建构时空环境，将远离学生的历史拉近到学生身边，让学生看到的不仅是书本上的文字、图片资料，更是实物、原始资料。通过史料实证，可以帮助学生更客观地对历史进行考察，进而能够帮助学生更全面地解释历史。此外，对身边场馆资源的学习，也是对地方历史的学习，在学习的过程中学生又会多了一份家国情怀，这些正是历史核心素养的体现，也是历史学科需要实现的育人价值。

二、场馆育人的实践探索

（一）历史场馆育人的探索

中学历史课堂中，老师需要让学生掌握书本上的基础性知识，但是不能仅

---

① 李恩培：《博物馆与历史教学》，《历史教学问题》1993年第6期。

仅停留于此，更应该为学生提供认识、阐述、感受、体悟历史的平台，培养学生一种独特的视角与思维策略，进而使其在历史学科的学习中获得只有历史能给予他们的经历和体验。为了更好地建构情景，帮助学生理解历史，历史场馆是一个很好的媒介。

1. 区内初探

金山的古迹虽然由于地理的变迁以及战争等的破坏损失较多，但是仍有不少保存的，如：漕泾古冈身是上海地区仅存的 6 000 年前古海岸遗址；戚家墩、查山、亭林、招贤浜和南阳港等古文化遗址，分别属于马家浜文化、良渚文化和马桥类型遗存；陆龙飞、李一谔烈士墓等。这些都是历史课堂中可用的场馆资源。这里结合沪教版历史课本和金山区的历史场馆资源，整理如下（见表 1）。

表 1　历史课名、内容与金山区历史场馆资源

课　　名	内　　容	金山区场馆资源
1.02 原始农耕的形成	新石器时代文化遗址	漕泾古冈身、戚家墩、查山、亭林、招贤浜、南阳港文化遗址
1.04 商周文化的瑰宝	青铜器	金山博物馆
1.12 文化与宗教	佛教	东林寺
1.25 工商业城镇的繁荣	城镇发展	枫泾古镇
2.7 辛亥革命	同盟会	张堰南社
2.16 暴虐与抗争	淞沪会战	金山卫日军登陆处、亭林碑镌石
2.16 暴虐与抗争	人民战争	陆飞龙、李一谔烈士墓
3.9 基督教会	基督教	金山基督教堂

我校对于历史场馆资源的利用首先聚焦于金山区，从孩子们身边的资源入手，可以给孩子更多的亲近感，有些地方是他们曾经去过的，但以前更多的是参观旅游，深层次的学习和对历史的感悟较少。为了更好地利用身边的历史场馆资源给学生更多的体验、更多的情感，我校历史备课组进行了实践研究。以《暴虐与抗争》为例，我们选择了金山卫日军登陆处遗址为历史场馆资源对象。金山卫城南侵华日军登陆处遗址离我校一公里，是当时侵华日军集体屠杀当地百姓的刑场，如今变成纪念场馆，也变成了我们可以利用的历史场馆。

本次实践通过三种形式课堂进行对比研究。第一次是在教室中开展教学活动,利用书本和一些课外图片、视频来讲述淞沪会战的历史,学生能习得要求的知识目标,并掌握一定的史学方法,但情感态度价值观落实不够。第二次上课将地点放在金山卫侵华日军登陆处遗址,学生参观、老师讲解,学生听得很认真,但是整个过程都是老师在讲,学生在听或提问,学生的主动探究不够。第三次的课堂仍然设在金山卫日军登陆处,但这次是在上次课的基础上,教师从地方志和馆志中选择出一些材料发给学生,学生分小组自行去参观探究,合作解决任务单上的问题。在这次课堂中,学生对于自主探究的开放性课堂模式很喜欢,每个小组都很好地完成了任务。在交流过程中,他们感受到那个年代的历史,感受到金山人民受到的暴虐与进行的抗争,学生的爱国情感得到激发,对这段历史有了深刻的认识,对家乡和家乡的人民有了更深的情感。

2. 区外再探

岁月的积累为每个地方都赋予了独具特色的历史文化,也形成了不一样的历史场馆,每个历史场馆的价值都是独特的、不可替代的。在对金山区历史场馆考察的过程中发现,学生们已经不满足于区内场馆的探索,他们会主动提出曾经旅游过程中去过的一些其他地方的历史场馆,这些也为进一步研究提供了思考。金山区的场馆资源虽不少,但对于整个历史长河来说显然是不够的。笔者试图放大考察范围,将目光投向上海市的其他区县,据查,上海市各区县的一级爱国主义教育基地有 180 多处,上海文物保护地点共 15 处。从1989 年公布第一批 61 处优秀近代建筑到 2002 年公布的第四批,上海市优秀建筑总数已经达到 632 处。①各区都有丰富而独特的历史场馆,它们都是与金山区历史场馆所不一样的资源,它们既远离又靠近学生,也是可以进一步挖掘的历史场馆资源。

笔者选择嘉定区作为进行有关历史场馆在历史育人教学中的开拓地区。嘉定区素有江南名城之美誉,景色秀丽,素以文化著称,人杰地灵,拥有众多的文化古迹,如法华塔、孔庙、汇龙潭公园、秋霞圃等,这些历史遗迹为进一步研究场馆资源的育人价值奠定了基础。结合沪教版历史课本和嘉定区可利用的历史场馆资源,整理如表 2 所示:

---

① 《上海乡土历史(试用本)》,上海教育出版社 2015 年第 4 版,第 89 页、第 93 页。

表2 历史课名、内容与嘉定区历史场馆资源

课　名	内　容	嘉定区场馆资源
2.09 清末民初的社会与经济	男子剪发辫	汇龙潭公园有侯黄先生纪念碑
1.07 文化思想的繁荣	孔子儒家思想	孔庙
1.28 禁锢与封闭	清代科举制	当湖书院、状元楼
2.17 血肉筑长城 2.19 解放战争的胜利	抗日战争 解放战争	嘉定烈士陵园
2.12 五四运动与中国共产党的成立	五四运动的背景	顾维钧生平陈列馆
1.25 工商业城镇的繁荣	明清城镇	州桥老街、南翔镇

结合学校与学生的实际，笔者选择嘉定区具有独特历史价值的孔庙作为研究对象，选择沪教版七年级上册第七课《文化思想的繁荣》一课进行实践研究。《文化思想的繁荣》一课包含两目，即从官学到私学、诸子百家，其中孔子和儒家思想是重点。为了帮助学生更好地理解和感悟孔子及其文化，嘉定孔庙是一个很值得利用的历史场馆资源。嘉定孔庙又名学宫，是全国重点文物保护单位，是目前国内比较完整的孔庙之一，有"吴中第一"之称，它的历史价值很高。

有了之前在金山区的历史场馆实践的经验，这次历史考察之旅一开始就是有的放矢。在去嘉定孔庙的前一天，笔者带学生预习了第七课，通过一些材料了解了百家争鸣的背景，激发了学生对于探索教育大家、政治大家、文化大家——孔子的兴趣。第二天一个半小时的车程带着学生来到了嘉定孔庙，在分组自主探究之前，笔者为每人提供了一份任务单。

任　务　单

探究一个主角：孔子

参观孔庙大堂，关注一些器皿、墙上挂福、雕塑等，说说你所考察的孔子；通过分析教育故事，总结归纳孔子的教育思想。具体任务：

其一，寻找三块牌坊："仰高""育才""兴贤"

考察三块牌坊，通过探究它们的前世今生，谈谈它们的内涵，牌坊背后表达的是怎样的思想。

其二，体验一种制度：科举制

参观山湖书院，身临其境地感受当时应试的状态，了解科举制有关内容，

思考科举制与儒家思想的关系。

其三，理解一种文化：儒学文化

考察状元桥、大成殿、飞檐歇山、崇基石山等历史遗迹，思考场馆背后所隐藏的儒家情怀。

通过一个小时的参观考察、体验感悟，每位同学的任务单上都记得密密麻麻。在总结阶段，他们不满足于组长陈述，几乎每位同学都表达了自己的观点，整个回程的一个半小时过得既快又充实。在参观的过程中，他们学习到很多知识，在任务单的引导下他们学会思考，在难题面前学会了小组合作，在合作探究的过程中实现了自主学习、兴趣得到激发、知识得到增长、能力得到锻炼。

（二）历史场馆育人的意义

将金山卫日军登陆处遗址与嘉定孔庙引入历史课堂，将历史课堂转移到历史场馆，这是对课堂的补充，更是利用场馆资源提升历史课堂育人价值的实践，实践中发现历史场馆的育人价值至少有如下几点：

第一，历史场馆资源的运用可以激发学生学习历史的兴趣。课堂教学注重历史知识、历史事件、史学方法的学习，学习只能通过文字材料在脑海中想象历史场景，这样的课堂有时让孩子很难提起兴趣。当学生们知道历史老师带他们去金山卫城南门或者嘉定孔庙时，他们表现得很开心、很活跃。历史本身就不只是时间、地点和人物的简单罗列，历史场馆中各种与历史相联系的遗址、文物、原始文献等则会展现一段段动人的历史，从而触发学生思想的火花，进而培养学生对于历史学科的兴趣和爱好。上完课后就有学生问我："老师，什么时候可以去南京大屠杀纪念馆上一节历史课呢？"这个问题可以反映出学生喜欢这种上课模式，他们喜欢历史都是生动的。

第二，历史场馆资源的运用可以激发学生内心的情感，使学生得到更多感悟。中学历史教学有三维目标，即知识与技能、过程与方法和情感态度价值观，历史场馆的学习对于第三点有更大的优势。比如金山卫抗战遗址，这种有形的资源给学生提供了直观的模本，使学生能够真切地感受那段历史，激发学生内心的爱国情感，使他们能够感悟为国捐躯的烈士的精神与情感，感受到日本军队侵华的暴虐、感受到金山人民英勇的抗争，从而加深学生对这一段历史的理解。在参观遗址的过程中，有学生对我说："老师，金山卫当时的兵力实在太弱了，要是我早生几十年，我也要上战场。"也有学生说："我要是在那个时代要做个大商人,有很多钱来发展金山,给金山护卫队买武器。"在参观孔庙的过程中,有学生对我说:"老师,孔子太伟大了,不是他,以我的家世我只能种田,不能上学的。"虽然学生的想法很简单,但是这其中也可以看出他们的一颗爱国、爱家乡的心,这些情感都是简单的课堂说教所无法达到的效果。

第三,场馆资源的运用是乡土文化与地方史弘扬的一个媒介。虽然学生大部分来自金山本地,他们对于本地的历史也有所了解,但大多一知半解,没有系统的认识或很深的理解。每个区县都有编纂自己的县志,但是真正去阅读和利用县志的人却不多。县志也是研究史学的重要史料来源,在整合地方资源与历史教学的过程中,地方志是很好的媒介。老师在对地方志、场馆资源和课堂教学整合之后,引导学生去思考、去感受、去学习。这样也使得每个金山的学生对于自己家乡的历史也有较深刻的了解,是对整体历史学习的补充,是为了更好地促进历史的学习。

第四,历史场馆资源的利用可以更好地锻炼学生能力,增强自信。课堂教学的交流大多限于师生交流,少有生生交流,而在历史场馆中,学生不仅可以和教师、同学交流,还可以与讲解员、陌生人等交流。在比较轻松自由的学习环境中,学生小组合作解决问题的能力增强,语言表达能力也得到增强,与人交流能力、社会交往能力也得到提高。在自主探究过程中,学生自己找证据、得出结论,在总结交流的过程中他们有了更多的自信。

第五,历史场馆资源的利用可以更好地使学生理解论从史出,加强学生的实证意识。在历史场馆中展现出的更多是原始的资料,原始的文物、图片、文献、影像资料等,如金山卫日军登陆处遗址中的警世铜钟、大型紫砂浮雕、记事碑墙、抗争遗物,嘉定孔庙的"仰高"牌坊、状元桥、孔庙大堂、山湖书院等。在自主探索的过程中,学生会阅读资料、选择史料、解读史料、得出结论。在这一过程中,学生们学习到了研究历史的一般方法,历史学科核心素养中"史料实证"一目也得到落实。在历史场馆中,学生习得了一定的史学方法,这些都是课堂教学中无法做到的,这些都将使得他们更好地理解历史、学习历史。

在一节历史课中,能很好地落实一个德育目标已属不易,能让学生在课堂中习得知识与技能的同时升华情感已经很好了。但在实践中发现,将历史场馆资源与历史课堂有机结合的过程中可以渗透多个德育目标,落实多个核心素养,让学生在学习知识的同时,掌握方法、锻炼能力、感悟历史,获得更多情感上的体验。

三、场馆育人的实践反思

在探索依托历史场馆践行学科育人的过程中，虽已获得了一些成功的经验，但真正把所有可利用的历史场馆与历史教学有机结合，形成学习系统，仍是一个需长期再实践、再探索的过程。外国的场馆学习起步较早，他们认为影响历史场馆学习的因素有三种：个人因素、物理环境和社会环境。①据此，在依托历史场馆践行育人价值的研究中，还存在一些问题需要在实践中不断改进。

首先，从活动来看，学生喜欢这种自主参与的学习形式，可是组织学生去一个场馆不是件简单的事情，尤其是去区外的历史场馆，时间和安全因素，对于任教老师来说是一个挑战。开展这种课堂形式之前，老师要做好充分准备，征询同学们的意见、联系场馆工作人员、查看相关资料、与班委协调好各项工作，需拟定上课大纲，让学生能有目的地考察。

其次，从教师来看，教师在这样的课堂形式中是组织者、引导者、合作者，应该创造条件让学生自己去调查研究、对比分析、总结提高；教师要帮助学生掌握这种探究学习模式的方式方法，而不能仅仅成为传播者、灌输者。在课堂中，教师的身份不可变成导游，课堂中切忌以自己讲述为主，要更多地引导学生自己去探究学习。

每个地方都有该地方自己的历史，一个小地方纵向发展的历史可以看作整个社会发展的缩影，历史上留下来的历史遗迹、文物、场馆都是一个个鲜活的历史印记，它们可以支撑起一个立体的历史课堂。正如杜威所说，场馆教育功能的发挥不是传统学习教育与课堂教学那样传授系统而抽象的学科知识，而是为儿童或学习者提供与现实生活之经验世界相接近的经验。②因而在中学教育中，将中外历史与乡土史相结合，将历史课堂与历史遗迹、历史场馆等相结合，将区内历史资源与区外历史资源相结合，是不断探索历史学科育人价值、落实历史学科核心素养的有效之路，更是一个需要不断实践、不断创新的长期过程。

---

① 刘飞：《场馆学习在中学历史教学中的运用》，《中学历史教学研究》2010 年第 3 期。
② 郑旭东：《从博物馆教育到场馆学习的演进：历史与逻辑》，《现代教育技术》2015 年第 2 期。

历史地图作用于初中生思想方法的探索

——以时空观念培养为例

西林中学　钱佳萍

历史学科核心素养中的"时空观念",是指历史时序观念和历史地理观念,是"对事物与特定时间及空间的联系进行观察、分析的观念"。任何历史事物都在某个历史时间、地理空间出现、存在并演变,历史学科的知识肌理就是架构在时空要素框架上的,所以只有将事物内容置于历史的时空框架中,才可能展开对其较为完整、全面的解读。时空观念是我们认识历史的首要工具,也是不可避免的认知角度,更是一种史学思想方法。初中生正处于接受时空观念培养的阶段,而文字又缺乏对历史时空的呈现能力,故而应更重视历史地图在教学中的应用,重视学生读图能力、时空观念的培养。

一、挖掘:历史地图中的时空要素

历史时空观念内容具体包括:知道特定的史事是与特定的时间和空间相联系的;知道划分历史时间与空间的多种方式,运用这些方式叙述过去;按照时间顺序和空间要素,建构事件、人物、现象的相互关联;能够在不同时空框架下理解历史上的变化与延续、统一与多样、局部与整体,并据此对史事作出合理解释;在认识现实社会时,能够将认识的对象置于具体的时空条件下进行考察。而读图能力的培养应围绕"示范—模仿—迁移"的轨迹进行。

(一)示范建模引领时空观念

历史地图区别于日常地图的要点之一便是历史地图蕴含的时空信息与历史信息,历史地图也是呈现历史事件的载体。七年级是学生接触历史地图的起点,教师需对读图路径进行清晰的示范。一般而言,标题与图例是所有类型地图读图第一关注对象;获取地图信息,时空要素是首要,其次再是地图上的文字、地理空间信息等直观呈现的表层内容;再然后是解读信息,以上表象信息的整理、联结来获取历史事物或现象的特点、内在联系等认识。以《中国原始人类遗址分布图》为例,教师可以标题"原始人类遗址""分布"为关键词,引导学生观察地图,进而产生直观认识——中国地区原始人类和文化遗址数量多、分布广。联系他们已有地理知识和课文,让他们以时间轴的形式进行书面梳理,将代表性遗址与现实地理位置、对应时间对号入座:云南—元谋人(约170万年前)、北京地区—北京人(约70万至20万多年前)、山顶洞人(约1.8万年前),属旧石器时代;黄河流域—半坡遗址(距今约6 000多年)、长江流域—河姆渡遗址(距今约7 000年),属新石器时代,体会中华文明源远流长;再提问题引导学生寻找主要原始人类遗址的地理位置特点——都位于大河流域。诸如此类,加上时间轴、结构示意图、表格等体现历史时序特点的梳理方式的配合使用,可以帮助学生第一次形成完整的时空认知,强化历史时序和地理空间分布要素的结合,建构内在关联,为课堂教学中时空观念的培养建模。

(二)创新方式导引内涵思考

苏联教学专家卡尔曹夫在《中学苏联历史教学法概论》中关于历史地图与历史教学有过这样的阐述:地图是给学生直观地阐明历史过程中的联系所必需的有力工具,认识地图,这意思不仅是知道它的点线符号,象征意义,城市、界、河流等等,而且要从这符号中间看到活生生的历史事实以及经济、社会政治和文化的复杂关系。[①]图例符号与"历史事实以及经济、社会政治和文化的复杂关系"的连接则需要历史老师的艺术发挥。通常都通过设计问题来实现引导,一般都由"什么""怎么样""为什么"构成,可进行艺术发挥的更多是在历史地图的选取和使用上。

其一,深入挖掘单图信息。教材蕴含丰富的历史地图资源,我们强调对教材的深挖也包括对历史地图的抽丝剥茧,在设计中可以尝试用读图来完成或辅助某些图画文字材料对史实的呈现。《五四运动与中国共产党的成立》一课中,关于五四运动的形式、规模、参与群体、斗争方式等基本内容,教学方法上可以选择依靠《五四运动形势示意图》的解读取代教师讲述或者文字材料铺陈的方式。相较文字材料,形势示意图能更直观全局性呈现五四运动的发展经

---

① 卡尔曹夫:《中学苏联历史教学法概论》,人民教育出版社1955年版。

历。参与运动最北、最南、最西、最东的城市的寻找与参与城市数字的估算可以体会规模;图例可以告诉学生北京作为运动的中心城市及发起城市,还有参与群体及其斗争方式,进而认识五四运动发展为一场全国范围的群众性爱国运动,感知人民群众尤其工人阶级为维护正义而迸发出的巨大威力;上海铁路公路罢工的细节掌握,管中窥豹上海六五罢工的规模和斗争的激烈。如此,学生可在直接参与读图过程中积累对历史现象或事件的认知,而不是简单地、被动地接受知识的单向输入。

其二,不同角度解读多图组合信息。同一张历史地图既是反映历史时期的某一现象的载体,也可以作为多图交叉对比分析的对象,来辅助我们解读同一时期反映其他现象的地图。或者通过比对不同时期反映相似历史现象的地图,可以认识不同视角下的历史,借助时空要素将具体的、局部的、分散的历史关联起来,从整体性、延续性、多样性把握认识历史。比如,《繁盛的经济》一课中,《隋运河示意图》与《唐朝商业城市与手工业分布示意图》搭配,运河路线与商业城市、手工业城镇分布特点大致重合这一特点的发现,相比一些文字材料更能以大视角直观凸显大运河促进了沿线城市的兴盛和经济的发展以及联系南北经济的作用,更便于学生认识地理条件,尤其是在古代世界,对历史发展的重要影响。

(三)创设体系营造"模仿—迁移"空间

中学历史的教育目标"不是培养'大师'级的学科能力,而是让学生初步接受学科的能力训练,掌握初步的学科能力技能,为其进一步深造奠定一定的学科基础"。[①]在课堂教学中,作为一种能力——读图能力、一种核心素养——时空观念,两者都不可能短时一蹴而就,读图路径的明确示范是给予学生历史读图能力解锁的第一把钥匙。当然,这把钥匙的交付还是要避免机械、简单、粗暴,在课堂上可以多提供一些学生模仿的机会,在读图能力培养的设计上多一些迁移的操作空间,可以发展为一个体系,最终才能达成内化为学生能力、素养的目标。实践中可以通过不同课时有意识地设计构建同类型历史地图的读图体系来实现。这里,以分析比较相近历史时期疆域形势图来把握朝代或地方政权更迭的史实为例:《春秋形势图》与《战国形势图》的比较分析可以示范引导学生的初次尝试,感知相似地理空间范围内的历史沿革,之后的课时中有

① 吴伟:《历史学科能力与历史素养》,《历史教学》2012 年第 11 期。

意地设计读《战国形势图》与《秦朝形势图》,具象化分裂至统一的变化,把握历史发展脉络。《辽、北宋、西夏形势图》与《南宋、金、西夏形势图》两图,则鼓励已具读图经验且时空观念初备的学生自主解读,从局部与整体视角分别描述两宋时期多民族政权并立下的延续与变化:契丹族建立的辽政权消失,金国取而代之;北宋灭亡,南宋建立;北宋与辽、西夏政权并立,南宋则与金、西夏政权并立。如此引导学生循序渐进地读图解图,独立发现并解决问题,对时空观念的培养具有重要作用。

简言之,呈现如政权沿革这样具有鲜明时空特点的史实,历史地图要远胜于文字,它能使抽象的、枯燥的文字变得直观、立体、生动。构建同类型历史地图的读图体系,形成系统的模仿——迁移练习,既有助于学生理解历史的时序关联、塑造时空观念,又有助于根据这种时序,整合其他信息,在不同的时空框架下理解历史发展历程中的变化与延续、统一与多样、局部与整体,利于学生据此对史事做出合理解释,初步理解历史发展的一般规律。

二、改造:时空观念下的历史地图

教科书中的地图有时很难契合我们的教学设计,谨慎地改造历史地图不失为一个解决方法。随着信息技术在课堂教学中的普遍运用,信息技术支撑下具有动态效果的历史地图相对于单一的静态历史地图,无论是时空概念的展现,或者地图显性隐性信息的指示、强调,甚至材料本身的趣味性特点上,都具有明显优势。当然,对历史地图的改造或再创作的过程中必须坚持真实、科学的原则,再创作并非胡编乱造,也需要避免再创作的历史地图信息过于冗杂而影响读图。

在《文明的交流》一课中,笔者自制动态地图——《郑和七下西洋航行路线图》,以满足教学设计的需要。具体而言,在静态地图上叠加内容:带有动态延伸效果的箭头线条,附以航行时间和次数,勾画郑和下西洋的航线,同时增强读图趣味性;依序逐个显示沿途经过主要地区的古今地名,包括洲名、海洋名,强化学生空间地理概念,也能一定程度拉近学生与历史的距离;古今地名中,依航线出示郑和下西洋纪念邮票中"南亚""阿拉伯""非洲"主题邮票,邮票情节反映"和平友好""贸易交流"的主旨,人物服饰、地区风貌细节则使学生领略不同地区文化的多样性;通过对比郑和、达伽马、哥伦布航海船队的航海数据,讲解郑和船队规模、中国领先世界的造船技术等史实,引导学生认同"郑和下西洋是世界航海史上的壮举",进而培养其民族自信心、自豪感。

读史明智,历史学习归根结底还是学生分析、论述、说明问题方法的培养及思维能力的提升,即史学思想方法习得。中学历史课堂中包括时空观念在内的核心素养是"通过日常教化和自我积累而获得的历史知识、能力、意识以及情感价值观的有机构成与综合反映;其所表现出来的,是能够从历史和历史学的角度发现问题、思考问题及解决问题的富有个性的心理品质"。[1]作为历史教师,我们不仅需要加强理论研究以提升自身质素,更需要将更多智慧投入到实践探索中,在实践探索中积极反思、总结,逐步建立起适合自己、关照学情的高质、高效的包括历史地图教学在内的历史教学体系。

---

① 吴伟:《历史学科能力与历史素养》,《历史教学》2012 年第 11 期。

中学历史学科加强国家利益教育的意义及策略

金山区教育学院　李亚南

马克思主义认为,"国家利益"是一个民族国家生存和发展的总体利益,它包括一切能满足民族国家全体人民物质与精神需要的东西。[①]在全球化浪潮中,国与国之间的交往日益密切,而有效开展国家利益的教育,培育学生自觉维护国家利益的意识,也越来越具有重要的现实意义。历史学科蕴含着国家利益教育的丰富资源,具有对学生开展国家利益教育得天独厚的优势。

一、加强国家利益教育是历史德育的重要使命

(一)历史学科是国家利益教育的天然载体

何谓国家利益教育? 一是对国家制度的理解,正确认识我国在世界上的地位和作用,培养学生作为中国人的自信心和自豪感;二是对国家权力与尊严的认识,了解捍卫国家主权和领土完整对国家安全的重要意义,认识维护国家安全是公民应尽的义务;三是坚定完成祖国统一大业的信念,自觉同一切分裂祖国的行为作斗争,为祖国统一贡献力量;四是引导学生始终把国家利益放在首位,认识中国国家利益与人民利益的一致性,认识国家利益与国家发展之间的关联性,自觉地把个人发展与国家利益融为一体。

每一个国家都是在历史发展中形成,并且在这种发展中继承和延续下来的,由国家的产生、发展所带来的一切,包括物质以及精神都蕴含于历史之中。正如清代著名思想家龚自珍所说:"灭人之国,必先去其史;隳人之枋,败人之纲纪,必先去其史;绝人之才,淜塞人之教,必先去其史。"而 19 世纪,历史学科

---

① 董振娟等:《大学生国家核心利益观现状及教育途径研究》,《大学教育》2013 年第 4 期。

开始在学习课程中占有一席之地，其原因也在于当时正在兴起的民族主义、国家意识的强烈呼唤。美国《独立宣言》署名者本杰明·拉什更是主张，对于未来的美国制度拥护者来说，最重要的是授予其历史知识。[①]在现代国家，由于公民对形成国策的影响日益增大，而对史实的考虑又影响公民对国家政策的态度，所以没有国家不关心历史教学。公民的历史意识对未来具有政治上的意义。[②]借助历史教学，可以形成民族意识和国家意识，可以造就"国民理想"的拥护者。从这个意义说，历史内涵的思想性，使其在铸造国家精神、强化国家利益观念方面具有天然的、无可替代的教育功能。

（二）历史课程含丰富的国家利益教育内容

历史包罗万象，涉及人类社会生活的方方面面。历史学科丰富的教学内容为国家利益教育提供了内蕴丰厚、文质兼美的教育资源。早在 1934 年，著名历史学家吴晗就说："我们不希望每一个学生将来都是史学家，但在中学或大学时期应当给他们以充分的关于国家和民族的常识。"[③]历史教育，特别是本国史教育，一方面能给予学生最基础的历史知识，帮助他们更具体地了解自己国家的起源、发展，并以历史的、发展的眼光来认识和理解国家利益的内涵，作为他们今后思考、处理和解决问题可依凭的历史资源；另一方面能够使学生生成并强化正确的国家利益观，培养学生正确的价值体系，自觉维护国家荣誉、利益和尊严，增强其民族自豪感和自信心，在相关问题上立场坚定、旗帜鲜明。恰如钱穆所言："故欲知其国民对国家有深厚之感情，必先使其国民对国家以往历史有深厚之认识。"举例说，中国近代史课程讲授的主要内容即是中国近代以来抵御外来侵略、争取民族独立、捍卫国家安全、维护国家利益、实现人民解放的历史过程；面对外来入侵，中国人民自古以来就具有不畏强暴、英勇抗敌的反抗精神和民族气节，郑成功、戚继光等均体现了这种精神与气节。通过相关内容学习，能帮助学生认识捍卫国家主权和民族尊严是中华民族的优良传统，从而自觉形成把国家利益放在首位，把个人发展与国家利益融为一体的意识。

---

① 教育部基础教育课程教材专家工作委员会：《义务教育历史课程标准（2011 年版）解读》，北京师范大学出版社 2012 年版，第 44 页。

② 江山野主：《简明国际教育百科全书·课程》，教育科学出版社 1993 年版，第 266 页。

③ 教育部基础教育课程教材专家工作委员会：《义务教育历史课程标准（2011 年版）解读》，北京师范大学出版社 2012 年版，第 45 页。

二、加强国家利益教育目前存在的瓶颈问题

（一）游离学科本质，凭空开展国家利益教育

一方面，由于对历史课程的内容更新与史观变化在理解上有偏差，加之相关史实储备不足，中学历史学科开展国家利益教育的过程中，隔断史实基础而空谈国家利益教育的现象依然存在。另一方面，对国家利益教育与学科课程目标关系理解的模糊导致舍本逐末，脱离学科本质，甚至以非历史学科的内容或方式片面追求国家利益教育效果，异化了学科育德功能。例如，在教学中过分展开一个史实，过度强化德育功能；或无视教学目标，脱离历史基本要素而演变为空洞的说教，导致课堂教学的目标偏离正确的轨道。

（二）无视学生主体，忽略"意义构建"引领

国家利益教育的关键，在于使学生能主动参与对国家利益知识的探索过程，并能对其进行积极反思。这意味着教师在国家利益教学过程中要积极促进学生的"意义构建"，包括引导学生将所接触到的事物和自身联系起来，把新的知识和熟悉的知识联系起来，把自己当下所处的情境和与之相隔甚远的历史的情境联系起来。不少学生死记硬背、只关注知识积累，无法将历史学习与自己的信念和价值观关联起来。要力图做到理论与实际的结合，历史与现实的联系。然而在实际教学中还是难免会出现无视学生主体、追求形式主义的"贴标签"现象；出现忽视史实本身的作用，堆积华丽动听的辞藻和坐而论道的说教，将原本富有意义的史实机械地演绎成僵化的教条；出现德育手段匮乏，说教之法盛行，将国家利益教育以知识讲授而非体验内化的方式传达给学生的现象，无法做到寓教于史、寓教于情、寓教于理，育人效果不尽如人意。

（三）教师对国家利益教育的内涵认知模糊

认知是人类特有的精神活动，是个体形成有意义行为的最重要的心理条件。教师对国家利益教育的认知，应包括对国家利益教育本质、学科实施目标、学科实施内容及学习活动方式等方面的基本看法与核心理念。换言之，教师能否准确把握国家利益教育的学科教学关键点，会对最终教学效果产生至关重要的影响。现实中，一些教师的知识体系更新速度较慢，专业能力不强，难以准确把握学科教学渗透国家利益教育的契合点。例如，当前两岸关系和平发展进入巩固和深化的新阶段，2012 年更是"九二共识"达成 20 周年。当此之际，在涉及台湾问题的教学中应强调"九二共识"，带领学生学习相关内容便

具有重要的现实意义。然而,在涉及台湾问题的教学中,一些教师还是忽略了知识的时效性,眼光依然局限于课程标准和教材强调的如"一国两制"等内容。

三、课堂教学中加强国家利益教育的基本策略

(一)挖掘历史课程内容,抓准国家利益教育突破点

历史课程中蕴藏着丰富的国家利益教育资源,课堂教学是落实国家利益教育的主渠道和主阵地。这要求教师在学科教学过程中,根据学科自身的特点,充分挖掘课程资源,高效利用课堂,"润物细无声"地融入国家利益教育,以史育人,抓住历史学科育人的闪光点。以教材内容挖掘为例,教师应在钻研教材编排方式和单元组合方式的过程中,找出国家利益教育目标与历史教学目标之间的联系点,把国家利益教育目标转化为教学目标,并形成与教学目标相对应的教学内容,变隐含为外显,做到点面相连,才能有效地将德育理念落实到各教学环节。例如,知道夏、商、周是中国古代国家诞生和发展时期,了解"家天下"的国家权力结构,有助于学生理解国家的概念,把握古代国家形成的基本情况;知道自秦以来,直至元明清中国版图的演变,认识国家产生的意义及功能,感受中国作为统一的多民族国家的形成和发展的历史;了解西周的分封制与宗法制、隋唐科举制与三省六部制、元代的行省制度、明清内阁制的内容和作用,认识中国古代典型的国家政治、经济制度;了解中华民国建立的意义,理解中华民国的建立终结了2 000年的君主专制政体,以及共和体制的出现;了解人民代表大会制度和政治协商会议制度,知道中国特色社会主义的民主政治,均利于学生理解国家制度。再如,通过对近代中国人民反对外国侵略的相关史实的了解,认识捍卫国家主权和领土完整的重要性,自觉保卫国家安全,维护国家利益。①

(二)采取有效教学策略,抓准国家利益教育着力点

在历史学科教学中,国家利益教育目标的达成实质是价值体验生成的过程,不能单靠记忆、反复背诵,而是要通过心灵的感受和体验获得。即教师要基于学生的认知水平,通过铺陈历史细节,以史实触动学生;通过语言渲染,以真情打动学生;通过材料引入,还原历史场景,在特定氛围中感染学生,还原历

---

① 上海市教委教研室:《中学历史教学实施"两纲"的实践研究》,上海教育出版社2010年版,第34页。

史人物的心境变化，认同历史人物的行为；通过关注现实，构建历史与时事的连接，帮助学生由今观史，以史鉴今。如在《血肉筑长城》的课堂教学中，教师通过出示空军飞行员陈怀民的日记，生动讲述其驾机撞向敌机的英勇事迹，引导学生思考促使他能毫无畏惧乃至献出宝贵生命的原因，并总结在抗日战争中像陈怀民这样的英雄不计其数。仅从空军看，从七七事变到武汉失守这 15 个月间，殉国人数就达 202 位，平均年龄还未超过 23 岁，正是他们以自己的血肉筑起了中国长城，粉碎了日本侵略者不可战胜的神话。教师通过将"教材"变为"学材"，创设一个生动的历史情境，帮助学生从情感上触动，进而引发心灵上的共鸣，认同历史人物的思想和行为，并感受其思想、行为所折射出的精神。这个精神就是中华民族捍卫国家主权、维护国家利益的抗争精神，是历史上仁人志士、英雄人物一切行为的动力之源。

（三）融合课堂教学目标，抓准国家利益教育契合点

历史教学中的国家利益教育不是在宣讲遥远无边、虚无空洞的"大道理"，而是要立足学科本体，从历史的丰富内涵中挖掘养分，要"史论结合，证史一致"，彰显出学科特性。以中国近代史为例，教学中可以呈现各国站在不同立场记录的多种类型史料，多重角度证史，既了解近代国家利益遭受严重破坏的背景和原因，又能在情感上感受民族危机的深重，进而激发捍卫国家主权与领土完整，保护国家安全，坚定维护国家利益的意识。例如，在第一次鸦片战争的教学中，教师可通过出示 1840 年前英国输入中国鸦片的数据图、《伦敦新闻画报》绘制的"中国人吸食鸦片"和"英商走私鸦片"图、"义律致英国外相巴麦尊机密信""林则徐致英女王信"等，揭示英国发动鸦片战争的动机，《南京条约》使中国主权和领土完整遭受严重破坏，英国则从中国攫取巨大利益；之后的甲午战争，清政府惨败，《马关条约》迫使中国割地赔款，陷入被瓜分的深重的国家危机与民族灾难中；《清国征讨方略》、井上清的《日本帝国主义的形成》、日本外相陆奥宗光给驻英公使的信件等史料，都可揭示日本发动甲午战争的动机。通过这些不同视角史料的呈现，教师可以引导学生感受侵略者对国家主权的漠视、对民族尊严的践踏和对人类文明的破坏。

（四）开发学科德育资源，抓准国家利益教育渗透点

国家利益教育的开放性决定了它与外部环境之间必然相互影响，国家利益教育内容亦会随着外部环境的变化进行相应改变。有效的国家利益教学内容既包括在教学中对现有历史教材内容的沿用，也包括适当引入鲜活的外部

德育资源,包括教师对课程内容的创新。例如,充分利用博物馆、历史遗迹等,开发乡土、社会和学生家庭资源,组织国家利益教育主题活动,将学生带入特定的历史情景中"感受"历史,激发学生积极的情感体验。教师在组织此类学习活动时,要做到有目的、有计划,而不是当成一般意义上的游玩、消遣活动;教师要对这类学习活动的开展提出具体要求,指导学生从活动中获得相关的历史信息,提升对历史的感受和体会。在组织此类活动时,教师应努力做到:第一,以学生为本,将学生定位于教学活动的主体,力图充分发挥学生的主体地位,注重培养学生学会学习;第二,教学活动要有整体计划,将其有机地纳入教师的教学设计之中,使之成为教学的有机组成部分;第三,活动的目的要明确,以提高学生的学习方法和学习能力为主要目标,而不是单纯地追求活动的次数和形式;第四,活动的过程要精心设计,包括活动前的必要准备、活动的程序、活动的总结等,以使教学活动提高有效性;第五,开展教学活动,要因地制宜,因时制宜,灵活采用各种活动方式,努力探索适合学生学习的教学活动。[1]

四、结　语

　　清晰而合理的国家利益教育意识的形成,建立于自觉的观念改进基础之上。教师要摒弃将国家利益教育仅仅看成是特定学科的任务,而将历史课堂看成辅助性质的观念,应在日常教学中高度关注这一德育主题。教师应清楚地认识到,历史课程的性质、功能及课程内容,都内含了国家利益教育方面的教育因素,在学科教学中强化国家利益教育是中学历史教育不容置疑的重要使命。教师还应认识,正确的国家利益观的养成是教师和学生在历史教学实践中共同创造的经验和知识,具有鲜明的实践性、生成性和过程性。必须看到,一方面,国家利益观可以表现为对课程内容、学习方式和学习氛围等方面的体验和感悟;另一方面,国家利益观的形成必然要经历一个逐级递进、紧密衔接的内化、升华和外显的过程。教师应了解每一节课在国家利益教育目标达成过程中的地位与作用,理解过程的长期性、持续性,引导学生在认识历史及其相关问题时表现出积极的兴趣、情绪和情感倾向,以实现既定的德育目标。

---

[1]　教育部基础教育课程教材专家工作委员会:《义务教育历史课程标准(2011年版)解读》,北京师范大学出版社2012年版,第86页。

国家利益教育怎样在教学中落实

——以"抗日战争"教学为例

金山区教育学院 王 群

国家利益教育怎样在教学中落实？或者说，贯彻了国家利益教育的历史课与之前的课有何区别？这里结合"中国人民抗日战争"这段历史的教学来谈兴许更清楚些。教师一旦确定了在这部分内容的教学中强化国家利益教育，课前就该做好两件事，一是分解教育目标，二是制订相应策略。

国家利益教育这一目标宽泛而抽象，不利落实，需要加以分解，可以细化为：(1)日本发动的这场侵略战争严重损害了中国的国家利益；(2)在抗战中政党、军队表现出了国家利益至上的意志情怀；(3)全民族抗战及其胜利有力地捍卫了我国的国家利益。教师心中有这样的目标，在教学过程中便能始终贯穿国家利益教育，而不至于变调走样。顺便说一句，对于抗战这段历史，教师当然还可以确定其他的德育目标，但不管确定什么，将总目标分解成具体的目标、细化为可操作的事项是必不可少的，否则就可能有名无实，落入惯常的教学套路之中。

确定具体目标之后是制订策略。教师能否准确把握国家利益教育的教学关键点，选择恰当的史料，运用合适的方式，将对最终教育效果产生至关重要的影响。

史料的选择是多途径的：一是充分发掘教材资源，如西安事变后张、杨的救国主张，蒋介石的庐山谈话，中共发表的合作宣言，为国捐躯的英烈们的照片等。二是借助课外的文献材料，如南京大屠杀照片、东京审判的证词与记录、有关抗战题材的影视剧作品等。三是充分利用博物馆、历史遗存等，开发乡土、社会和学生家庭资源，组织国家利益教育主题活动，如"金山卫日军登陆处"、日军侵华时留下的"万人坑""吊人树"等。教师可结合教材内容,组织相关的主题教育活动。

史料的运用是多样性的:讲抗日民族统一战线的建立过程,可借助文献材料——西安事变张、杨的抗日申明,中共发表的抗日宣言,学生、爱国人士的抗日活动和蒋介石的"庐山谈话"等,让学生感受民族危机的深重和社会各阶层的主张,进而认识到在国家利益遭受破坏时,国人应有的维护国家利益的态度。例如,教科书第六分册第4页引用的蒋介石在七七事变后的庐山谈话:如果战端一开,那就地无分南北,人无分老幼,无论何人,皆有守土抗战之责任。在"无论何人""守土抗战"的决心中,包含了为了国家利益所有人都做好了牺牲的准备;教科书第5页"读图学史"中谢晋元所说的:在未达成任务前,绝不轻易做牺牲;任务达成,决作壮烈牺牲,以报国家。

借助东京审判中各国所提供的翔实的战争数据,各种人物站在不同立场提供的证词,以及庭审过程中发生的事实,生动讲述和史料呈现相结合,陈述战争的爆发、战争过程及其给中国带来的灾难。让学生了解日本发动这场战争的背景与原因,明了战争使我们的国家利益遭受严重破坏,感受侵略者对国家主权的漠视、对民族尊严的践踏以及对人类文明的破坏。在情感上感受民族危机的深重,进而激发捍卫国家主权与领土完整,保护国家安全,坚定维护国家利益的意识。

战争过程的教学,结合教材中"正面战场与敌后抗日根据地"为主线的陈述,分别介绍战争的进程。可以用大量的照片、数据与影音资料,以史实触动学生,以真情打动学生,还原历史场景,感染学生。例如,远征军入缅转战达1 500公里,有5.6万人伤亡,师长戴安澜负伤后无药救治,伤口溃烂,壮烈殉国;但远征军歼灭了日军4.8万人,配合英美盟军完成中国战场的战略大反攻,守住了滇西,保卫了祖国的南部大门。①

教师讲述抗战的胜利,可结合教材的描述、图片与文献选读,强调人民武装、人民革命是战争胜利的根本原因,更要体现战争胜利对于中华民族复兴的非凡意义。毛泽东强调:"战争的伟力之最深厚的根源,存在于民众之中。""兵民是胜利之本。"只有动员和依靠广大人民群众,才能赢得战争,如"地道战""地雷战"、儿童团、游击队等。抗战的14年中,中国共产党领导的人民军队紧

---

① 万高潮、王健康、魏明康:《中国远征军》,中国文史出版社2005年版。

紧依靠群众,采用机动灵活的战略战术,频繁出击,不断打击和消耗侵略军的有生力量,扩大解放区,壮大人民武装。敌后解放区人民对日伪军作战共 125 165 次,毙伤俘日伪军 1 714 117 人(其中歼灭日军 527 422 人),缴获长短枪 682 831 支,轻重机枪 1.1 万挺、各种火炮 1 852 门,收复国土 104.8 万平方公里,解放人口 1.255 亿。但是,敌后解放区军民也付出了重大牺牲,据不完全统计,解放区平民伤亡 890 万人,八路军、新四军和华南抗日游击队共伤亡 584 267 人,为中华民族的独立和解放做出了不可磨灭的历史贡献。①

抗日战争取得伟大胜利,是提升国家地位与国家利益的转折点。教师可借助相关事实,让学生体会"国强则民强"的道理。如梅汝璈在《远东国际法庭》中陈述的"法官坐席次序之争议风波",他说:"这不是个人的事情,而关乎于国家的地位、利益与荣誉!"掷地有声的话语里充满了对国家利益的重视,对国家地位的自豪。要让学生明白,国家意识与国家利益在国际社会与大国相处中的重要性,从而激发学生对国家利益的维护之心。总之,教师可通过对史料的多角度选择、多种方式的运用,将学生带入特定的历史情景中"感受"历史,去体悟整个中华民族为了国家利益而拼死抗争的真实,激发学生积极的思想情感以及道德体验,促进其国家利益价值观的生成与发展。

---

① 车军社:《晋豫边抗日根据地的历史作用》,《山西大同大学学报》2008 年第 4 期(第 22 卷)。

历史场馆资源的育人价值探讨

曹杨二中附属江桥实验中学　唐　维

《中小学德育大纲》指出:学校实施德育必须充分发挥校内、校外各教育途径的作用,互相配合,创造良好的教育环境,共同完成德育任务。历史学科由于其特殊性,需要借助历史遗留下来的文物、史料、遗迹等帮助学生尽可能地还原历史、感悟历史。所以从历史学科德育的角度看,校外的各场馆资源,如博物馆、历史遗址、纪念馆、烈士陵园等,能够架构起与历史的联系,能够用历史的学习方法去验证历史,提升学生的情感、态度与价值观,实现育人目标。本文将就此探讨如何运用场馆资源,践行历史教学的育人价值。

一、梳理场馆资源,明确可用教学空间

历史课程的学习更多的是通过文字史料等还原历史场景的发生,所以在课堂中,学生表现出更多的行为是倾听。而从初中生心理发展特点来看,他们更多地喜欢通过视觉、听觉、触觉等多种感官体验来认识历史,而场馆就是从现实中找到的真实场景之一。据上海市爱国主义教育基地网站提供的信息,上海各区县一级的爱国主义教育基地有 180 多处;上海文物保护地点共 15 处;从 1989 年公布第一批 61 处优秀近代建筑到 2002 年公布的第四批,上海市优秀建筑总数已经达到 632 处。①观察这一组数据,我们发现可用的场馆资源非常丰富。但场馆资源的利用,取决于以下几个原则:场馆资源的运用能否丰富教学资源,将资源与学科知识相整合;场馆资源的运用能否为有效教学服务,将方法目标与情感目标有机结合;场馆资源的运用能否关注与彰显学生的

---

① 《上海乡土历史(试用本)》,上海教育出版社 2015 年版,第 89、93 页。

主体性与核心能力发展等。教师需要依据历史教科书中的内容,梳理相应的场馆资源,将历史课堂与地方史、与场馆资源相结合,丰富教学空间。表1为能够与初中历史教学内容相结合的较为典型的场馆资源:

表1　能够与初中历史教学内容相结合的场馆资源

课　　题	教学内容	相应场馆资源
原始农耕的形成	新石器时代	崧泽古文化遗址、福泉山古文化遗址
商周文化的瑰宝	青铜器	上海博物馆
文化思想的繁荣	孔子	嘉定孔庙
统一的隋唐时代	科举	上海科举博物馆
文明的交流	徐光启与利玛窦	光启公园与徐光启墓
自强新政	洋务运动	江南造船博物馆
辛亥革命	孙中山与同盟会	上海孙中山故居
五四运动与中国共产党的成立	中国共产党的成立	中国共产党第一次全国代表大会会址
暴虐与抗争	淞沪会战	上海淞沪抗战纪念馆、金山卫城日军登陆地点
中华人民共和国的成立	开国大典	国歌展示馆

表1只是大致的划分。就历史学科来说,"历史课程资源既包括教材、教学设备、图书馆、博物馆、互联网以及历史遗址、遗迹和文物等物质资源,也包括教师、学生、家长及社会各界人士等人力资源";[1]正因为物质与人力资源因人因地而各不相同,所以教师应该结合不同地区和学校,结合自己的实际情况,因地制宜地利用和开发地方特色的场馆资源。地方特色场馆资源,见证了每一个地方历史的变迁,这些身边存在的历史真实与细节,有利于弥补大历史的宏大叙事中的细节缺失。这种"因地制宜"的开发与利用不同地域的场馆资源,更能拉近初中学生与历史的距离,获得他们情感上的认同。例如,上海松江地区的古代历史文化资源——广富林遗存,教师可以组织学生参观广富林遗存的遗迹与遗物,让学生分析新石器时代晚期上海先民的生产生活情况,认识中华文明起源的多元性、复杂性和融合性;广富林遗址所处松江地区,教师还可有针对性地引导学生探究松江的历史沿革发展,培养学生热爱乡土的情感。

---

① 米进忠、史振卿:《历史教师与中学历史课程资源的开发课改在线》,《新教育》2014年第11期。

二、依据内容主旨，有效开发场馆资源

内容主旨对教师而言，体现了教师对整个课堂教学的本质认识，是制定教学目标、整合教学内容、运用教学手段的主要依据，它也决定了教师对于场馆资源的开发不能盲目而为、面面俱到。首先，应思考学生应该关注场馆中的何种资源？其次，使用这个资源的目的是什么？最后，如何精心设计环节，用好这个资源？例如，金山区的蒙山中学方晨老师带领学生去参观金山卫城南侵华日军登陆处遗址纪念地，做了如下设计：

第一个环节：她首先介绍日军在金山卫士登陆的背景。1937年八一三事变爆发后，"日本上海派遣军约16万人，后增援第10军约11万人，共计达27万人之多"，在上海正面对抗的日中兵力对比当为1∶3左右。10月份，上海抗战的中国军队从第一阶段的攻势进入守势阶段，日军战线则对中国军队形成了由西北而东南的马蹄形包围圈。到10月末，日军在上海的战斗已经持续近两个半月，"伤亡5万多人，华军伤亡在15万以上"。日军为尽快拿下上海，决定从金山卫城附近突袭登陆围困中国军队。①

这个环节的设计，就是基于七年级下《暴虐与抗争》一课，将历史课堂与地方史相结合，阐述抗日战争防御阶段的重大史实，更重要的是让学生理解日军从金山卫城附近突袭登陆围困中国军队的背景。方老师做了大量的参观前准备，通过参观前的背景介绍，有意识地引导学生将新旧知识联系起来，不是被动地接受场馆学习（关注图片资料、实物史料等），而是为下面有意识地进行思考作铺垫。

第二个环节：方老师重点讲解金山卫士的登陆作战，让学生知道金山卫士登陆对于整个局势的影响。带学生看遗址中所立之碑，上面记录日军登陆侵略的事件；参观警世铜钟、大型紫砂浮雕和纪事碑墙，感受日寇血腥暴行。

通过此环节的设计，让学生意识到淞沪会战除了书本上提及罗店成为"血肉磨坊"，在自己的家乡——金山，当时也有暴虐与抗争。通过带学生观察纪事碑墙等，进入一定的历史情境中，以直观的教学资源对学习的历史进行联想思考，感受金山人民受到的暴虐，并与之进行抗争。综观整个场馆资源的学习，方老师有计划地通过参观前的准备、参观过程中的引导与思考，将场馆资

---

① 方晨：《点线面课程：历史场馆的育人价值》，《新课程》2013年第11期。

源作为教学的补充资料,丰富教学内容,在场馆的考察中渗透书本的知识点;并基于内容主旨,有重点地关注场馆资源,有效地完成教学目标。

三、关注情感内化,场馆资源融入课堂

场馆资源运用,除了将学习的地点搬入场馆,也可以关注学生考察后的情感,将情感与课堂教学相整合,将场馆中的非文字历史与课堂中的文字历史相融合,通过考察经历加深对历史的理解。嘉定区朱桥学校的孙建老师结合初中历史第 7 课《文化思想的繁荣》中孔子与《论语》一目,尝试基于情感态度价值观的落实,选择将学生场馆考察后关注的内容(外部建筑、考察时的情感),内化于课堂,进行有效教学。

教师:(展示"仰高"牌坊照片)知道"仰高"两字是什么意思吗?

学生:知道,听孔庙讲解人员介绍,"仰高"出自《诗经》中"高山仰止,景行行止"一语,按现在的意思说就是仰慕高尚的德行的意思。孔庙以前是嘉定县学所在地,内有一个书院,叫⋯⋯叫"当湖书院","仰高"就是要求到这里来求学的学生都要景仰和修炼高尚的德行。

教师:你考察时听得真仔细,非常好。那么你就看到一个石柱牌坊?

学生:还有两座石柱牌坊,在门前的左右两边各一个,都写了字。左边那个写"兴贤"两字,右面那个写"育才"两字。

教师:(展示"育才""兴贤"牌坊照片)是这两个吗?

学生:是的。就是这两个牌坊。

教师:那么"兴贤""育人"又有什么含义?

学生:"兴贤"有举用人才的意思,"育人"有培育人才的意思。

教师:很好。从这些牌坊的题字看,设计建造者想表达的意思是什么?

学生:要重视人才。

教师:人才要靠老师,靠教育培养。

学生:要尊师重教,培养人才。

教师:嘉定孔庙中还有哪些地方象征着儒学的精神?

学生:孔庙中的草木砖瓦,庭桥廊院,比如状元桥、大成殿,飞檐歇山等。

教师:状元桥、大成殿等表达了儒学什么样的精神?

学生:尊师重教,仁爱守礼。

教师:建设这些飞檐歇山,崇基石山,又表达儒学什么样的追求?

学生：追求高尚雅致的德行。

教师：回答得非常好。孔庙中的草木砖瓦，庭桥廊院无不表达了兴教任贤、崇尚高雅的儒学精神。[①]

可以看到，孙老师通过引导，让学生从关注场馆外部的建筑，再到关注建筑的细节、关注建筑背后设计者所传递的情感，帮助学生建构认识历史的路径，并传递一种思维：场馆外部的建筑其实也是认识历史的一部分，激发学生对于历史的感受。此外，孙老师注重引导学生架构史料与证据、史实与史论间的逻辑关联，激发学生对于历史的感知。

教师：那么儒家思想一直以来对嘉定民众有那么大的影响吗？（出示材料）

> 故东七乡（现嘉定地区）之民，……敢与官司（官府）为敌。不奉命令，不受追呼（指官吏催租，逼服徭役）。殴击承差（差役），毁弃文引（文书）。甚而巡尉（巡捕盗贼的县尉）会合（聚集，集结），亦敢结集千百，挟持器杖以相抗拒。自此习成顽俗，莫可谁何。（《嘉定县志·建置·附录一》）

从这则材料中可以看出，嘉定建县前，嘉定的民风是怎样的？

学生：那时嘉定这地方的人敢和政府对抗，可见民风非常凶悍，粗犷，野蛮。

教师：嘉定建县后，建了孔庙，办学以儒家来教化嘉定民众，效果如何呢？（出示材料）

> 明清之际，本县科名鹊起，中试进士 180 名（其中武进士 20 名）；王敬铭、秦大成、徐郙殿试一甲一名（状元）。另本县自建县迄今，在文学、艺术方面业绩卓著的嘉定籍人物经初步收录者有 505 名。（《嘉定县志·总述》）

学生：从材料的中状元、进士卓著人物的数量来看，孔庙建立以后，以儒家思想教化民众，培养了许多人才，使嘉定成为人文荟萃的好地方呀。

教师：所以说，嘉定孔庙是"教化嘉定"的源头。从建县前的民风粗野，到后来，以致现在的人才辈出，儒家思想已经深深地渗透社会生活中，影响着中国社会。

孙老师对于场馆资源的运用与方老师不同，他通过场馆的实地考察，将考察的内容回归到课堂，课堂中既展示了学生考察的结果，让学生从身边的历史文化遗产中感受儒学等传统文化思想，更重要的是将学生考察初步形成的情

---

① 孙建：《原生文明的永恒光焰——有关"人文传统"的乡土史》。

感,从历史求真的角度,在课堂中与史料进行相互补充与印证,初步理解诸子百家思想对中华文明内容的拓展和内涵的深化,进而培养学生对中国传统优秀文化的认同。

　　总之,历史遗迹、历史遗址、博物馆等这些场馆资源都是一部生动、立体的教科书,为实施育人教育提供了大量的素材。如何最大限度地实现教学目标、达到育人效果? 这就要突破传统的历史课堂教学模式,适切运用现实中找到的真实历史场景,融通所学知识与场馆资源,让两者直观地联系起来,进而激发学生的情感和思维活动,感悟历史场馆背后所凝结的民族文化和民族精神。

人性之光让历史更有温度

人物是历史的主角。史学大家钱穆说:"历史是人事的记录,必是先有了人才有历史……要研究历史,首先要懂得人。"①历史人物在历史的发展中起了重要影响,在历史长河中留下了足迹。历史唯物主义认为人民群众是历史的创造者,是历史发展的真正动力;所有的历史活动都离不开历史人物,抽掉了人的活动,历史事件、历史现象都将不复存在。

初中生正处于开始形成独立的世界观、人生观和价值观的阶段,思想活跃,接受和模仿能力强,且想象力丰富,求知欲强烈。他们在老师精心创设的情境中激发学习历史的兴趣,培养辩证唯物主义和历史唯物主义的观点,形成正确的世界观、人生观和价值观,而无论是从历史学本身的要求出发,还是从学生的学习心理出发,以历史人物为切入口不失为一条渗透历史德育的捷径。

一、历史人物的形象足以打动人

历史人物比比皆是,无论是中国的、外国的,古代的、近代的、现代的,还是伟大的、卑劣的,都在历史上留下了自己的足迹,有的浓墨重彩,有的轻描淡写。不同的地域、不同的时代、不同的思想的人创造了绚丽多彩的历史,历史已然远去,但那些人物的形象依然可以鲜活动人。

（一）正面反正,特征鲜明

我国是一个人才辈出的国度,不同历史时代的杰出人物以不同的风姿展示了中华民族的道德风貌和优良的道德传统,构成了中华民族的魂魄和脊梁。

---

① 钱穆:《中国历史研究法》,北京:生活・读书・新知三联书店2013年版,第90—91页。

作为渴求知识的中学生，他们喜欢崇拜名人、崇拜英雄，因而在课堂中我们要寻找这些有鲜明特征的人物。如《繁荣与危机》一课，我们在授课中可以介绍罗斯福带领美国人走出危机时坚毅果敢、直面困难的性格；我们可以介绍孙膑、司马迁身残志坚，让学生感受矢志不移的顽强意志；讲述李大钊、邹容等人对真理的追求、对信仰的执著，培养学生追求科学和真理而勇于献身的精神；阐述李时珍、拉斐尔等人的不畏艰难、锐意进取，培养学生克服困难、勇于探索。在《古希腊文明》一课，笔者给学生讲了这样一个故事：苏格拉底是古希腊的大哲学家、思想家，被神谕称作"最聪明的人"。但其由于被人控告，罪名是"不敬神明"和"蛊惑青年"，被雅典公民大会判决死刑。公元前399年，雅典经抽签方式从自愿报名的候选者中随机选出501人，组成陪审团，负责审判苏格拉底。在规定时间内苏格拉底为自己辩护。经两轮投票，陪审团以多数票判苏格拉底死刑。在狱中，他放弃了其学生提供的出逃的机会，自饮毒酒而死。他认为自己具有服从城邦的合法权威和城邦法律的义务，守法即是正义，所以他十分自觉地接受了死刑。

苏格拉底并不认同所受的控告，但耐人寻味的是他对于判决的态度。他认为城邦的法律是公民们一致制定的协议，应该坚定不移地去执行，只有遵守法律，才能使人民同心协力，使城邦强大无比，严守法律是人民幸福、城邦强大的根本保证，其价值远远高于个人的生命。如果认为错误的判决是对于法律的亵渎，那么逃避法律的制裁是对于法律的又一次践踏，只会更加削弱法律的权威。正是由于一批像苏格拉底一样的人如此捍卫才使雅典的民主制不断向前发展。这样一个悲伤的故事让学生感受到苏格拉底对真理的坚守，历史的每一点进步都有无数的人为之努力，希腊民主制也是如此。

历史上不仅有正面人物还有反面人物，正面人物有激励作用，反面人物有警示作用，都会给学生以启发。如《第二次世界大战》一课，有的老师就从希特勒这个人物切入，一步步展开，让学生对他有了透彻、立体的了解，就不再会被网络上一些似是而非的评价所迷惑。

（二）个体群像，相得益彰

一个时代的众人铸就了一个多姿多彩的时代，时代之中有领军人物，有追随者，更有勤勤恳恳的普通民众。人类自己创造自己的历史，但他们并不是按照共同的意志，根据一个共同的计划，甚至不是在一个有明确界限的既定社会内来创造自己的历史。恰巧某个伟大人物在特定的时间出现于某个国家，这当然纯粹是一种偶然现象。但是如果我们把这个人除掉，那时代就会需要有另外一个人来代替他，并且这个代替是会出现的。历史是多剖面的、复杂的，我们不仅要让学生知晓领军人物的重要作用，更要让他们认识普通民众才是历史真正的创造者。

一组人物群像，一段历史情怀。例如，汉武帝时代的出现，除了有刘彻之外还有董仲舒、卫青、主父偃等一批股肱之臣鼎力相助。中国近代史上的无数仁人志士为了崭新的中国抛头颅、洒热血，用自己的青春和生命奏出了铿锵的命运之歌，我们要让这样的人物，这样的群像如永恒的丰碑般矗立在学生心间。

二、历史人物的品格足以感染人

（一）从人物事迹中感受品格

历史离不开重要的历史人物，中学历史教师要通过介绍典型的历史人物事迹，帮助中学生树立崇高的理想，陶冶他们的情操。在讲述历史人物的生平事迹中，感受他们身上高尚的品格，如勇敢、责任、奉献、诚信等，体会历史是人创造的。例如，通过学习南宋文天祥的"人生自古谁无死，留取丹心照汗青"，到谭嗣同的"我自横刀向天笑，去留肝胆两昆仑"，让中学生理解人生的真谛；通过学习孙武的"知己知彼，百战不殆"，到班超的"不入虎穴，焉得虎子"，培养中学生的智谋和勇气；通过学习布鲁诺为坚持真理被教会判处死刑，行刑前高呼"火不能征服我，未来的世界会了解我，会了解我的价值"，到伽利略"地球还是在转啊"，培养中学生不怕困难、知难而进的精神。讲述改良蒸汽机的瓦特、发明大王爱迪生、飞机的发明者莱特兄弟等人物的事迹，激发学生创新的欲望，培养学生勇于创新的品质。司马光编《资治通鉴》用了 19 年，曹雪芹写《红楼梦》用了 10 年，达尔文写《物种起源》用了 20 多年，任何一项成果都是人们坚持不懈的结果，从而培养学生坚强的意志品质和积极进取的人生态度。

在教学中用历史人物对学生进行品德教育，学习历史人物的优秀品质，通过一个个杰出人物的事迹激励中学生为正义、为真理而奋斗，从而树立正确的人生观和价值观。

（二）从人物评价中学会思辨

初中历史课程标准对认识和评价历史人物从"知识与技能""过程与方法""情感、态度与价值观"三个维度提出了明确要求。因而，引导学生正确评价历史人物,对树立学生正确的历史观念,培养学生的历史学科素养和积极向上的人生观与价值观有着重要的现实意义。要全面地、辩证地、公正地看待历史人物。抛弃"所谓好就是绝对好;所谓坏就是绝对坏"的片面观点,站在大众的立场、时代的角度,以发展的眼光全面、客观地评述历史人物。例如,近代史上的左宗棠,他一面镇压太平天国,具有残忍性,但是另一面他又主张师夷长技,引进西方先进生产技术办洋务,是中国近代船政第一人,而且也是收复新疆抗击沙俄的民族英雄。上完《莫斯科公国》后,一位同学追着跟笔者说:"老师,我跟我爸的争论原来是我错了。""什么争论?""评价人,我认为人要么就是好,要么就是坏,学了伊凡四世,才发觉他虽然残暴但治理国家还是有一套的,所以对人要从不同的角度去看。"

每一位学生独特的现实生活和可能生活都是历史教学的依据,教师必须尊重每一位学生的独特性,学生不可能通过复制成人生活而成长,也不可能毫无保留地完全接受课程与教材,他们总是带着自己的背景经验,独特的个体感受历史人物。比如,在讲到《北洋军阀》这一课时,笔者讲了这么一句话:"在这种形势下,只做了83天皇帝梦的袁世凯在惊惧中一命呜呼了。"没想到有学生却在底下说:"要是我能当这么多天的皇帝已经知足了。"很明显,他有很重的英雄情结,但这种情结还不够明晰,他的话也引起了一些同学的赞同。这种情况下笔者当即决定,就此问题展开讨论,课堂一下子热闹了起来,大家各抒己见。辩论让这位学生认识到,每个人都有他存在的价值,不管是英雄人物还是普通民众,做一个对他人有用、对社会有用的人物,而不是只在乎一个空泛的名号。

历史学科的特点是它的过去性,由于历史年代的久远,使历史充满了厚重感,而历史事件本身又错综复杂,再加上人们对历史的解读往往带有某种偏见,中学生不免以他所接触的价值观来评价。这就需要老师的引导。对历史人物的评价我们也要客观、公正、全面。辩证地来看,作为老师要把人类永恒的价值观交给学生,使其建立起一种普遍的社会信仰。

三、历史人物的教学:主旨与方法

(一)讲历史人物要与内容主旨相结合

讲历史人物不是为讲而讲,要为内容主旨服务,这样才言之有物,一以贯之。无论是英雄人物、普通民众,还是个人或者群体,都要结合内容主旨选取,因目标而确立,不能杂乱无章,胡乱引入。

如《血肉筑长城》一课,其一,从社会阶层角度讲:在讲政治会战时,教师可以通过图片、故事等落实了不同人的抗战,有中国军人的英勇顽强、有民众的广泛支持,有国共两党的密切合作等;在讲军人时可以讲陆军、空军、海军,讲民众时可以讲学生、普通人、伤兵等。通过这样的设计让学生感受到在民族的生死攸关时刻,社会各阶层的人都动员了起来。其二,从战场的性质角度讲:有正面战场军人的作战,有敌后战场军人的作战。教师可以重点讲正面战场的作用,从三个方面突破,即中国军人的战线之长,规模之大,战况之激烈。其三,从地理范围角度讲:教师可以通过地图展现随着日本的不断侵蚀,全国各个地区的抗战态势呈现在学生面前,教师通过一张张面孔:牺牲的,没牺牲的,军人、老人、小孩、学生等,最后强化主旨:全民族的抗战,用血肉筑就的长城。

（二）讲历史人物要与过程方法相结合

讲历史人物并不只是让学生知晓人物的故事,更关键的是在过程中习得方法、体悟情感。如《古希腊文明》一课,笔者用荷马、施里曼、伊文思、亚里士多德,串起了整节课,落实了过程与方法目标和情感态度价值观目标。整节课思路清晰,穿插的人物细节也深深地抓住了学生的心。再如《多民族政权并立》一课,笔者运用诗歌引领学生感受岳飞的心情,感悟岳飞精神。

教师:（出示《满江红》）"靖康耻,犹未雪。臣子恨,何时灭！驾长车踏破贺兰山缺。壮志饥餐胡虏肉,笑谈渴饮匈奴血。待从头、收拾旧河山,朝天阙。"

这首岳飞《满江红》大家应该耳熟能详,请解释其中所言重大历史事件。

学生:靖康耻,即靖康之变,是指的 1127 年金攻破宋的都城东京,掳走徽、钦两帝,北宋灭亡之事。

教师:回答得很好。从这首词中你能感受到岳飞什么样的情感?

学生 1:岳飞想要重整山河、报仇雪恨的决心。

学生 2:感受到了报效君王的一片忠心和他豪迈的气概。

教师:很好。这首词蕴含了作者的浓厚爱国情,体现了岳飞的拳拳报国心。可以说,在我国古代诗词中,没有一首能比得上这首词所具有的激奋人心,鼓舞人杀敌上战场的力量,也没有一首比它更具有深远的社会影响！诗以言志,岳飞的精神感人至深。

教师要根据教学内容、学情,精选史料,善用史料,让历史人物以丰满的形象立在学生心里,使学生持久回味,有所感悟和启迪。

（三）运用时间轴讲清时代与人物的关系

历史人物是复杂的,不能脱离人物所处的时代去认识他,要让学生体会每一个人物的身上都深深打上了时代烙印,时代孕育了人物,人物造就了时代。如《马克思主义的诞生》一课,笔者用马克思贯穿整堂课。课前导言出示一段史料:

> 他是一位杰出的经济学家,却债务缠身,大半生穷困潦倒;他出身于中产阶级上层,却热情捍卫工人的权益。他一生清苦,颠沛流离。从来没有一个人像他那样,活着的时候受到各国政府——无论是专制政府还是共和政府的驱逐。他忍受着一般人难以想象的贫困、疾病、丧子、亡妻、嫉恨、诽谤的折磨,一生义无反顾地追求真理。(英国《焦点》月刊)

接着结合马克思的成长经历逐层展开,最后则利用时间轴进行课堂小结:从中国孔子的大同思想到马克思的共产主义思想,许多人为人类美好愿景而不懈奋斗过。出生于 19 世纪从农业时代到工业时代转型中的马克思,面对社会中工人阶级的苦难遭遇,不公正的社会现象,树立了为全人类谋福利的理想,克服了人生中一个又一个困难,勤奋钻研,著书立说,用自己的所思、所为推动社会不断向前发展。

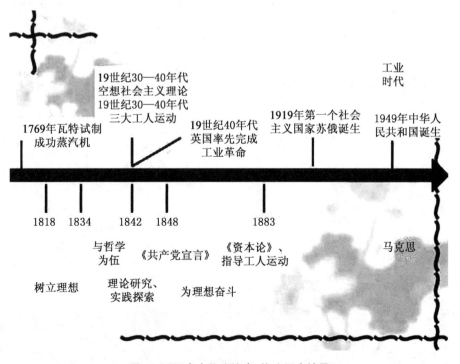

图 1　以历史人物为线索,构建历史情景

人性之光让历史更有温度,人性之光也将照亮学生的前行方向。历史教学中,学生对历史人物身上发生的故事充满着极大的兴趣,我们可以历史人物为线索,构建历史情景,引导学生跟着历史人物回到历史现场,感受他们经历的喜怒哀乐,感悟他们葆有的优秀品质,并习得评价历史人物的方法,以此感召学生稚嫩的心灵,融历史德育于无痕中。"渗透"是无为而为、不言而言的教育艺术,在课堂历史人物学习中对学生渗透历史德育,"随风潜入夜,润物细无声"是最好的写照。"渗透"不是一朝一夕的事,也不是在一堂课中就能达到目的,要使学生在潜移默化中逐渐领悟。

培养学生的历史理性与温情

青浦区第一中学　杨　静

治史谨严、理性，是史学的精魂；史学乃人群进化之学问，入世的温情镌刻在人与事之间。在过往中徘徊、研读，理性而温情，是在学史，更是在学做人。正因如此，历史学科承载人文素养的培育使命，且优势独特。中学历史教学中如何宣示、浸润理性与温情，本文以自身一堂高三历史复习课《汉武帝时代》为例，谈谈途径与方法，以及些许感受。

一、准确定位，抓住切口

"教，上所施，下所效也。"所以，教师作为教育活动的主导者，必须对教育对象、教学内容、教学方法等准确定位，才可能抓住切入口，顺学生之天性，浸润培育。《汉武帝时代》是高中分册2第3单元的第2课时，上承第8课《大一统帝国的重建》，下启第10课《东汉的兴衰》，主要叙述西汉中期武帝改革，将西汉王朝推向全盛，并对后世中国产生深远影响。这一时期，是中华文明的拓展上升时期，正面褒扬是其主色调。学生对汉武帝改革的背景、主要举措和影响，基本能理解和描述，难点在于真正用人的眼光和情感来体悟这段历史，真诚评价汉武帝的功过，形成情感共鸣。

基于上述定位，我所采取的策略是：教学重点：复习整理知识内容，弥补情感价值观教育，强化历史解释能力；突破点：正确评价汉武帝；突破方法：逐层铺设、补充细节史实。策略已定，如何实施呢？

二、择取典型，充分铺陈

教学是教师、教材、学生三者交互砥砺、螺旋上升的过程，学生的理解与体悟是教学成败的决定因素。为辅助学生贯通知识、理解体悟,逐层铺设是必要的。

第一,打开历史画卷,直面时代风云。人物都在历史的时空里,只有回到历史的现场,才可能真切触摸历史的脉搏,感悟人物的喜忧,牵动学习者内在的共情与冲动,引发理性而不冰冷、温情却不肆意的认知与评价。为实现这一愿望,我设计了两大环节:

环节一:质疑课题,厘清人物与时代的关系:

教师:第8课、第10课的课题分别是《大一统帝国的重建》《东汉的兴衰》,按照这个命名方式,第9课,你会给出一个怎样的课题?

学生:"西汉的强盛""西汉中期的强盛""西汉的兴衰";等等。

教师:(追问)但是教材以"汉武帝时代"命名,意图何在?

学生:"说明汉武帝很厉害";"汉武帝是一位英雄";"凸显汉武帝的历史地位";等等。

(设计意图:借助课题,定位汉武帝的历史地位,为品评汉武帝铺垫视野高度与情感色调)

过渡:汉武帝成为西汉中期的标识,一个时代深深烙下了汉武帝的个人色彩。那么,是怎样的一个时代锻造了这样一位君王?

环节二:概括社会特征,展示武帝处境:

教师:(呈现汉武帝即位时的社会现象)汉武帝继承了怎样一份政治遗产?

学生:从政治、经济、思想和民族关系角度,概括遗产与遗患(详见后表概括,此处略)。

(设计意图:基于事实,分析16岁天子的压力与条件,理解改革的必要,体悟其敢于直面与担当的品质,规避苛责古人的评价可能)

过渡:内外困局凝成的压力、丰厚物质给予的自信、少年天子拥有的意气,终于激发出非常之举,淬炼出非常之人。汉武帝将如何举措,呼应时代?

第二,详查人物举措,共情风骨担当。汉武帝是时代锻造的杰出君王,又因杰出而造就了一个时代;54年的君主生涯,力行改革,举措甚众,功业不凡。如何在有限的学习时空中帮助学生快速进入情景,理解汉武帝的思虑、情感和行为呢? 我设计的要点环节有两个:

环节一:逻辑整理改革举措,重现恢弘画卷:

教师:为解决上述问题,汉武帝采取了怎样的策略和措施?

学生:略(常规知识,非复习课要点,详见后表)

过渡:如此举措之下,西汉走向鼎盛,是不是也不过如此,大家觉得汉武帝也就只是一个遥远的、厉害的、冰冷的君王角色而已?

(设计意图:整理主要举措,积累史实,为评价其人做准备)

环节二:摘选典型细节,充分刻画人物形象:

补充1:讲述汉武帝打压游侠郭解的故事。

教师:听了这一故事,你有何想法?

学生:豪族势力很强大;汉武帝加强中央集权的意志力很强;等等。

补充2:简述田蚡、公孙弘等的故事。

教师:这些宰相的遭遇让你有何想法?

学生:汉武帝君主集权意识很强;汉武帝嗜权;汉武帝无情;罢黜百家只是强化集权的途径;等等。

补充3:简述汉武帝一朝匈奴实力变迁、轮台罪己诏、处死钩弋夫人等。

教师:这些信息让你产生什么想法?

学生:匈奴曾经异常强大,越发反证了汉武帝捍卫边疆的功绩;穷兵黩武;敢于且善于自省;在国家利益面前,汉武帝不顾惜个人美誉和爱情,有担当;等等。

(设计意图:以历史的细节勾勒汉武帝的性格,同时拉近学生与其的距离,体悟性格决定命运的道理;理解大一统君主制下,君主性格在某种程度上就是国家性格;理解在国家民族利益面前,不论平民还是君主,都应该勇于担当)

过渡:梁启超说:"时势造英雄,英雄亦造时势。时势所造之英雄,寻常英雄也。若夫造时势之英雄,则阅千载而未一遇也。"作为西汉中期的标杆性君主,我们应该如何评价汉武帝呢?

三、鼓励思索,温暖表达

历史是一种事实,它广泛存在于各类史书,客观且浩繁;历史是一种解释,它依赖研究者的才能与见识,在认知框架中将散落且枯燥的事实嫁接在历史运动的机体上,贯通脉络,重现温度,彰显人群集体的智慧得失,鉴往知来。从这个角度讲,对历史的阐发,最能将历史理解与顿悟显性化,最是学习者理性与温情品质的风向标。那么,如何将前面的整理、感悟转化成有效的评价呢?

我的策略是这样的:

第一,灯塔引导。基于历史解释的多样性和学生知识积累的有限性,为保障有限时空下探讨的效率,同时规避可能出现的偏执无效见解,有必要给出典型评论类的资料,塑成样例或靶子,指示学生评价的总航向。我的做法是的:呈现班固、司马光、赵翼、张跃等对汉武帝的评价和汉武帝的自评。

教师:以上各家对汉武帝的评价,其要点是什么?

学生:班固强调文治之功;司马光批评改革之弊,褒扬晚年休养之明;赵翼强调平患开疆之功;张跃强调制度构建之功;汉武帝强调稳定王朝之功;等等。

(设计意图:给出典型评价,既是确定航向也是塑造样例,以辅助学生有效做出历史解释)

教师:(追问)你如何看待他们观点的差异?

学生:时代、立场、史料占有等的差异。

教师:(补充)班氏是刘汉王朝兴盛的受益者,在客观叙述之际,挣不脱对汉武帝的褒扬情愫;司马光作为熙宁变法的反对者,编修《资治通鉴》为的是"有资于治道",阐发他经世致用的旨意;赵翼亲历乾隆西北用兵准噶尔,对平定疆土、捍卫国家有深切的感触,故而对汉武帝开疆拓土有着特殊的情怀;张跃作为当代研究者,更关切汉武帝在制度这一领域对中国封建制度的建树。

(设计意图:分析形成差异的原因,补充相关资料,领悟历史解释的逻辑理性和关照现实的时代情愫、家国情怀)

教师:(追问)结合所学和上述史料,你如何评价汉武帝?

第二,充分留白。确定历史解释的主色调后,要给出充分的时间和空间,让学生可以咀嚼史实,反刍况味,梳理思绪,形成解释。这一环节上,我布置了一个任务:

任务1:请整理相关史实,并拟出评价角度。

(设计意图:方法引导,留白时间,让学生充分整理,为客观且温情的历史评价做好准备)

第三,各抒己见。在明确的史实和正确的价值观基础上,教师适当退出,给学生充分的舞台,输出自己的个性见解。

任务2:请基于史实评价汉武帝(见表1)。

表 1　基于史实评价汉武帝

	时代背景	汉武帝改革		评　价
问 题	王国尾大不掉	基本策略	有为	功(主要)： 对汉朝而言,开创汉朝盛世;对中国而言,完善政治制度,奠定疆土框架,催生汉族形成,促成民族融合,凿空丝绸之路 过(次要)： 穷兵黩武,迷信鬼神,擅权专断
	豪族势力膨胀	统治思想	罢黜百家独尊儒术;儒表法里(统一思想)	
	主导思想缺位	政治上	在中央设内朝(强化皇权);在地方推行刺史制度、推恩令(加强中央集权)	
	匈奴侵扰不断	经济上	代田法(新的农业耕作法);楼车(新的农业生产工具)	
条 件	社会经济复苏;财富日臻丰厚	民族关系	对匈奴,三次战争(解除边患);对西域、河西四郡(拓展领土)	
		对外关系	凿空丝路(联通东西)	

(设计意图:引导学生基于事实,深刻认知,准确表述,提升评价诠释能力,养成理性客观、温暖宽容的学习品质和为人品质。这里附上学生的评价两篇)

篇 1:

　　汉武帝是一代杰出君主。他少年即位,面对王国尾大不掉、匈奴侵扰不断等问题,借助汉家 70 余年积累的财富,锐意改革:思想上罢黜百家、独尊儒术,统一思想,儒表法里,务实精进;政治上,在中央设内朝,分夺相权、强化皇权,对地方,颁行推恩令,削弱王国,实行刺史制度,强化监督,加强中央集权;经济上,推行代田法、楼车等新的耕作方法和技术,推动农业发展;在民族关系上,击打匈奴,解除北部边患,设置河西四郡,拓展疆土,加强民族融合;在对外交流上,凿空西域,推动了中西方交流。这一系列举措使西汉声名远播,走向盛世。当然,汉武帝也有擅权专断、穷兵黩武、迷信鬼神等问题,但他晚年轮台罪己,奠定宣召时期休养生息的政治方向,甚至处死宠妃钩弋力图规避吕后覆辙,又说明汉武帝有非常之智慧、手段和毅力,为刘汉天下甚至不惜自己的声誉与情感。从这个意义上讲,汉武帝是当时中国杰出的政治家。

篇 2:

　　汉武帝 16 岁登临天下,凭借少年意气和半个世纪的坚守,力行改革,在思想上确立了汉家统治哲学和社会主流思想,使天下有所守;在政治上加强了皇帝之下的中央集权,消除了地方分裂因素;在经济上持续推动了经济增长和社会发展;在民族关系上加强了民族的交流和融合;在对外交流上促成了陆上丝绸之路的发展,推动了中西方交流。由此,西汉走向强盛,声名远播。所以汉武帝政绩卓著,成就一个王朝的繁荣富强;功业非凡,造就一个民族的疆域架构。当然专擅独断、穷兵黩武、穷奢极欲、信或神怪、刚愎无情等,这是汉武帝的另一面,一度使得西汉百姓疲敝、帝国危殆。但我们又觉得汉武帝除了是一位君主外,也是生活在时代中的活生生的人,他开创西汉中后期的休养生息国策,及时挽救国家与民生,又显示出了"造势之英雄"的智慧和担当。综上,我们觉得汉武帝可以担起"千古一帝"的美誉。

理性是钢刀,它能让我们解构庞杂、洞察真相;温情是人性,它能让我们共情联动、豁达包容。两者兼具才是智慧成长的人。历史学,在往昔的人与事中探求,养育着研究者以及学习者的理性与温情。可以相信,一个高三学生今朝在书页间这般对待古人、前人,明日即可能在生活中和事业上这般对待身边人、所有人。历史教师的愿望与乐趣尽在此矣。

地史不分家　育人更到家

蒙山中学　梁艳辉

地理学科,著名科学家钱学森称它是"开放的复杂巨大系统"。我国古代的史学家司马迁在史学研究中非常重视自然环境的作用与人地关系,他治学有一句名言,即"究天人之际,通古今之变,成一家之言"。地理教材中蕴含的大量内容与历史有关,在地理教学中紧扣教学内容,挖掘地理课程中的历史史实,借助历史人物、历史事件等向学生传递正确的人生观、价值观和人地观,是我的一种尝试。本文以沪教版六年级(上)《澳大利亚》一课为例,谈谈地理教学中如何应用历史史料,更好地落实育人的宗旨。

一、历史人物扬精神

美国教育家杜威认为,历史学科是塑造人的道德品质的最优学科,人类的所有道德规范都能够从历史中找到典范。很多的历史名人,都具有非常优秀的品质,讲礼貌、诚实、团结、不畏艰难、有毅力、敢于面对挫折、积极向上、对科学探索精神,等等。而这些,恰恰是现在的一些学生所缺失的,遇到一点点困难就放弃,遇到挫折就哭鼻子,缺乏持之以恒的毅力。而单纯的说教总是显得那么苍白无力。在《澳大利亚》一课的学习中,我在开始的引入部分讲述了詹姆士·库克船长率领船队克服大风、大浪,艰难绕过暗礁险滩,和船员们一起历经千难万险,最终找到了传说中的"南方大陆"。具体内容如下:

第一环节(引入部分):发现新大陆。利用澳大利亚国旗左上角的图案是什么含义设置悬念。讲述历史故事——"南方大陆的发现":

公元2世纪,古希腊的地理学家托勒密结合前人的成绩进行了综合和概述,预言在印度洋的南面有一块"未知的大陆"。15—17世纪,在开辟新航路的热潮中,欧洲的许多探险家和航海家根据托勒密的理论不断地去南大洋寻找"未知的南方大陆",英国海军和皇家学会共同推荐天文知识丰富的杰出航海家和探险家皇家海军军官詹姆士·库克船长。于是,在历经 10 个月的与海上风浪斗争后,在 1769 年 6 月 3 日,船队一行人到达南太平洋预定地点观察"金星凌日"现象结束以后,根据海军军部的密函继续寻找"未知的南方大陆"。历经千难万险,1770 年 8 月,自古以来的"南方陆地之谜",终于在库克船长的手中解决了,并将其命名为"澳大利亚"。这块陆地的周围是茫茫海域,像茫茫大洋中的孤岛,与其他大陆分离开来。

通过讲述历史故事,设置教学情景,接下来的教学活动便围绕库克船长发现的新大陆这一历史大背景展开。引入这样一个关联性强的历史故事,在激发学生学习兴趣的同时,库克船队的优秀品质潜移默化地影响了学生。长此春风化雨,润物无声,优秀人物的品质就会得到强化;而如此反复进行,学生的优秀品格就会初步形成并固化。初中学段国家地理教学中涉及的名人很多,如德国的马克思、美国的华盛顿、印度的甘地等不胜枚举,可以根据需要适当引用相关资料。

二、历史故事育责任

苏联教育家马卡连柯明确指出:"培养一种认真的责任心,是解决许多问题的教育手段。"所谓责任心就是责任感,是指个人对自己和他人、对家庭和集体、对国家和社会所负责任的认识、情感和信念以及与之相应的遵守规范,承担责任和履行义务的自觉态度。历史学科是人文科学的主要组成部分,它几乎包含了人的行为和思想的各个方面,我们个人要从丰富的史料内容中汲取精华。也正是在这份对国家、对船队以及对自身的强大责任心的驱使下,库克船队才开始了对发现的南方大陆的探索,所以我接下来的教学环节是这样设计的:

第二环节:探索新大陆。为了将新大陆的现状准确地汇报给英王,库克船队开始了他们的探索之旅。在库克船长的探险没有开始之前,学生根据自己的日常累积,谈谈对澳大利亚动物、植物、地貌和民俗的了解;接下来同学们再和库克船长一起探究澳大利亚的以上内容。库克船队在对南方大陆的考察中,他们发现了什么呢?

在库克船长的日记中他记述了当地土著人创造的灿烂文明和自然条件。

他们对大堡礁、土壤、地形、植被、河流、山脉都进行了勘察，发现了许多珍奇动物和植物。动物有考拉、袋鼠、鸸鹋等；植物有椰树、桉树、樱桃树、棕榈树等。（一边讲述，一边PPT播放相应的图片）之后，请同学们快速浏览课本相关内容并谈谈哪种动物最吸引你和原因。展示其特有的动物图片，并引导学生分析这里有珍稀而古老的动物的原因，培养学生的探究意识，对科学的追根究底的态度。这块谜一样的大陆除了有许多古老的动物之外，还有美丽的海岸、广阔的草原，当地土著人也创造了光辉灿烂的文明，并展示相关图片。通过观察直观的图片，培养学生的感性认识。

通过第一环节的铺垫，设计相关问题——引导学生思考，再从史料中获得地理知识中没有的育人价值，从库克船长身上获得对祖国对集体的责任意识，感悟库克掷地有声的高大形象。如果心中没有那份信念，库克船队就不会冒着生命危险与暗礁、风浪搏击；如果没有那份对国家的使命感，库克船队也不会花费一年的时间绕陆考察。学生会由彼及此，由库克船长联想到自己，由英国联想到祖国，爱国情感油然而生。"少年强则国强"的意识逐步强化。初中地理教学中在学习人文地理和我国地形地势、河流湖泊时，适时讲述灿烂的中华五千年的文明与历史人物的丰功伟绩，不仅可以增加学习兴趣，还可以在一定程度上帮助学生树立责任感与爱国情怀。

三、历史情境寓真情

心理学认为，情境是对人的直接刺激作用有一定的生物学意义和社会学意义的。在初中地理课堂教学中根据课堂教学的内容、教学目标、学生基础和特点，适当运用历史资料营造促使学生感知、理解、运用教学内容的课堂氛围，设置能引起学生情感变化的具体历史情境，激发学生乐学、好学的态度。例如，在澳大利亚的地理位置的学习过程中，教师紧接上一环节设置了激起学生兴趣的教学情境，具体内容如下：

第三环节：定位新大陆。如果你是库克船长，你如何把你发现的这块大陆的位置汇报给英国的王室呢？PPT出示地图册第31页"澳大利亚的地形图"，学生从不同角度描述澳大利亚的地理位置，从而知晓澳大利亚的地理位置，也复习巩固了地理位置的描述角度及方法。

思想家孔子曾说："知之者，不如好之者；好之者，不如乐之者。"在分析澳大利亚地理位置的过程中，设置这样一个教学情境，将原本枯燥的教学内容镶嵌在一个多姿多彩的背景中，为学生的学习塑造一个优质的生活世界，学生会自觉自愿地投入到学习活动中，培养了乐学的品质，从而主动地去理解信息、加工信息、建构知识。初中地理教学中有很多知识点可以放置到历史背景中，如讲述京杭大运河和"天府之国"四川盆地在农业和经济方面发挥的作用时，将其放在水利工程开通的时代背景之下，学生更容易理解和掌握，学生也更乐于主动去探究。

四、历史过程铸和谐

和谐是人地关系中追求的理想境界。人地关系是指人类与自然环境之间互感互动的关系，一方面反映了自然条件对人类生活的影响与作用，另一方面表达了人类对自然环境的认识与把握，以及人类活动对自然环境的顺应与抗衡。地理环境是人类社会的永恒载体，是社会历史发展的背景与舞台。社会历史的进程不能脱离人类在时空上所处的特定地理条件，历史上人类的一切活动都必须在地理环境之中进行，并与之发生水乳交融的关系，从而形成丰富多彩的人文地理。因此，借用历史演变进程可以更好地辨析人地关系，有利于人与自然的和谐统一。如在澳大利亚的自然环境与经济部分的内容教学中，我从英国对这片处女地的认识与开发说起，具体如下：

第四环节：认识新大陆。由于澳大利亚距离英国十分遥远且荒凉落后，所以英国人首先把澳大利亚作为一个流放囚犯的地方。1788 年 1 月 18 日，英王派遣由菲利浦船长率领的船队共 1 530（736 名囚犯）人抵达澳大利亚的植物学湾（Botany Bay），也就是后来人口不断增长而成为澳大利亚现在的第一大城市和最大港口悉尼。探究菲利浦船长选择在悉尼落脚的自然原因。根据课本第 89 页"澳大利亚降水量图"分析澳大利亚的降水分布特征以及气温分布特征，根据地图册第 31 页"澳大利亚的地形图"分析澳大利亚地形地势特征。通过读图活动，找出适宜人类居住和开发的区域，并从地形、气候等自然要素方面进行分析，阐述理由。

第五环节：开发新大陆（第一阶段）。1790 年第一批来自英国的自由民移居澳大利亚，以悉尼为中心，逐步向内陆发展，人们在长期的发展中发现养羊业更适合这片土地，至 1819 年，澳大利亚的畜牧业代替了种植业已有了较大发展，这是自然环境选择的结果。而现在它已经成为"骑在羊背上的国家"，是环境与历史进程反思的产物。这部分重探究澳大利亚发展养羊业的优越条件。利用"澳毛"一词的由来,介绍澳大利亚的羊毛产量和出口量情况,表明它是一个畜牧业尤其是养羊业十分发达的国家。

第六环节:开发新大陆(第二阶段)。19世纪50年代开始,大批来自欧洲、美洲和中国的淘金者开发许多金矿和其他大量矿藏。根据地图册第32页"澳大利亚矿产资源分布"寻找澳大利亚有哪些矿产资源,根据课本第90页"澳大利亚露天铁矿图片"分析澳大利亚铁矿资源埋藏特点。发现这些自然资源,让澳大利亚迅速致富和发展,这是自然资源影响的经济产物,而如今的"坐在矿车上的国家",又是环境作用与社会历史进程的结果。利用上海宝山钢铁公司从澳大利亚进口铁矿石这一事例说明澳大利亚的矿产的产量和出口量情况。

以上在认识新大陆这一环节中,主要学习了澳大利亚的地形、气候等自然环境,体现了自然环境对人类活动的影响;在开发新大陆这一环节中,了解澳大利亚利用丰富草场、土地和矿产资源优势发展农牧业和工矿业,以实例理解因地制宜发展经济时自然环境和资源起到的关键作用;而在漫长的历史中,人类活动对畜牧业以及矿业发展产生的巨大影响,体现自然环境与人类活动是相互制约、相互作用、相互依托的关系。通过澳大利亚环境、资源与经济发展的历史及现状之间关系的学习,学生感知到人类和自然要和谐发展,必须在认识自然的基础上改造和开发自然,要因地制宜适度开发,才能创造一个和谐的人地关系,自然环境才会更好地服务于人类,否则将会受到自然环境的惩罚。如《黄河》一课中,我们也离不开对黄河流域历史的了解,从新石器时代的优越生态环境到隋唐开始的滥垦滥伐盛行,导致历史上黄河多次泛滥成灾及现如今下游河段的"地上河"隐患,从历史演变的时间动态角度分析黄河"地上河"形成的原因,使学生对人为活动造成的生态环境破坏的认识更加深刻。通过事物的历史演变过程,学生更容易形成人地和谐发展观,树立保护环境、尊重自然的意识。

总之,地理学科巧妙引入历史资料,对地理课堂的育人效果起着有效辅助与不可替代的作用。在初中地理教学中,教师充分挖掘地理学科蕴含的历史资源,适时、适当地将真实的历史事件、人物融入到地理知识教学中,将历史知识与地理教学有机结合起来,达到一定的育人效果,让历史资料中发挥的德育内涵真正转化为学生心悦诚服、自觉秉持的德行操守,逐渐形成正确的人生观、价值观、人地观。

例 说 与 实 录

对真理的热爱就体现在:知道怎样去发见和珍视每一事物的好处。

——歌德

心系天下、脚踏实地的诸子百家

存志实验中学　孙庆艳

一、案　例　说　明

（一）目标阐释

心系天下，是中国传统文化的重要价值观念之一，也是探究历史应有的人文追求。《礼记·大学》中记载："古之欲明明德于天下者，先治其国；欲治其国者，先齐其家；欲齐其家者，先修其身。"可见，修身、齐家、治国平天下，是中国文人志士的毕生理念。以天下为己任，关心天下苍生，关心人民疾苦，关心国家兴亡。我国在几千年的发展历程中，积淀下众多优秀传统文化，这些优秀文化孕育了一代又一代的伟人。对于当代中学生而言，要有心系天下、关怀社会的意识，要有一身的浩然正气。

历史文化是建构文化自信的历史要求，优秀传统文化是中国最深厚的文化软实力。对学生进行优秀文化的教育和熏陶，能够塑造他们健全的人格，培养他们积极进取的人生态度。春秋战国时期，生产力快速发展，商业繁荣，城镇兴盛，传统的社会秩序受到猛烈冲击，整个社会处于大动荡，呈现诸侯称雄争霸的时局。在列国纵横捭阖的纷争中，士人四处游说、讲学，宣传自己的主张，思索国家的前途、人生的意义，由此形成了百家争鸣的局面。了解孔子与《论语》，以及百家争鸣的思想成就的基本史实是初中阶段的学习要求。本课的德育目标，是要求学生感受诸子百家对解决社会问题的责任感，感知他们心系天下、关怀社会的人文追求。

（二）实施路径

在知识与技能方面，高中阶段对学生的要求是了解社会大变革，理解儒、道、法家的思想主张,感受"和而不同""和谐共生"的传统文化精髓;对初中生的要求是了解孔子与《论语》,知道诸子学派的代表人物、著作,从中感受诸子百家对解决社会问题的责任感。基于此目标,本课将通过5个知识点进行渗透:通过讲述孔子创办私学和《论语》的教育思想,让学生了解孔子的文化成就;通过展示《孟子》著作中的故事,了解孟子的文化成就;通过孔子与老子的对话,了解老子的文化成就;通过庄周梦蝶的故事,了解庄子的文化成就;通过郑人买履的故事,了解韩非子的文化成就。

在过程与方法方面,初中阶段对学生的要求是懂得文献、著作是获得史料的基本途径,即:通过《杏坛讲学图》和《论语》经典名言,来了解孔子的文化成就,感知孔子心系天下的胸襟;通过分析《孟子·梁惠王上》中的故事,感知孟子的仁政理念,心系天下苍生的品德;通过同学讲述庄周梦蝶的故事,感知庄子的人生理念;通过韩非子书中"郑人买履"的故事,感知韩非子对社会的认知。

二、案 例 呈 现

(孔子开办私学,留下《论语》)

教师:这位老者是谁?(出示吴道子画的孔子图像)

学生:孔子。

教师:谁来描述一下孔子的形象?

学生:他戴着巾帕,穿着袍服。

学生:他身体向前倾,行叉手礼。

教师:孔子被称为万世师表,一生谦虚、好学。西周末年,由于政局的动荡和王室的衰微,出现了文化下移的历史趋势,即所谓的"天子失官,学在四夷"。孔子从少年时期就饱读诗书,娴熟礼乐。在他30岁时,就设杏坛讲学。孔子招收的弟子,有贵族子弟,如孟懿子、南恭敬叔等,有贫寒学子,如颜回、子路、曾参等,可见他认为教育的对象应该是谁?(出示孔子杏坛讲学图)

学生:所有百姓。

教师:西周时期教育的特点是学在官府,只面向贵族子弟,但孔子认为,不论贵贱贫富,人人都应有受教育的机会,主张有教无类。相传孔子有3 000多弟子,72高足。孔子发现学生子路勇敢直爽但过于鲁莽,子贡性格开朗但是过于言辞,针对他们不同的性格,孔子采用了不同的教学方法,这称之为什么教学方法?

学生:因材施教。

教师:非常好。孔子在教育思想和教育方法等方面有自己的独到见解,许多论说成为后世名言。孔子去世后,他的弟子和再传弟子把他的言论编辑为一本书。这本书是什么名字?

学生:《论语》。

教师:大家可以说说它的经典语句吗?

学生:学而时习之,不亦说乎? 有朋自远方来,不亦乐乎? 人不知而不愠,不亦君子乎?

学生:士不可以不弘毅,任重而道远。

教师:一个士人,一个君子,必须要有坚韧的品质,因为自己责任重大。孔子在路过泰山遇到一名身世凄惨的妇女,发出苛政猛于虎的感慨。希望国君用仁义来关爱老百姓,任用有德之人,以礼治国,由此创立了儒家学派。

(孟子提出"民为贵,君为轻")

教师:孟母三迁的故事我们知道了,来了解一下孟子。(出示孟子画像)

教师:孟子的代表作品是什么?

学生:《孟子》。

教师:在《孟子·梁惠王上》中有一段这样的对话,孟子和梁惠王在谈论治国之道:

> 孟子问道:"用刀子杀死人跟用苛政害死人,有什么不同吗?"惠王说:"没有什么不同。"孟子说:"(惠王)厨房里有肥嫩的肉,马棚里有壮实的马,(可是)老百姓面带饥色,野外有饿死的尸体……野兽自相残食,人们见了尚且厌恶,而身为百姓的父母,施行政事,却不免于率领野兽来吃人,这又怎能算是百姓的父母呢?"(《孟子·梁惠王上》)

教师:与孟子交谈的是谁?

学生:梁国的国王,梁惠王。

教师:孟子认为惠王的生活怎么样?

学生:厨房里有肥嫩的肉,马棚里有壮实的马。

教师:那孟子认为百姓的生活怎么样?

学生:老百姓面带饥色,野外有饿死的尸体。

教师:孟子对国君持什么态度?

学生：持批评、挖苦的态度。

教师：你推测一下孟子会给国君哪些建议呢？

学生：国君要做一些有利于老百姓的事情，比如鼓励发展农业生产。

学生：国君要教化老百姓，要让百姓团结友爱。

学生：国君要减少战争，热爱和平。

教师：孟子生活在诸侯争霸的时期，作为一位有抱负的政治家，他把孔子"仁"的理论发展为"仁政"思想，力图将儒家的政治理论转化为具体的国家治理主张，让国君施"仁政"于天下。

（老子指出：水善利万物而不争）

教师："祸兮，福之所倚；福兮，祸之所伏"。这是谁最早提出的？

学生：春秋时期的老子。

教师：老子的代表作是什么？

学生：《道德经》。

教师：在《道德经》第八章记载了一个这样的故事：有一次，孔子对老子说，我担忧大道不振兴，仁义不施行，国家战乱不停止，而自己却不能做些什么。老子说，那你就学学水的品德吧。"水善利万物而不争，处众人之所恶，故几于道。居善地，心善渊，与善仁，言善信，政善治，事善能，动善时。夫唯不争，故无尤。"水具有哪些品德值得我们学习？

学生：去众人不愿意去的地方。

学生：要像水一样安于谦卑。

学生：心要像水那样深沉。

学生：交友要像水那样相亲。

学生：言语要像水那样真诚。

学生：为政要像水那样有条有理。

学生：办事要像水那样无所不能。

学生：行为要像水那样待机而动。

学生：要像水那样与万物无争。

教师：同学们说得都非常好。老子把道比喻成水，老子认为道无形无象，无处不在，又无时不在，无始无终。无为是道之子，是道的本性，"道无为而无不为"，它什么也不做，但什么都做成了。道转化到人身上，人们则"为无为，则无不治"，人们只要坚持无为的原则，什么事情都能做好，因此老子创立了道家学派。

(庄子的"逍遥处世")

教师:听说过"庄周梦蝶"的故事吗,哪位同学讲一下。(出示庄子画像)

学生:庄周梦见自己变成一只蝴蝶,飘飘荡荡,十分轻松惬意。他这时完全忘记了自己是庄周。过一会儿,他醒来了,对自己还是庄周感到十分惊奇疑惑。他认真地想了又想,不知道是庄周做梦变成蝴蝶呢,还是蝴蝶做梦变成了庄周。

教师:我们把掌声送给这位同学,真棒! 庄周梦蝶出自《庄子·齐物论》。庄子学识渊博,但是轻视名利。楚威王派使者带厚礼请他去做相国,他对使者说,你赶快给我走开,不要侮辱我。我宁愿像乌龟一样在泥塘自寻快乐,也不受一国之君约束,我一辈子不做官,让我永远自由快乐。他发展了老子的思想,他主张君主应该无欲、无为、渊静,他提倡顺其自然。庄子塑造的人生境界,是飘逸、灵性的洒脱。

(韩非子认为要适应社会变化)

教师:通过这段材料,可以看出韩非子在嘲笑什么样的人?(出示材料)

> 郑人有欲买履者,先自度其足,而置之其坐。至之市,而忘操之。已得履,谓曰:"吾忘持度!"返归取之。及返,市罢,遂不得履。人曰:"何不试之以足?"曰:"宁信度,无自信也。"(《韩非子·外储说左上》)

学生:墨守成规、不懂得变通之人。

教师:韩非子认为怎样的人才能立足社会?

学生:认识到社会不断变化、历史向前发展的人。

学生:要有一定的权术手段的人,而不是迂腐之人。

教师:很好。韩非子由此提出加强中央集权的观点,成为法家代表人物。总的说,春秋战国是一个史诗般生机勃勃的时代。社会的大动荡,引起了诸子百家的思考,尤其是对国家命运、人生意义的思考。孔子、孟子等儒家学派,老子、庄子等道家学派,韩非子的法家学派等,纷纷著书立说,抨击时政,关爱百姓,宣扬治国理念,关注天下局势。他们这种心系天下、脚踏实地、积极进取的人生态度是我们的榜样,我们应该学习他们,从小培养这种人生态度,将来勇敢地承担起时代赋予我们的使命。

学习祖冲之执着追求的精神

亭新中学　马红梅

一、案例说明

（一）目标阐述

执着是一份长期坚持，它体现的是一种极强的意志力，往往与成功联系在一起；执着也是一股力量源泉，更是一种民族精神。古有荀子"锲而不舍，金石可镂"的千古名句，近有英国作家约翰生"成大事不在于力量的大小，而在于能坚持多久"的励志名句，正是对执着一词的理解与诠释。古往今来，但凡成就大事业的伟人无不执着、无不奋斗、无不努力着，他们身上所表现出来的坚韧不拔、顽强拼搏、自强不息、执着追求的优秀品质是世界文明宝库中璀璨的明珠，这些历史文化中积淀的精神品质可以作为一种时代精神代代传承下去，这也是对当今中学生的历史学科核心素养的内容之一，要求学生树立文化自信，确立积极进取的人生态度。

秦汉魏晋南北朝时期是中国古代科技体系的形成时期，当时这些科技成果达到了世界领先水平，这是中华民族智慧的结晶，是炎黄子孙的骄傲。而这些成果的获得离不开科学家们坚持不懈的努力和辛勤劳动的汗水。了解祖冲之在计算圆周率和修订历法方面的成就，知道"祖率"的历史地位是初中历史学科教学的基本要求。本课的德育目标是要求初中学生学习祖冲之等古代科学家顽强的毅力和严谨的科学态度，培养学生坚韧不拔的毅力和对科学事业的执着追求精神，树立起对科学的热爱和追求，燃起为祖国的繁荣昌盛贡献自己力量的一份热情。

（二）实施路径

在知识与技能方面，高中阶段对学生没有提及三国两晋南北朝时期的科学技术的发展,初中阶段要求比较简单,就是知道"祖率"及其领先地位。本案例就从祖冲之计算圆周率和制定《大明历》之间的关系、其间经历的困难和这两项成就带来的影响三方面来阐述。

在过程与方法方面,初中阶段对学生的要求是"从时代特征、社会地位、文化背景、思想认识等方面理解历史人物的作用与影响"。为了体现本案例中祖冲之对科学事业的孜孜不倦的执着的追求精神,笔者从以下几个方面进行点滴渗透:一是通过阅读古文献史料唐代魏征等所撰《隋书·卷十六·律历志》中的记载和南朝梁 沈约《宋书·卷十三·律历志》以及南朝梁萧子显《南齐书·祖冲之传》,了解祖率计算和历法制定的过程与成就,体现出他对科学事业的认真严谨的态度。二是通过分析我国著名数学家华罗庚先生的言论,推测了解祖率计算过程的艰辛,体悟出祖冲之坚韧不拔的毅力和对科学事业的执着追求精神。三是通过美国数学史家 H. 伊夫斯和英国科技史学家李约瑟两位西方学者对圆周率计算评价来理解祖率的影响力,感叹中国科学技术的伟大成就,增强民族自豪感。

二、案例呈现

教师:出示《祖冲之画像》,问:从祖冲之的眼神和神情来看,你觉得他是一个怎样的人?

学生:他的目光炯炯有神,神情坚定、刚毅,觉得他是一个刚正不阿的人。

学生:我觉得他是一个意志坚定的人。

学生:我觉得他是一个勇往直前、不怕困难的人。

教师:很好,同学们都看得很透彻,分析得很有道理。总的来说,他身上透着一股韧劲,由内而外焕发出一股精神力量,这股精神力量使他成为了博学多才的科学家。其中他的数学成就在全世界有着广泛的影响,那是什么成就呢?

学生:计算圆周率。

宋末,南徐州从事祖冲之更开密法,以圆径一亿为一,圆周盈数(过剩的近似值)三丈一尺四寸一分五厘九毫二秒七忽,朒数(不足的近似值)三丈一尺四寸一分五厘九毫二秒六忽。正数在盈朒二限之间。密率:圆径一百一十三,圆周三百五十五。约率:圆径七,圆周二十二。(唐 魏征等撰:《隋书·卷十六·律历志》)

教师:从材料看,祖冲之通过什么方法计算得出什么结果?

学生：更开密法。

学生：3.141 592 6＜π＜3.141 592 7。

学生：密率：355/113　约率：22/7。

教师：这两个结果在今天看来并不起眼，我们现在甚至可以依靠计算机将圆周率计算到 4.8 亿位值了，但是从历史的视角来看，他的计算结果到底有何意义或影响呢？

美国数学史家 H.伊夫斯在其《数学史概论》中说：

> 看来，在伊朗天文学家卡西（Jamshid Al-Kashi）大约于 1425 年发现 π 的精确到 16 位的近似值之前，祖冲之父子达到的 π 的精确程度未被超过。西方的数学家们大约直到 1600 年以前，没有超过祖氏的近似值。

英国著名科学史家李约瑟指出：

> 在圆周率的研究方面，中国人不仅赶上了在数学方面极富创造性的希腊人，并且在公元 5 世纪祖冲之和他的儿子祖暅的计算中又出现了新的跃进，从而使中国人领先了一千年。祖冲之所给出的密率 355/113 或 3.141 592 920 3，到 16 世纪末一直是举世无双的。

教师：这两位西方学者对祖冲之计算圆周率的结果做出了怎样的评价？为什么？

学生：他们对祖冲之的评价极高，因为他们认为祖冲之的计算结果在当时甚至之后的 1 000 年间"未被超越""一直是举世无双"的，在世界上具有领先地位，代表了世界最先进水平。

教师：对于如此高的评价，你们有何感受？

学生：祖冲之太了不起了，为中国人长脸了！

学生：我认为不仅是祖冲之的伟大，也是我们中国人的骄傲，更代表着整个中华民族的骄傲。

学生：我认为我们中华民族是一个极富创造力的民族，能够赶超其他国家，处于世界领先地位，值得我们骄傲和自豪。

教师：我们骄傲，我们自豪，仅仅是因为祖冲之计算出了领先 1 000 年之久的结果吗？

我国著名数学家华罗庚先生通过计算和比较后指出：

> 祖冲之的密率"355/113 惊人精密地接近于圆周率，准确到六位小数"，"是很不简单的事情"。（华罗庚：《华罗庚科普著作选集》，上海教育

出版社1997年版)

学生：不仅仅是精确计算出的结果，还是整个计算过程中付出的艰辛劳动是很不简单的事情。

学生：祖冲之生活在南朝，距今1 500多年，能精确计算圆周率到小数点后6位数是一件很不简单的事。

学生：当时没有计算器，用的是小竹棍做成的算筹，能算出如此精确的数值也是不简单的事。

教师：很好。让我们来想象一下，在1 500多年前的南朝，祖冲之日复一日，年复一年，不停地算呀、记呀，还要经常地重新摆放数以万计的算筹，最终他坚持了下来，出色地完成了一项伟大的工作。这需要具备哪些条件？

学生：需要聪明的脑袋，冷静的思考。

学生：需要掌握纯熟的理论和技巧。

学生：更需具备坚强的毅力，踏踏实实、一丝不苟的严谨态度。

教师：是啊，即使在今天，有了笔和纸的计算，也不是一件轻而易举的事情，没有坚持不懈的努力是完成不了如此伟大的工程的。那这个计算结果有何用呢？

> 约率和密率的意义远不止于是圆周率的近似值，……不但可以用来推算天文上的许多现象，而且还提出了用有理数最佳逼近实数的问题。
>
> （华罗庚：《华罗庚科普著作选集》，上海教育出版社1997年版）

教师：从数学家的角度看，它除了解决了数学问题外，还可以解决什么问题呢？

学生：天文上的许多现象。

教师：这是现代数学家华罗庚的研究发现，那么祖冲之当年研究圆周率是否跟天文有关呢？

> 至若立圆旧误，张衡述而弗改；汉时斛铭，刘歆诡谬其数，此则算氏之剧疵也。《乾象》之弦望定数，《景初》之交度周日，匪谓测候不精，遂乃乘除翻谬，斯又历家之甚失也。及郑玄、阚泽、王蕃、刘徽，并综数艺，而每多疏舛。（南朝梁　沈约：《宋书·卷十三·律历志》）

教师：从古籍文献记载来看，祖冲之计算圆周率主要是用于什么方面？

学生：历法方面。

教师：很好，那么他在历法方面最大的成就是什么？

学生:制定《大明历》。

教师:这是当时最为精确的历法。那么他为什么要修订这样一部历法呢?

学生:因为他发现张衡、刘歆、郑玄、阚泽、王蕃、刘徽等前人在计算圆周率以及研究历法方面存有谬误,他要修正前人的研究成果。

教师:对此,他又是怎么做呢?

> 臣博访前坟,远稽昔典,五帝躔次,三王交分,《春秋》朔气,《纪年》薄食,(司马)谈、(司马)迁载述,(班)彪、(班)固列志,魏世注历,晋代《起居》,探异今古,观要华戎。书契以降,二千余年,日月离会之徵,星度疏密之验。专功耽思,咸可得而言也。加以亲量圭尺,躬察仪漏,目尽毫厘,心穷筹策,考课推移,又曲备其详矣。(南朝梁萧子显:《南齐书·祖冲之传》)

学生:亲量圭尺,躬察仪漏,目尽毫厘,心穷筹策,考课推移,曲备其详。

教师:他详细研究了前人天象记录,对实际天象(晷影、漏刻、日月五星位置)进行了认真观测和精心计算,最终经过长年累月辛苦的劳动,成功制定出了精密的《大明历》。但是新历法的推行却遭到了大臣们的反对,一场唇枪舌剑在朝廷上展开了。大臣们一个个被祖冲之反驳得哑口无言。可惜的是,后来宋孝武帝驾崩了,没有颁布新历法。直到祖冲之死了 10 年之后,他创制的《大明历》才得以推行。历法与农业有着怎样的关系?

> 历法是为了配合人们日常生活的需要,根据天象而制订的计算时间方法。在中国,农业向来是经济的命脉,而农业依赖历法以计算季节的更替,因此中国采用的历法又称为农历。(香港天文台网页,http://gb.weather.gov.hk/gts/time/calendarinfoc.htm.)

学生:历法与农业生产息息相关,可以指导农业生产。

教师:历法的产生,是中国古人为了掌握农务的时间(简称农时),是长期观察天文运行的结果,所以,在一定意义上来说,中国古代天文学史就是一部历法改革史。祖冲之修订历法、推行历法是生产的需要,是推动人类经济生活的重要组成部分。

教师:无论是计算圆周率还是制定推行《大明历》,祖冲之在他的科学研究之路上并非一帆风顺,而是困难重重、阻力不断,但是他依然能够持之以恒,长期坚持下来,靠的是什么呢?

学生:祖冲之身上的一股精神——坚持不懈、执着追求的精神。

教师：作为当代学生，我们要怎么做呢？

学生：我们要学习他坚韧不拔的优秀品质，踏踏实实，一步一个脚印，坚实地走好人生的每一步，哪怕前方困难重重也要披荆斩棘，勇往直前！

学生：我们要坚信，坚持到底就是胜利。

教师：对，祖冲之身上折射出的这股力量是一股伟大的力量，他的执着、他的努力、他的坚持最终成就了他的伟大。英国作家约翰生说过："成大事不在于力量的大小，而在于能坚持多久。"的确，执着就是这样一种勤勉的跋涉，淡泊的心境，一种刚硬的精神气质，一种壁立千仞，无欲则刚的节操。而古往今来，但凡成就大事业的人无不执着、无不奋斗、无不努力着，他们身上所表现出来的坚韧不拔、顽强拼搏、自强不息、执着追求的精神品质，是中华文明宝库中璀璨的明珠，这种精神品质将世世代代传承下去，你们说是吗？！

继承和光大"求真"精神

漕泾中学　胡佳秋

一、案例说明

（一）目标阐释

从古至今,实事求是、求真务实的精神态度一直深深根植于中国文化之中。例如,以司马迁为代表的史官坚持实事求是,不虚美、不隐恶地记载着历史;以魏征、海瑞为代表的各朝各代官员,都敢于直言进谏,有时甚至不惜触怒龙颜,也要据理力争;中国历代思想家,像孔子、老子乃至后来的朱熹、王阳明等在其思想中纷纷提出要遵循自然规律,知行合一,实事求是。乃至到了当代,中国共产党也始终坚持着实事求是的思想路线,坚持从实践中检验真理,坚持一切从实际出发。此外,实事求是的求真精神也与我们历史学科的要求不谋而合,正如胡适所说,研究历史"有几分证据,说几分话"。而对当代中学生来说,身处纷繁复杂的社会中,无疑需要多一些实事求是的求真精神。

实事求是作为一种值得我们去学习的人生态度,在中学历史课程标准中,无论是初中还是高中,都有明确的要求。如初中阶段要求:形成尊重历史、求真求实,以及同人类文明进步相适应的情感态度与价值观。在《文化与宗教》一课中,西汉史官司马迁在写作《史记》时秉承了古代史官那种"秉笔直书"的史官精神,即实事求是地记载历史,并且这不仅仅是他在写作史书上的追求,还体现在他的日常为人方面。这是一种难能可贵的处世态度。相较于高中,初中的教学更侧重于历史人物本身,因此相应地淡化了历史人物所处的时代背景。本课的德育目标便是要求学生基于司马迁这一历史人物,学习他身上那种敢于说出事实,实事求是的求真精神。

（二）实施路径

在知识技能方面,高中教材中并没有司马迁与《史记》的相关内容,而初中阶段则要求学生知道司马迁的生平与《史记》的基本内容,并能理解司马迁写作《史记》时所遵循的准则。据此,本课选择了如下的知识点进行渗透:(1)通过教材中"崔杼弑其君"的故事,以此体现古代史官在写作史书之时即使冒着生命危险也要"秉笔直书",实事求是地说出事实。(2)通过司马迁对汉武帝"穷兵黩武,迷信神仙"的记载,反映司马迁的写作宗旨,将司马迁实事求是的求真精神与史官的身份结合起来。(3)通过历史上的"李陵事件",比较"李陵事件"中司马迁与文武官员不同的表现,反衬司马迁不仅在写作史书时有着实事求是的求真精神,而且在日常生活中也是如此,不怕强权,敢于说出事实,将司马迁实事求是的求真精神与作为普通人的司马迁结合起来。

在过程与方法方面,初中阶段要求学生能根据相应的史实,提取其中的历史信息,概括并理解司马迁写作史书时的特点。由此,本课便采取了以下方式进行展开:(1)运用讲故事的方法,讲述"崔杼弑其君"的故事,引导学生根据历史信息,概括出"秉笔直书"的内在含义:即实事求是地说出事实。(2)通过出示司马迁在《史记》中对汉武帝"穷兵黩武,迷信神仙"这一史实的记载,结合问题设计,让学生得出司马迁在写作史书时遵循着实事求是的准则。(3)通过讲述"李陵事件"这一历史史实,在激发学生兴趣,培养学生从中提取历史信息的能力基础上,了解作为普通人的司马迁在生活中也是如何不畏强权,坚持实事求是地说出事实的,进一步使学生感受司马迁这种刚正不阿、实事求是的求真精神。(4)联系现实生活,培养学生能够结合历史与现实,以史为镜,将历史中学到的知识运用到现实中去,融合于日常生活中。

二、案例呈现

教师:请同学们看一下"崔杼弑其君"的历史故事,然后告诉我,这个故事反映了我国古代史官的什么精神?

学生:"秉笔直书"的精神。

教师:对。那么"秉笔直书"是什么意思呢?

学生:把事情直接说出来。

学生:实事求是,事实是什么样的,写出来就是什么样的。

教师:大家说得很好。"秉笔直书"就是一种实事求是的精神,要把事实如实地记载下来,不夸大,不隐瞒。而也正是由于我国古代史官在写作史书时有着这种实事求是的精神,才有了浩如烟海的信史传于后世。

......

教师:请同学们阅读教材内容,找一找司马迁在《史记》写作中是如何体现实事求是精神的?

学生:司马迁坚持"直笔"记事,还敢批评汉武帝"穷兵黩武,迷信神仙"。

教师:如果我们联系刚才"崔杼弑其君"的情形,大家对司马迁的这一行为有什么担忧?

学生:会被汉武帝杀掉。

学生:汉武帝会不高兴。

教师:司马迁的确是冒着风险的,但他仍然坚持将这一事实记载下来。其实司马迁所遵循着的这种不虚美,不隐恶,实事求是的精神,不仅体现在《史记》的写作上,还体现在他日常的为人上。比如,历史上著名的"李陵事件"就是一个证明。当时的历史背景是,汉武帝为了抗击匈奴,派出了自己的小舅子李广利作为统帅,又召李陵为李广利押运辎重。然而,李陵自告奋勇,表示愿率5 000步兵,以少击多,直取单于。汉武帝有感于李陵豪壮之气便答应了,并另派一部队作为后援。随后在与匈奴的战斗中李陵率5 000步兵孤军深入,遇上了人数十倍于己的匈奴大军,死战多日,却始终不见事先约定好的后援,最终不得已投降匈奴。后来兵败的消息传到长安,汉武帝龙颜大怒,满朝文武也纷纷数落李陵,指责他的过错。同学们,现在假设你们当时也在场,而且是李陵的好朋友,你们会怎么做? 为什么?

学生:我会说他已经尽力了,他撑了好几天,因为没有后援所以才投降的。

教师:同学们,你们觉得刚才这位同学说的是不是事实?

学生:是。

教师:既然是事实,那为什么满朝文武不这么说?

学生:因为那些官员害怕汉武帝。

教师:为什么害怕汉武帝?

学生:因为汉武帝已经生气了,所以他们怕不这样做的话,汉武帝也会对他们生气。

学生:还有可能会被汉武帝杀了。

教师:那大家再进一步思考,汉武帝当时龙颜大怒的原因又是什么?

学生:李陵投降了。

学生:抗击匈奴兵败了。

教师:说得不错。正当满朝文武都在数落李陵之际,汉武帝又询问了司马迁的看法。有哪位同学知道司马迁是怎么说的吗?

学生:……

教师:司马迁大致意思是说李陵已经率军死战多天,最终没有后续部队迫不得已才投降的,而且自己作为李陵的朋友,深知他的为人,因此他很有可能是先投降,日后有机会再里应外合。概括起来,司马迁说的内容其实和刚才那位同学说的基本差不多,所以我再问大家,司马迁说的算不算事实?

学生:是事实。

学生:前半段是事实。

教师:这位同学听得很仔细。司马迁作为李陵的朋友,他的后半段话的确有可能是出于求情的原因所进行的推测。但司马迁的话中,事实成分还是占了很大比重的,而从当时的情况来看,说出事实有没有问题,或者说有没有错呢?

学生:我觉得没有。

教师:既然这样,那现在我们再一次回过头来看那些官员,他们为什么没有像司马迁一样实事求是地说出最基本的事实?

学生:因为他们迫于汉武帝的压力,害怕受到牵连。

学生:有可能会招来杀身之祸。

教师:在这种情况之下,司马迁却敢于实事求是,说出事实,所以大家觉得司马迁是一个怎样的人?

学生:勇敢的人。

学生:实事求是的人。

学生:不怕死的人。

教师:总结起来,司马迁就是一个刚正不阿,即使可能对自己不利,也要实事求是地追求事实的人。其实在日常生活中,司马迁与那些文武官员这两类人都有,大家觉得哪一类更值得我们学习?

学生:司马迁。

教师:司马迁是哪一类人?学习他的什么?

学生:实事求是,不怕牵连,敢于说出事实。

教师:对,大家说得很好。司马迁不仅在写作史书时实事求是,敢于求真,在日常为人上也是如此。对于今天的我们来说,应该继承和光大这种实事求是和求真的精神,无论是在学习的时候,还是在平时为人处事的时候,乃至在日后的工作中,都应该做到实事求是,做一个独立、正直、求真的人。

虚心接受他人意见的唐太宗

罗星中学 周 瑛

一、案 例 说 明

（一）目标阐释

虚心接受他人意见是一种美德。初中学生正处在世界观、人生观、价值观逐步形成的重要阶段，这一美德的培养有利于完善其人格。虚心接受他人意见，能使自己更容易增长知识，及时地纠正错误，因此能把事情做得又快又好；虚心接受别人的意见，是对别人的善意和知识的接受，也是对别人的尊重，同时自己的行为也会被别人认可和赞赏，所以说虚心使人进步。在历史上，不乏这样的例子：齐王虚心接受邹忌的意见，从而建设了一个相对和谐的社会；刘邦虚心接受谋士们的建议获得了天下，项羽刚愎自用失去了天下。这反映出：虚心接受别人的意见、建议，有利于自身素养的提高，进一步有利于社会的和谐与进步。而每一种美德都需要从小培养，让它成为一种良好的习惯。对于初一学生，我们就需要为他们树立一个榜样人物，了解榜样、学习榜样、拥有美德。

我国古代历史上最善于纳谏，虚心接受他人建议的代表人物是唐太宗李世民。唐太宗在位 23 年，虚心接受不止 35 位官员向他提出的建议，其中虚心接受大臣魏征一人的建议就有 200 多次。在唐太宗即位后的不长时间内，社会经济便得到了恢复和发展，出现了政治清明、社会秩序稳定和国家逐步强盛的局面。相较于高中，本课（初一）的德育目标以具体历史人物唐太宗为榜样，通过他的言行展现他的智慧与美德，要求学生以榜样为力量，在日常的学习和生活中，给自己时间，静下心来思考父母、老师和同学的建议，"有则改之，无则加勉"。历史告诉我们：听惯了谀辞的人常常狂妄自大，只有虚心接受批评的人，才能改正缺点，提升自己。更多人拥有这一美德，社会也会更和谐繁荣。

（二）实施路径

在知识与技能方面，初中阶段要求学生通过本课学习，知道唐太宗、魏征，了解"贞观之治"出现的原因。基于此目标，本案例从千古名言，即"以铜为镜，可以正衣冠；以古为镜，可以知兴替；以人为镜，可以明得失"入手，了解这一盛世局面的奠基者唐太宗李世民，在他执政期间"皇帝虚心接受他人建议，臣下积极提出建议"，这是"贞观之治"形成的主要原因，也是"贞观之治"的一大特色；再通过唐太宗虚心接受魏征的建议的故事，大臣裴矩在隋炀帝和唐太宗不同王朝、不同帝王手下为官的态度，引导学生更深地感受唐太宗的这一可贵品质，使这一时期出现了政治清明、经济发展、国家稳定、周边关系融洽、百姓安居乐业的盛世局面；最后通过独断专行、刚愎自用、拒绝纳谏的历史人物和事例，从反面证明虚心接受他人建议的必要性。

在过程与方法方面，本课案例针对的是初一学生，而这一课文又是初一第一学期的，学生刚刚接触到历史这门新学科，他们对历史非常感兴趣，但又缺乏对繁复史料解读的能力，所以在案例中，笔者选择了名人名言唐太宗的"三面镜子"，引出敢于提建议的魏征，也明确了唐太宗对这位敢于犯颜直谏大臣的肯定，把他视为一面能看到自己不足、督促自己进步的镜子，同时也逐步培养学生阅读史料的能力；又以初一学生喜欢的历史小故事形式串联，在抑扬顿挫、栩栩如生的一个个小故事中，培养学生口头表达能力，并在这过程中体会唐太宗宽广胸怀、虚心接受他人建议的人格魅力，逐步引导学生分析这一美德的益处：提升自己，与人和谐相处，开创盛世。再通过列举拒绝他人建议、刚愎自用的反面史实，帮助学生对比分析，得出培养虚心接受他人建议的重要性。最后，结合学生现在的生活实际，谈谈我们虽不是"帝王将相"，我们是普通公民，我们是否需要培养这一美德？为什么？引导学生将这一美德切实落实到行动中去。

二、案例呈现

教师：唐朝是中华文明发展史上的一个鼎盛时期，在世界上亦有重要影响，而唐太宗正是奠定这一盛世局面最重要的人物之一。唐太宗有一句千古名言："以铜为镜，可以正衣冠；以古为镜，可以知兴替；以人为镜，可以明得失。"请同学翻译成现代文。

学生:一个人用铜作镜子,可以照见衣帽是不是穿戴得端正;用历史作镜子,可以看到国家兴亡的原因;用人作镜子,可以发现自己做得对不对。

教师:唐太宗"用人作镜子",这里的人具体指的是谁?

学生:魏征。

教师:请一位同学来介绍你所了解的魏征。

学生:魏征早年投靠唐高祖李渊创建的唐王朝,为太子李建成做事。由于魏征才华出众,因此很受太子的器重。后来,李世民发动了"玄武门兵变",知道魏征是个人才,便亲自召见他。李世民一见魏征,就非常生气地责问他:"你为什么要离间我们兄弟的感情?"在场的大臣们都感到魏征会有杀身之祸。可是,魏征却从容自若,以非常自信的口气回答说:"如果皇太子早听我的话,肯定不会落到今天这样的下场。"李世民听后,被魏征的这种不畏强权的精神所打动,从心眼里钦佩他的人格。因此,不但没有处罚他,反而重用了他。

教师:唐太宗不计前嫌知人善用,重用了魏征;魏征又为什么赢得了唐太宗对他如此高的评价呢?

学生:魏征以实事求是的精神大胆向皇帝唐太宗李世民提出建议。在他任职的几十年间,先后向唐太宗进谏了200多次。

学生:有一年,唐太宗派人征兵。有个大臣建议,不满18岁的男子,只要身材高大,也可以征召。唐太宗同意了。但是诏书却被魏征扣住不发。唐太宗催了几次,魏征却还是扣住不发。唐太宗大发雷霆。魏征不慌不忙地说:"我听说,把湖水弄干捉鱼,虽能得到鱼,但是到明年湖中就无鱼可捞了;把树林烧光捉野兽,也会捉到野兽,但是明年就无兽可捉了。如果把那些身强力壮,不到18岁的男子都征来当兵,以后还从哪里征兵呢? 国家的租税杂役又由谁来负担呢?"良久,唐太宗说道:"我的过错很大啊!"于是又重新下了一道诏书,免征不到18岁的男子。

教师:是的,每一回唐太宗都慎重地思考他所提的建议,尽量采纳。唐太宗时还有一位大臣裴矩,原是隋炀帝的宠臣,在隋为官时,他处处阿谀逢迎,还为隋炀帝出过远征高丽等一些祸国殃民的主意。但在贞观时期,同样是这个裴矩,却能够勇于向皇帝提意见、提批评,他由隋朝的佞臣成为唐朝的诤臣,前后判若两人。为什么在唐太宗时会出现那么多敢于提意见和批评的大臣呢?

学生:唐太宗心胸宽广,能接受他人的批评和建议。

教师：唐太宗虚心接受他人建议这一优秀品质，为他自己赢得了什么？

学生：赢得人们对他的尊重。

学生：网罗了更多人才。

学生：更多的好主意，能集思广益。

学生：创造了大唐盛世。

学生：百姓安居乐业。

学生：社会和谐。

教师：在唐太宗即位后不长的时间内，社会经济便得到了恢复和发展，出现了政治清明、社会秩序稳定、周边关系融洽、百姓安居乐业，后人称这一时期为"贞观之治"。唐太宗能有这样大的政绩，其中一个重要原因就是用心聆听，虚心接受建议。这既是贞观之治出现的重要原因之一，也是贞观之治的主要表现之一。我们每个人都希望能赢得他人的肯定，当被表扬时，都心情愉悦，感觉太阳都更灿烂了，但当被提建议和意见时，你的心情是如何的呢？

学生：委屈，不高兴，我没错。

教师：让我们静下心来，想想唐太宗，高高在上大权在握的皇帝是怎么做的。他不管你是什么人，也不管你提意见的态度如何，只要你的意见是正确的，他都能虚心接受，他因此赢得了人们的尊重，开创了太平盛世。那么，反之会如何呢？请同学用历史史实来证明。

学生：隋炀帝讨厌别人指出他的过错，大臣们就拍马奉承，加速隋朝的灭亡。

学生：刘邦虚心接受谋士们的建议获得了天下，项羽刚愎自用失去了天下。

学生：唐玄宗李隆基前期虚心接受他人建议成就了"开元盛世"，后期排挤忠良，听信佞臣，不听逆耳言，结果发生"安史之乱"。

教师：读史可以明智，我们要学会以史为鉴。今天我们从这些历史事件历史人物，尤其从唐太宗身上我们能学到什么？

学生：当别人给我提出批评时，我要用心聆听，虚心接受。

学生：当别人给我提出批评时，我要克制怒火，回去再想一想，"有则改之，无则加勉"。

学生：我欢迎别人给我提出建议和批评。

学生：我也应该给我的朋友提提建议，让他也给我提意见，让我们一起成长。

教师：我们不是"帝王将相"，我们是普通公民，我们是否需要培养这一美德？为什么？

学生：需要。我们需要尊重别人，也需要赢得他人的尊重。

学生：虚心接受他人建议，使人进步。

学生：每人都进步了，我们的国家也会越来越强盛。

教师：说得非常好。就让我们以唐太宗为榜样，用心聆听老师、父母和同学的意见、建议，虚心接受他们的批评，及时纠正自己的错误。这不仅能不断提高我们自身的修养，也能使社会更加和谐、进步。

做一个促进民族团结的人

金盟中学　金慧巧

一、案 例 说 明

（一）目标阐述

民族团结，是指不同民族在社会生活和交往联系中的和睦、友好和互助、联合的关系，是如今我国处理民族问题的基本原则。中国历史是各民族人民共同创造的，由于历史渊源，华夏民族和各少数民族杂居共居，彼此间的交往不可避免，同时也关系到国家的稳定和发展。因此，民族问题不仅在现在被重视，自古以来就是各朝各代政治体制很重要的组成部分。我国古代有关民族问题的政策内容丰富，虽然也存在过歧视、压迫政策，但是有益于民族团结合作的内容始终是主流，历史上对于为民族团结做出贡献的人物基本也都给予了高度评价。统治者制定这些民族团结政策一般出于维护自身的统治利益考虑，但他们所起到的影响却常大于出发点本身。比如，为了民族之间的和睦相亲，封建君主们采用政治联姻，即我们常说的"和亲"。毋庸讳言，和亲从根本上是为历代统治者自身利益服务的，但客观上或多或少有利于缓和国内民族矛盾，有利于国家的稳定发展，为各民族的交往融合创造了条件，促进了各民族间的经济文化交流和发展。

从秦始皇统一六国到汉武帝时期的扩张经营，从东汉末年少数民族内迁到北朝时的北方民族大融合，到唐朝时，我国的多民族国家有了进一步的发展。唐太宗李世民实行开明、怀柔羁縻的民族政策，他说："自古皆贵中华，而贱夷狄，朕独爱之如一。"这说明他有开明、进步的民族观，加之政策得当赢得各民族拥戴，形成周边民族敬慕依附大唐的良好局面。知道唐太宗时期的民族政策,知道文成公主入藏的基本史实是初中历史课程标准的要求。7世纪前期,吐蕃杰出的赞普松赞干布统一青藏高原。彼时的唐朝盛世繁华。松赞干布十分倾慕中原文化,好几次向唐太宗求娶公主。贞观十五年初春时分,唐太宗决定将文成公主嫁给松赞干布。此后中原与吐蕃关系极为友好,由于文成公主的博学多才,对吐蕃的开化影响很大。文成公主入藏在把汉民族的文化传播到西域的同时,也进一步巩固了唐朝的西陲边防,促进了汉藏文化交流交融。本课的德育目标是,通过了解文成公主入藏的史实,感受她崇高的人生观和价值观,理解民族关系对于国家统一和稳定的意义,理解文成公主为了这段唐蕃间和睦关系的建立不避艰险,远嫁吐蕃,几乎将自己的一生都奉献给了美丽高原的高尚情怀。文成公主入藏促进了西藏经济、文化的发展,加强了唐朝中央与吐蕃的政治关系,成为中国历史上一个处理民族关系的正面范例。

(二)实施路径

在知识与技能方面,初中阶段的要求主要是理解唐太宗的民族政策和文成公主入藏的基本史实。基于此目标,结合初中生的实际情况通过以下途径进行渗透:(1)通过地图《唐朝前期的疆域和边疆民族分布图》说明唐王朝当时面临的实际民族问题:唐王朝疆域广阔,周边少数民族林立,彼此间的交往不可避免。在这个基础上讲述唐太宗面对这个情况施行的以诚相待,怀柔羁縻的民族政策,进而了解文成公主入藏的历史大背景。(2)通过阅读课文开头的歌谣以及课本内页插图《步辇图》在训练读图能力的同时引出松赞干布求亲、文成公主入藏这一过程和基本史实。(3)通过观看历史短剧——文成公主入藏片段,主要看其中的歌谣部分,通过歌谣的形式让学生体会到文成公主对藏地产生的深远影响,以及从歌谣传唱不衰中,体会藏地人们对文成公主的深厚感情。通过上述材料完整讲述文成公主入藏这一历史事件的背景、内容和影响,培养学生懂得民族团结的重要性。

在过程与方法方面,初中阶段要求通过识读唐朝疆域图,了解唐朝周边政治局势,培养学生从图表中获取有效历史信息的能力。本课主要从以下几点展开:(1)通过读图《唐朝前期的疆域和边疆民族分布图》,教师引导学生说出唐朝疆域的特点:疆域辽阔,周边存在其他少数民族政权,如鞑鞨、东突厥、西突厥、吐蕃、吐谷浑等。以此理解处理好民族关系对维护国土安全和国家统一的重要意义。(2)结合课本《步辇图》生动讲述松赞干布建立吐蕃王朝的历程和派遣使者请婚的故事,说明松赞干布是出于对中原王朝的仰慕而积极发展友好关系,并主动向唐太宗请婚的。通过书本《西藏大昭寺文成公主入藏壁画》以及文成公主像帮助学生构建西藏人民心中美丽、端庄、和蔼、尊贵的唐朝公主形象,进而感受其崇高的人生观和价值观;理解她为唐蕃团结所做出的贡献,并将这种以维护民族团结为己任的意识内化为自己的想法,争做一个促进民族团结的人。

二、案 例 呈 现

（文成公主入藏的背景）

教师: 隋唐时期我国疆域辽阔,民族众多。同学们观察地图,找一找在它周边存在着哪些少数民族政权?

学生: 靺鞨、东突厥、吐蕃、吐谷浑……

教师: 虽然在中国汉族是主体民族,但是不能忽视其他少数民族在中国的历史发展所起的作用。各个少数民族都有自己悠久的历史和灿烂的文化,在漫长的岁月更迭演变中对整个国家经济文化方面产生影响。虽然存在矛盾和战争,但是各族之间的友好往来才是主流。同学们应该认识到中国历史上的民族战争,不同于一般的反抗外来侵略的战争,不具有侵略和反侵略的性质,主要分析对整体历史的进程是否起到推动作用。正所谓“无限芳华,大唐不夜”,唐朝是我国历史上多民族大发展时期,它就如吸铁石般深深吸引着周边的少数民族。那么,在这期间特别有作为的唐太宗又是怎样正面处理民族关系的呢?

学生: 摒弃“贵华贱夷”的传统观念,“爱之如一”。

教师: 说得很好。大家提到唐太宗说的:“自古皆贵中华,贱夷狄,朕独爱之如一。”这句话用我们今天的话说是什么意思? 体现了怎样的民族政策?

学生: 过去的统治者看重中原汉族,看不起边疆的少数民族,我却不同于他们,我对各民族一视同仁——开明的民族政策。

教师: 或许是因为唐太宗带有少数民族血统,因此无论胡汉,一视同仁,他不仅这样说,也是这样做的。那么同学们思考一下,他做的具体表现在哪些方面呢?

学生: 唐太宗曾在长安大宴回纥,回纥人感其诚意表示要“世为唐臣”,数以万计少数民族人士居住在长安,不少人在朝中做官。

教师：正是唐太宗这种平等相处的民族政策体现了他对少数民族的尊重，所以也赢得了少数民族的拥护和爱戴，被称为"天可汗"。可汗是北方少数民族对自己领袖的称呼，天可汗意为天下的领袖。这说明少数民族在唐太宗这种民族政策的感召下，从心里拥戴他。唐朝正是以这种开放、平等的胸襟吸引了周边不少民族纷纷派遣使者赴唐通和、求婚。历史上民族关系中典型事件就是文成公主入藏。

（文成公主入藏的内容）

教师：有关文成公主大家或许并不陌生，课文开头有段歌颂她的藏族民谣，老师这里还有完整版，大家一起来朗读一下。

学生：今天文成公主来西藏……

教师：这是描绘文成公主入藏情形的歌谣，那么，真实情况就是这样吗？请同学们看课本上的《步辇图》，这是当时的著名宫廷画师阎立本画的，画中唐太宗坐在步辇上接见吐蕃使节，而禄东赞是代表松赞干布来向唐朝请婚的。《步辇图》虽然是一幅艺术作品，除具有本身的艺术价值外，还包含十分丰富的历史信息。从图中找一找，其中哪个是禄东赞呢？说说你的理由。

学生：中间那个。从服饰上看，发型、衣服纹饰及配饰都与另外两人明显不同。

教师：禄东赞是吐蕃宰相，地位很高，松赞干布派他来求婚说明什么呢？

学生：对这件事很重视，很有诚意。

教师：松赞干布为何要向唐朝求亲？唐太宗为何同意文成公主远嫁吐蕃？（播放视频）通过这段视频我们基本了解了吐蕃的历史以及松赞干布的事迹。现在请同学们回答一下之前的问题。

学生：松赞干布是因为仰慕中原文明；唐太宗为了与吐蕃建立友好关系，为了国家的统一和稳定。

教师：可以看出他们的出发点都不是为了个人利益。作为一国之主或者民族领袖，其根本目的是为了发展本国本民族的经济和文化。文成公主是唐朝宗室之女，貌美多才，自幼受过良好的教育，熟读经史典籍，信奉佛教，还很有政治见地，为了汉藏人民的友谊，她离开长安，不避艰险远嫁异地。大家看书中《西藏大昭寺文成公主入藏壁画》以及文成公主像，可以想象一下文成公主入藏时民众夹道欢迎的情形以及此时她内心的想法，再想象一下这样的身份，原来在长安的生活条件怎样？现在呢？

学生：觉得肩负维护民族团结的责任。锦衣玉食，但高原生活艰苦……

（文成公主入藏的影响）

教师：（展示历史短剧《文成公主入藏》——陈长福/中国国际剧本网），史书上对文成公主的记载不多，而西藏民间有关文成公主的传说不仅多而且千百年来广为流传。她对藏地的贡献是什么？同学们可以结合课本概括一下。

学生：带来各行各业的能工巧匠，以及工艺、佛经、医学等书籍，还带来了粮食和各种牲畜。

教师：那么藏族人民为什么如此喜爱、尊敬和怀念文成公主？

学生：她和一些满腹哀怨的和亲公主不同。文成公主在吐蕃生活了40年，为唐蕃政治关系稳定做出了重要贡献，吐蕃每年还派出使者到长安贡献地方产物，更增进了唐蕃友好关系，所以西藏人民至今仍然深深怀念她。

教师：说得好。唐高宗永隆元年文成公主病逝，唐廷特派使者前往祭奠。当时双方的关系有所疏远，但是文成公主受到吐蕃官民的敬仰，并不因与唐朝关系疏远而有减弱，她的去世引起了所有吐蕃人的哀痛。吐蕃人到处为她立庙设祠，以志纪念。一些随她前往的工匠也一直受到丰厚礼遇，他们死后也陪葬在文成公主墓两侧。文成公主和所有的友好使者至今仍被西藏人民奉若神明！文成公主入藏的故事，充分证明了西藏自古就是中华民族大家庭中不可分割的一部分，同时也反映了我们的先人维护民族团结和国家统一的坚定决心。前事不忘，后事之师。我们每个人都应该做一个促进民族团结的人。

学习李白　自尊自信

漕泾中学　胡佳秋

一、案例说明

（一）目标阐释

在中国历史上，始终不乏一些不屈于权贵，自尊又自信的人物，如："不为五斗米折腰"的陶渊明，"不愿摧眉折腰事权贵"的李白，"直言进谏"的魏征，"宁死不屈"的闻一多等等，他们各自用不同的事迹，从不同的方面体现了他们不畏权贵、自尊自信的精神品质，这种自尊自信的品质也是中国传统文化中那不可抹去的优良部分。对生活在当代的中学生而言，随着国家的逐渐强大，作为一个中国人，在面对各种问题的时候，更应具备此种"自尊自信"的精神品质，以此来体现一个大国公民应有的气度。

初中阶段要求："帮助和促进学生在追寻文明足迹、知晓前人得失、体验历史发展、感受史学进步的过程中……陶冶道德情操。"所以"自尊自信"作为一种积极向上的精神品格，完全符合育人要求。在《唐代的诗与画》一课中，"诗仙"李白作为中国历史上耳熟能详的伟大诗人，其诗歌上的造诣自不必说。然而仔细深究，李白能写出众多雄奇壮丽、超凡脱俗的诗歌，也与他那"自尊自信"的精神品质息息相关。李白拥有天赋异禀的才华却始终不受重用，自尊使他不愿屈尊于权贵，愤然辞官。自信又使他在生活中始终乐观向上，对权力、金钱不屑一顾。另相较于高中阶段，初中阶段的育人目标显得层次较浅、角度更小，更注重于历史人物本身。因而本课的德育目标便是要求学生以李白这一历史人物的事迹为基础，在敬仰与神往之余，进一步倡导和发扬李白身上那种自尊自信的精神品质。

（二）实施路径

在知识与技能方面,初中阶段要求学生知道李白的生平与其诗歌特点,以及两者间的逻辑联系。据此,本课拟通过如下几个知识点进行渗透:(1)通过清代画家苏六朋绘制的《太白醉酒图》,了解清代人眼中的李白有着蔑视权贵、傲岸不驯的个性,以此作为铺垫,进入之后的环节。(2)通过李白进京前写的《南陵别儿童入京》一诗,着重体现李白身上的那种自信与志得意满。(3)将《新唐书·李白传》《梦游天姥吟留别》两则材料相结合,通过分析李白在京的遭遇与辞官后的态度,足以表明李白对权贵的不屑一顾,以此体现李白身上自尊的一面。(4)通过李白辞官后所写的《将进酒》一诗,再一次体现李白身上那种自尊自信的精神品质。

在过程与方法方面,初中阶段要求学生懂得文学艺术作品的史料价值,并能够汲取其中的历史信息,以此了解李白的生平与其诗歌特点。因此,本课主要通过以下途径进行展开:(1)通过分析《太白醉酒图》,理解文学艺术作品能反映作者的历史认识,以此说明在清代画家苏六朋的眼中,李白便是一个蔑视权贵,有着"自尊自信"这一精神品格的人。(2)通过对《南陵别儿童入京》《新唐书·李白传》《梦游天姥吟留别》《将进酒》等诗歌与史料的分析解读,在培养学生进一步懂得文学艺术作品的价值,并从中提取史料信息的能力基础上,引导学生了解以诗人身份为我们所熟知的李白,在他的人生经历中是如何不屈于权贵,始终秉持自信自尊精神品格的,进而激发学生在自己的日常生活中也能像李白那样自尊自信,对人对事做到不卑不亢。

二、案 例 呈 现

教师:现在请同学们一起看这幅由清代画家苏六朋绘制的《太白醉酒图》,画作将李白的神情表现得十分生动,反映了他蔑视权贵、傲岸不驯的个性。那我们是否可以根据这幅画,就说李白的个性是蔑视权贵、傲岸不驯的?

学生:不能。

教师:为什么?

学生:这幅画是清代的。

学生:而且这只是一幅画。

教师:哦。所以大家觉得这只能反映谁的看法?

学生:画家苏六朋的看法。

教师：大家说得不错。这幅画作只能反映这位画家对李白的看法，或者说只能反映清代人对李白的看法，而如果要真正了解李白的个性，要去证实清代的人看法是否准确，我们还需要依靠什么？

学生：其他的证据。

教师：比如说……

学生：以前的史书上对李白的记载。

教师：嗯，这位同学说得很好。那大家再想想除了以前的史书之外，还可以通过什么东西去了解李白这个人？

学生：李白写的诗。

教师：大家说得对，诗歌其实也可以作为一种史料，可以反映作者的态度、历史认识。那么接下来请大家看李白的这两句诗：

　　　仰天大笑出门去，我辈岂是蓬蒿人。（《南陵别儿童入京》）（蓬蒿：野草）

学生：（阅读）

教师：根据诗歌的名称，李白要去哪？

学生：京城。

学生：长安。

教师：不错。确切地说是唐玄宗召他入京，而那时李白已经 42 岁了。这里老师要补充一点，虽然李白自幼天赋异禀，但是由于他出身于商人家庭，在那时没有资格参加科举考试，而只能靠自我推荐的方式，这次总算有人向唐玄宗推荐了他，然后得到了唐玄宗赏识。所以，大家再根据这两句诗推测一下李白当时的心情如何？

学生：高兴。

学生：志得意满。

教师：说得很好。再看这两句诗歌，李白对这件事感到意外吗？

学生：不意外。

教师：这说明了什么？

学生：李白很自信。

教师：嗯。李白就这样自信满满地去了京城，想要一展政治抱负。那么，结果怎样呢？请大家看这段材料：

　　　言于玄宗，召见金銮殿，论当世事，奏颂一篇。帝赐食，亲为调羹，有诏供奉翰林。（供奉翰林：唐代时属皇帝的差遣侍从之臣，主要陪皇帝消

遣娱乐，以及文章应和。)(《新唐书·李白传》)

学生：(阅读)

教师：根据材料，唐玄宗赏不赏识李白？为什么？

学生：赏识。因为皇帝赐给他食物，还亲自帮他调羹。

学生：不赏识。

教师：大家的意见不同。一位同学根据皇帝对李白的态度与行为，认为皇帝很赏识他，那另一位同学为什么认为皇帝不赏识李白呢？

学生：因为李白只是皇帝的差遣侍从之臣，主要陪皇帝消遣娱乐，以及文章应和。

教师：所以你们觉得李白内心满意这种境况吗？

学生：不满意。这样就不能完成他的政治抱负。

教师：嗯，说得不错。现在再请大家看李白的两句诗：

安能摧眉折腰事权贵，使我不得开心颜。(《梦游天姥吟留别》)

学生：(阅读)

教师：根据这两句诗来判断，面对这种境况，李白后来的选择是什么？

学生：辞官。

教师：不错。这两句诗正是写于李白辞官之后。进京的遭遇让李白大感失望，李白的抱负与自尊使他不甘于当一个小小的供奉翰林，加上他又得罪了一些权贵，权贵的谗言使得唐玄宗也不像起初那样优待他了，而他也绝不会去巴结那些权贵，所以就辞官了。不过，其实辞官这件事并没有那么容易，我们之前学过，在唐代的科举制下是"三十老明经，五十少进士"，科举考试非常之难，但万千士子仍然孜孜不倦，很大一部分人最终是为了什么？

学生：当官。

教师：当官又是为了什么？又能得到什么？

学生：荣华富贵。

教师：所以当时摆在李白面前的处境就是，要么放弃自尊去做不喜欢的事，巴结权贵保住官位，要么就像李白所做的，为了自尊而辞官。同学们会怎么选择呢？为什么？

学生：我会选择保住官位。因为那时想要做官比较困难，保住官位的话起码能保证衣食无忧。

教师：这位同学说的也是人之常情。供奉翰林虽然只是皇帝的御用文人，不能参与国家大事，但好歹也是一个官，并且能近距离地接触皇帝，对当时的普罗大众来说，是绝不会轻易放弃的。那么李白后来对于辞官这件事又是怎么看待的呢？我们来看李白辞官后写的两句诗：

天生我材必有用，千金散尽还复来。（《将进酒》）

学生：（阅读）

教师：从这两句诗可以看出李白的态度是什么？

学生：无所谓当不当官。

学生：不当官还能做其他事，是金子总能发光。

教师：大家说得很好。李白正是这样一个自尊又自信，不愿屈于权贵的人，而这种洒脱的性格其实也体现于他的诗歌中。所以我觉得，我们在对他敬仰与神往之余，不仅要学习、欣赏他的诗歌，还要学习他身上那种"自尊自信"的精神品质，进一步倡导、发扬这种精神品质。

"公忠体国"的林则徐

张堰二中　　王志英

一、案例说明

（一）目标阐释

"公忠体国"即对国家尽忠无私，爱国爱民。这是对敬业精神的基本概括，是我们中华民族优秀传统文化的重要内容，其中爱国主义更是社会主义核心价值体系中民族精神的核心。爱国主义集中表现为民族自尊心和民族自信心，为保卫和争取祖国的独立富强而献身的奋斗精神。它与为国奉献、对国家对人民尽职尽责紧紧地联系在一起，这种感情经过千百年历史的沉淀，作为一种道德力量，对国家、民族的生存和发展具有不可估量的作用。在中国近代反帝反侵略的历史上，一批又一批优秀的中国人为国为民、不畏艰险、抗御外侮、不计个人得失，他们的所作所为共同铸就了我们捍卫民族尊严的精神力量。

清朝中后期国势日衰，却依旧在"天朝上国"的迷梦中自我沉醉。而此时，率先完成工业革命的英国却在环视世界，积极扩张，并最终将侵略的屠刀挥向这个古老的东方帝国。特殊的时局赋予了时人特殊的历史使命。作为一名晚清时期国之重臣，林则徐用实际行动践行了他经世济民的人生理想，他廉洁奉公、爱国恤民，在侵略者面前坚决捍卫国家主权和民族尊严；在遭受政敌陷害打击，蒙冤被发配伊犁后，他愤懑不平、痛心疾首，却始终没有放弃对国家和人民的热爱，既心系百姓，又不忘关注国之安危。在国家危难之际，他的尽忠职守、体恤民生的行动及高尚的爱国主义精神，无疑维护了整个中华民族的利益，永远值得中国人民纪念。高中学段注重认识时局，感悟个人际遇与国运、时运的联系；在初中学段，用生动具体的历史启迪学生心智，开阔视野，增强历史思维能力和历史意识。本案例旨在通过了解林则徐虎门销烟前后的行动，以及被贬之后他依然尽职尽责做着力所能及的事情，为国分忧，欣赏林则徐公忠体国的精神，增强学生的历史责任感和使命感。

（二）实施路径

在知识与技能方面：高中阶段需要用时间、空间、图表术语等表达历史信息和看法；在初中阶段，通过不同种类材料的学习和解读，知道并理解杰出历史人物的主要作为及史实之间的基本联系。就本课的要求来说，需要初步了解鸦片走私的危害，理解林则徐禁烟的意义；初步学会从具体史实推出一般结论的方法。林则徐公忠体国的精神包含着两层含义：爱国爱民，尽忠职守。本课通过以下知识点来达成目标：（1）通过阅读林则徐的上书奏章摘选，显示其为国为民不遗余力，并在一定程度上突破他所处阶层的认识水平，把鸦片流毒的危害单纯从经济层面提升到国家政治危机的层面。（2）"赴广州前后"林则徐廉洁奉公，坚韧不拔，敢于打破陈规，主动了解西方，勇于接受新事物，并组织民众积极应对英军的挑衅。（3）被贬伊犁后，林则徐不计个人荣辱，任劳任怨，不顾年老病体，奔波万里勘验土地，建言献策，积极为国分忧。

在过程与方法方面，在高中阶段，学生要能根据一定的史实、史料，对明显不符合史实的历史叙述提出质疑或反驳，感悟个人际遇与国运、时运的联系；初中学段要求引导学生从时代特征、社会地位、思想认识方面解释和评价历史人物。本案例通过以下方法呈现林则徐公忠体国的精神。（1）通过林则徐诗词、对联的分析，体会他的大公无私，为官清廉的信念。（2）通过林则徐禁烟的一系列行动的陈述，感受他在面对艰难时局时的坚定，与敌人作斗争过程中所表现出的超越时代的气魄。（3）通过虎门销烟意义的解析，感受这是一场利国利民的壮举。（4）通过林则徐贬谪伊犁后的故事分享，进一步体会他为国尽忠的无私精神。（5）通过人民英雄纪念碑《虎门销烟》浮雕和《纽约·林则徐广场》两幅图片的展示，懂得雕塑等文学艺术作品的史料价值，汲取其中蕴含的历史信息，从不同材料中感受林则徐的人格魅力，欣赏他的公忠体国的情操。

二、案例呈现

教师：在 19 世纪 30 年代末，英国每年向中国输入的鸦片已达 4 万箱左右，价值两三千万银两。这些鸦片经过处理足够上千万人吸食。林则徐认识到鸦片泛滥有哪些危害？（出示材料）

(鸦片)流毒于天下,则为害甚巨,法当从严。若犹泄泄视之,是使数十年后,中原几无可以御敌之兵,且无可以充饷之银。兴思及此,能无股栗!(《林则徐集·奏稿》,中华书局 1965 年版,第 601 页)

学生:任由鸦片泛滥,国家将没有健康的士兵可以去打仗,也没有足够多的银子可以充军饷。

教师:基于这样的形势,林则徐表达了自己怎样的心情?

学生:他说一想到这些,就会担忧到两腿发抖。

教师:是什么样的事情能让他如此担忧呢?

学生:鸦片走私严重威胁到了国家、民族的安全。

教师:对。林则徐把鸦片危害从财政危机提升到了事关生死存亡的民族危机,促使犹疑不决的道光皇帝终于下定严禁鸦片的决心,并任命林则徐为钦差大臣,赴广州查禁鸦片。林则徐力主禁烟,触及了一批从鸦片走私中获取巨额收益的官员的利益,断绝鸦片贸易,就断绝了他们的财源,所以他们就明里暗里试图阻挠禁烟。当时深受道光帝倚重的琦善就警告林则徐不要挑起边衅,提防禁烟过严会引起战争,希望他不要煽动皇帝轻举妄动。面对这些守旧派官僚的破坏与阻挠,林则徐会退缩吗?

学生:不会!面对危局,经世济民的责任感使他必须要有所作为。

教师:对,林则徐并未因琦善的话而有所动摇,反而更加坚定了报国之心。他自知困难重重,却早已将个人安危置之度外,毅然远赴广州。一路上,他轻装简从,不让沿途的官员铺张浪费接待。他深知不了解对手就难以取胜,不下定决心就不能彻查清楚,为此做了一系列的准备,任用得力的官吏为他打探消息,了解广东鸦片贸易的情形,做到心中有数。为时刻勉励自己,林则徐在自己府衙贴上一副对联:"海纳百川有容乃大,壁立千仞无欲则刚。"他要通过这副对联表达怎样的志向呢?

学生:"海纳百川"是开眼看世界。

学生:"无欲则刚"是坚定信念要与敌人抗争到底。

教师:林则徐用这副对联告诫自己,要广泛听取各方不同意见,坚决杜绝私欲,表达了他廉洁奉公的一面。为了敦促鸦片贩子尽快交出鸦片,林则徐在谕帖中还发布了这样一段话,是什么意思呢?(出示材料)

若鸦片一日未绝,本大臣一日不回,誓与此事相始终,断无中止之理。

(《林则徐集·公牍》,中华书局 1963 年版,第 59 页)

学生：他要动真格的了。

教师：为了全面了解真实情况，林则徐四处查访熟悉夷情的中国人，搜集并组织人员翻译了外国人出版的报纸、英文书籍、宣传册等。作为饱读诗书的"天朝上国"的士大夫，他抛弃偏见，不仅认真阅读这些翻译过来的资料，还学习了一些英语和葡萄牙语的单词，以此了解英国的动态和各国的情况。当侵略者挑起事端进行战争威胁时，林则徐积极组织民众，整顿军队，加强防御，屡次挫败英军小规模的进犯。林则徐在广州的一系列活动，表现了他哪些不同寻常的特质？

学生：大公无私，勇于接受新事物，尽职尽责，保境安民⋯⋯

教师：严谨的艺术作品往往能够真实地再现历史场景。这是电影《鸦片战争》中关于虎门销烟的一个场景，请认真观察图片。你能从图片中获取哪些信息？（出示图片）

学生：可以看出虎门销烟的场面很壮观。

教师：观察细节，在图片的右上角有四个字"奉旨销烟"，说明什么？

学生：说明这次销烟行动是得到皇帝允许的。

教师：销烟之前，林则徐在广州的大街小巷张贴告示，欢迎围观，以此表达政府的禁烟决心，同时教育更多的中国民众要珍爱生命，远离毒品。结合鸦片的危害，以及林则徐禁烟的过程，你们能说说虎门销烟的意义是什么？

学生：这场禁烟运动把毒害人民、危害国家的恶势力带给中国人的耻辱一洗而尽，将中国人的民族自尊心、自豪感和爱国主义精神远播世界。

教师：林则徐代表当时清朝统治阶层中的进步势力，秉承古圣先贤的良训，面对风云激荡的时局，积极做出了应有的自卫与抵抗，他的精神不止于为清王朝保卫社稷，更升华为伟大的爱国主义精神。

虎门销烟的壮举鼓舞了中国人抗御外辱的士气，却也成为早已觊觎中国市场的英国人发动战争的借口。中国以小农经济的思维和武器来对抗机器化大工业的英国，结果是注定的，林则徐成了这场战争的牺牲品。他因主持禁烟运动而受到谪贬伊犁充军的处分。在西安与家人分别时，他写下了这样的诗句："苟利国家生死以，岂因祸福避趋之。"林则徐的这句话是什么意思？

学生：只要是对国家有利的事情，不管是福是祸，他都会去做。

教师：对。比如，在贬庶新疆期间林则徐接受了这么一个棘手的任务：堪地屯田。当时，清政府在伊犁驻军，巩固边防。为了养活军队，很早就组织在当地屯田。而出于忌惮当地的回民,便舍近求远,从内地招募汉族流民到新疆屯田,由此滋生很多社会不安定因素。道光皇帝在 1844 年年底下旨,让林则徐勘察新疆新开垦的田地,同时考察回汉能否相安无事。林则徐知道这是个颠簸辛苦的差事,依然不顾自己 60 高龄且多病缠身的境况,欣然受命。从1845 年 3—6 月,历时 3 个多月,辗转万里,终于勘察完了南疆所有应勘土地,总计 57.8 万余亩。他在日记和书信里如实记录下南疆百姓生活的疾苦,表达了对贫苦人民的同情。同时,他阅读大量有关边疆史地的书籍,了解边防情况,通过实地考察,建议不分兵农,也不分回汉,就近发展屯田,这样既可以提高少数民族人民建设边疆的积极性,又可以加强边防、抵御侵略、巩固边疆。通过这件事情,大家可以从林则徐身上感受到怎样的精神?

学生:他不计个人得失,体察民情,位卑未敢忘忧国,无论在什么样的岗位,都能尽职尽责,都渴望为国作奉献。

教师:(出示图片《人民英雄纪念碑基座浮雕之虎门销烟》,以及纽约的《林则徐铜像》《林则徐广场》)结合这些材料,谈谈你对林则徐的认识?

学生:作为一名封建官员,他一心为公,为国为民,任劳任怨,始终对得起自己的岗位,对得起自己的国家和人民;他不仅获得了中国人的尊重,也获得了其他国家民众的尊重。

教师:林则徐一生都在践行着中华民族"公忠体国"的优良传统。在关系到中华民族命运的重大历史转折关头,他不论安危祸福,处境顺逆,始终以国家和民族利益为自己行动的基本准则,表现了中华民族的正气和勇敢。他通过查禁鸦片和组织抵抗英国的侵略战争,维护了中华民族的独立和尊严,在他那个时代赋予了爱国主义以全新的意义和内容。在蒙冤遭贬后,林则徐依然满怀报国之志,不计个人的得失荣辱,尽心尽力地做一些力所能及之事,为国分忧,真正做到了"居庙堂之高则忧其民,处江湖之远则忧其君"的为官境界。他的公忠体国的精神是我们今天学习的榜样。

"以国为家"的清末留美学生

蒙山中学　方　晨

一、案例说明

（一）目标阐释

以国为家，是一个人对自己国家和人民所表现出的深情大爱，是对国家富强、人民幸福所展现出来的理想追求。它是中国优秀传统文化的基本内涵之一，从先秦时代国家的出现就有了源头。韩愈的"大丈夫文武忠孝，求士为国，不私于家"，顾炎武的"天下兴亡，匹夫有责"，黄宗羲的"出仕为天下"，都是古代文人恋家、思乡、忧国忧民之情逐渐被沉淀而汇聚起来的典范。近代以来，面对国破家亡、民族危机，中华民族开始自省和奋起，以国为家的思想应运而生，它成为中华民族历经磨难、百折不挠、生生不息的不竭动力。对于历史教学，"以国为家"是历史学科核心素养中家国情怀的重要内容，是学习和探究历史应具有的社会责任与人文追求。学习历史应关注现实问题，以服务于国家强盛、民族自强，更应以人类社会的进步为使命。

以国为家是国家意识教育的重要内容，符合国家利益教育所要求：引导学生始终把国家利益放在首位，自觉地把个人发展与国家利益融为一体。《西学东渐》一课中容闳等待了 18 年才实现了派遣留学生的梦想，詹天佑攻克了重重难关才建成了京张铁路，他们作为当时留美学生的代表，将国家的梦想与自己的梦想相融合；他们远渡重洋，努力学习西方先进之术，放弃国外的各种优裕待遇与机会，回国后将自己所学变成实际，其所作所为都体现了一种以国为家的情怀。本课的德育目标是，要求学生通过容闳、詹天佑等人的事迹，培养学生发愤学习、报效祖国的高尚情操。而高中洋务运动的德育目标在于通过洋务运动目的和内容的学习,感受洋务运动所起作用的局限性。相较于高中,初中的德育目标更多地要求从人物出发,感受他们身上的爱国情怀,从而激发学生的国家意识。

(二)实施路径

在知识与技能方面,高中对学生的要求是知道洋务运动的主要内容,了解洋务运动兴起的时代背景,理解洋务运动的作用。初中对学生的要求则是识记洋务派向西方学习科技知识的一些主要途径,如派学生留美、留欧,知道这一时期西学东渐的过程中起过重要作用的一些人物,如容闳、詹天佑等,从撤回留美学生理解西学东渐的过程中文化观念上的冲突。基于此目标,本课将通过如下几个途径进行渗透:(1)通过容闳"拒绝教会资助""越学越痛苦""毕业后的抉择""回国后的努力"等知识点,展示留美学生个体——容闳在国家危难面前以国为家的情怀。(2)通过"留美儿童在美表现""留美儿童回国表现""詹天佑建设京张铁路"等知识点,展示留美学生群体——留美学童为国家自强而做出的牺牲与努力。由个体到群体再到个体,把培养学生"以国为家"正确的国家意识的目标与课文知识点有机连接起来。

在过程与方法方面,高中要求从时代背景说明洋务运动兴起的原因和目的,从洋务运动的主要内容和结果评析其历史作用;而初中只要求通过詹天佑的事例说明清末派遣留学生的积极意义,学习用典型个案评价历史的方法。为了更好地切合初中生,本课拟从以下途径展开:(1)通过对容闳日记《西学东渐记》部分文字的解读以及对与之相关故事的讲述,引导学生了解容闳的人生经历,并感受容闳作为一个爱国青年身上所体现出的"以国为家"情怀。(2)通过对耶鲁大学校长波特信件的分析及对留美学童回国后表现的史实讲述,使学生知道洋务派派遣留学生出国的史实,了解留美学童在美及回国后的表现,从而体悟留美学童身上的那一份爱国热情,感受青年群体为了国家自强而做的不懈努力。(3)通过对詹天佑写给诺索布夫人信件的解读以及对其建立京张铁路的故事的叙述,使学生知道有关詹天佑的事迹,了解京张铁路建立的艰难,感受詹天佑身上的那一种坚韧与不拔、那一种自强与自立、那一种责任与担当,从而激发每一位学生内心深处的那一份家国情怀。

二、案例呈现

教师: 1828 年,容闳出生于广东香山一个贫困农家,7 岁随父到澳门就读于教会学校。1847 年跟着勃朗牧师到美国留学。三年后,容闳毕业了,他希望能够进入耶鲁大学学习,但是他并没有钱付学费,这时有教会说只要他愿意回国做传教士就会提供资助。容闳是如何抉择的呢? 我们看他日记里的一段话:"对于这些条件我没有轻易答应,我想,我虽然贫穷,还是有选择自己喜爱的事业的自由,无论我选择什么专业,唯一希望的就是对我的国家最有益。"容闳的决定是什么? 有没有接受资助?

学生:没有。

教师:为什么呢?

学生:他不想做传教士,想选择自己喜欢的专业。

教师:是的,那他喜欢的专业是什么呢?

学生:对国家有益的专业。

教师:没错。当时是 1850 年,面对列强的船坚炮利,中国的落后衰弱显而易见。容闳作为一个中国人,作为一个有志青年,他在选择自己的大学专业时没有考虑自己,而首先考虑的是国家。后来他终于受到资助进入耶鲁大学学习,但是他越是刻苦学习,成绩越好,越感觉到痛苦,这又是为什么呢? 我们来继续看他的日记:"我自己想到中国的老百姓,这么样的痛苦,受那么大的压制。我没有受教育以前,一切都不知道,我就是自己过日子。我接受了教育以后,我觉得这种情况是不能忍受的。我自己现在得到了受教育的机会,我就应该使我的同胞早一点摆脱这种处境,我要为他们服务。"

学生:容闳痛苦的是无法帮助中国老百姓摆脱痛苦的处境。

教师:是的,根据容闳的这段话我们可以看出他认为自己受教育后要完成的使命是改变国人的命运。而实现这一梦想的前提就是努力学习,强大自己,只有自己强大了,才有可能使国家强大。4 年后,容闳以优异的成绩从耶鲁大学毕业,毕业后的容闳会带着怎样的梦想去哪里呢? 我们来看一段话。容闳说:"予之一身既受此文明之教育,则当使后予之人亦享此同等之利益,以西方之学术,灌输于中国,使中国日趋于文明富强之境。"

学生:容闳的梦想是使中国文明富强。

教师:是的,踌躇满志的容闳带着自己才华回到了中国,他希望通过自己的努力能使中国文明富强,怎样做才行呢?

学生:学习西方学术。

教师:没错,容闳这段话中的"此"指的是哪里?

学生:美国。

教师:"后予之人"指的是谁?

学生:在他之后来美国留学的人。

教师:是的。这句话可以看出当年 27 岁的容闳,带着他的强国梦回到中国,他希望有越来越多像他一样的中国青年来美国学习先进的学术,回国报效祖国,靠着这一批青年人强大中国。梦想是好的,但是却并不容易。回国后的容闳,并没有能立即施展他的才华,他看到的是被列强凌辱不堪的中国,看到的是封建落后的中国。恶劣的环境中,他仍然在等待着机会,一等就是 18 年,机会终于来了。1870 年容闳又向曾国藩提议派学生官费留美,曾国藩与李鸿章商议后奏报朝廷获准。从 1872 年开始到 1875 年,分四批,共 120 名学童被派往美国。这一群学童在美国表现如何呢? 我们来看一段耶鲁大学校长信件中的原话,他说:"贵国派遣的青年学生,各门学科都有极佳的成绩。他们的道德,也无不优美高尚。他们虽然年少,却都知道自己的一举一动关系祖国的荣誉。他们的良好行为收到了良好的效果,美国少数无知之人平时对中国人的偏见,正在逐渐消失。"

学生:他们表现得很优秀,不仅成绩好,而且道德好。最关键的是他们知道为国争光,他们把国家的名誉看得很重要。因为他们的突出表现,美国人都改变了对中国人的印象。

教师:是的。这一群学童,就像容闳所梦想的,努力学习,成绩优秀,他们虽小,但都把国家看得很重要。后来,他们大多数回国后都能人尽其才,为中国的自强做出了贡献。有的在中法海战、中日海战中阵亡,有的成为中国铁路、电报、矿山的开山鼻祖,有的成为清政府的大臣和驻外大使,有的成为中华民国的第一位总理。这其中有一个人,你们都认识,那就是詹天佑,你们知道关于他的什么?

学生:詹天佑是中国铁路之父,他负责修建了京张铁路,创设了"人"字形线路。

教师:是的,中国铁路的开拓者詹天佑也是留美学童中的一员,他曾在耶鲁大学攻读铁路专业。在接受京张铁路工程之前,他已为中国铁路建设工作了近 20 年。京张铁路是北京到张家口的铁路,是北京通往内蒙古的要冲,军事地位很重要。修路的消息传出,在华势力最大的英国志在必得,视长城以北为势力范围的沙俄也不相让,双方争持不下,最后达成协议:如果清廷不借外债,不用洋匠,全由中国人独立修筑,双方可都不伸手。面对这样的困境,詹天佑决定自己建造。詹天佑在给诺索布夫人的信中说:"我很幸运被任命现在的工作。如果我失败,不仅是我个人的不幸,也为全体中国工程师和所有中国人的不幸,因为中国工程师们将来不会再被人们信赖!但我全力以赴,现在已完成和将来继续要完成的任务。"从詹天佑的信里,我们可以看到一丝担心,他担心什么?

学生:他担心修建铁路失败。

教师:如果失败了会怎样吗?

学生:这是中国人第一次完全靠自己去建铁路,如果失败了就向外国人说明了我们不行,那么别人会更加看不起我们。

教师:是的,表面上看是在建铁路,其实内在关系着一种骨气,一种中国人的骨气。詹天佑虽然也很担心,但是为了证明中国人是可以的、中国是可以的,他决心要全力以赴,完成任务。然而,这一任务也真的是苦难重重。

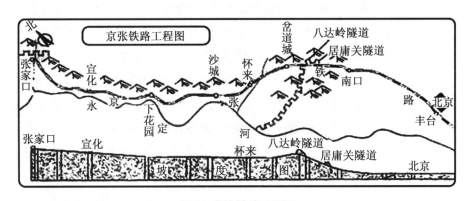

图1 京张铁路工程图

困难一是图1中可见的八达岭隧道,长1 092米。这不仅要有精确的计算和正确的指挥,还要有新式的开山机、通风机和抽水机。前者对詹天佑来说不是问题,而后者当时中国全都没有,只有靠工人的双手。

困难二是怀来大桥,这是京张铁路上最长的一座桥,它由7根100英尺长的钢梁架设而成。在詹天佑的正确指挥下,在工人们吃苦耐劳的坚持下,隧道和大桥都顺利建成了。

詹天佑只是当时留美学童中的一员,只是当时中国人的一员,也只是当时中国青年的一员。回国的留美学童还有中国最早的新式海军军官,有当时中国最优秀的外交官，有当时中国最顶尖的医生、律师，有清华大学、北洋大学的校长。他们都在中国，在同一时代，在不同的岗位谱写着一样的故事、一样的华章。从容闳到詹天佑，你们能从当时的中国青年身上看到有一种怎样的品质吗？

学生：这两个人都是留学生，他们在学有所成后都回国报效祖国了，他们有一颗爱国心。

学生：当时的青年人读书不是为了自己，而是为了国家，为了能够使国家自强，不被洋人欺负。

学生：他们都是有担当的年轻人，他们以改变当时的国家和国人为己任。

学生：他们都遇到了重重的困难，但是都依靠自己的意志去克服了。他们吃苦耐劳，能够坚持不懈地去努力。

教师：同学们说得都很好。清末的中国，经历了各种战争，因为自身的不强大一直备受欺负。当时的青少年目睹着这一切，他们将国家的梦想与自己的梦想相融合，那就是要实现国家的自强，要实现这样的梦想需要依托于他们自身的努力。所以他们远渡重洋，努力学习西方先进之术，回国后将自己所学变成实际，在各个岗位上努力奋斗，为了实现国家的自强在坚持。容闳等待了18年才实现了派遣留学生的梦想，詹天佑攻克了重重难关才建成了京张铁路，他们都用自己的实际行动向世界宣示祖国的自强，用自己的实际行动表现出留美学生的那份"以国为家"的爱国情怀。青年强则国强，无论在历史上还是在当下，这都是一句至理名言。今天的中国繁荣安定，但是也面临许多的困难与问题，祖国的明天仍然需要有一代代强大的青年人去支撑。少年强则国强，青年强则国强，无论我们是少年还是青年，无论我们是在国内还是国外，让我们努力学习，期待有一天用自己的实际行动来报效祖国，向世界人民宣示我们的强大。

以天下为己任的维新志士

蒙山中学　　陆华英

一、案例说明

（一）目标阐述

以天下为己任，是中国传统文化重要的价值观念和人生追求，也是学习和探究历史应具有的社会责任与人文追求。以天下为己任，这是历代儒家的理想和抱负。《论语》载曾子说：士要"仁以为己任，死而后已"，以建立"天下归仁"的理想社会为自己的人生使命；孔子也说，"天下有道，丘不与易也"，其一生的思想和活动，都是弘扬仁德，以天下为己任的生动体现。清初顾炎武提出"天下兴亡，匹夫有责"，从而成为中华所有志士仁人的自觉认识，进一步涵化成中华民族的优秀传统的文化内蕴。对于当代中学生而言，要有以天下为己任的责任意识，要有"天下兴亡，匹夫有责"的社会担当，这是时代赋予的使命。

甲午战争后，瓜分豆剖的民族危机促使了先进的知识分子的觉醒，并为此进行了拯救中华民族的新探索。他们满怀爱国热情，把救国作为己任，为变法奔走呼号，殚精竭虑，甚至付出生命的代价，这是康梁的选择，也是当时一部分有识之士的归宿。了解戊戌变法产生的历史根源、维新派人物的政治主张、百日维新的主要内容、戊戌变法失败的基本史实是初中阶段的学习要求。本课的德育目标，是要求学生学习维新派为救亡图存向西方学习勇于牺牲的精神，以天下为己任，爱国救国的民族意识和社会责任感、使命感。

（二）实施路径

在知识与技能方面，高中阶段对学生提出了知道"公车上书"与维新思想宣传，理解变法主要内容及失败原因；初中学生则理解百日维新的背景、性质、结局。有鉴于此,本课将通过以下途径进行渗透:(1)通过漫画《1898年在法国发行的明信片》,了解戊戌变法发生的时代背景。(2)通过《李鸿章1864年写给恭亲王的信》《康有为1898年〈请定立宪开国会折〉》,归纳、分析康有为等维新派的主要思想和行为,并与洋务派的思想做比较,分析中国的知识分子对西方的认识发生重大变化的原因。(3)通过阅读、分析谭嗣同的诗,感悟维新志士舍生取义,杀身成仁,为了国家进步不惜牺牲生命的英雄气概。

在过程与方法方面,初中阶段的要求为理解民族危机与戊戌变法的内在联系;分析戊戌变法发生的背景、影响;体会思想变革是社会变革的先导。本课拟从以下途径展开:(1)通过康有为的变法主张与李鸿章的思想比较,感悟维新思想的产生与所处的时代有关,进而明白在面临空前民族危机下,知识分子开始思考政治体制的改革,这是以康有为为代表的知识分子的一种思想觉醒,认识到思想变革是社会变革的先导。(2)通过分析谭嗣同的诗句"有心杀贼,无力回天;死得其所,快哉,快哉!",感受维新志士舍生取义,杀身成仁,为了国家进步不惜牺牲生命的英雄气概,树立以天下为己任的正确人生观和价值观。

二、案 例 呈 现

教师:(出示漫画《1898年在法国发行的明信片》)从漫画中反映此时的中国社会面临怎样的社会状况?

学生:中国面临被列强瓜分的危险。

教师:这幅漫画反映了甲午战争失败、《马关条约》签约后中国面临严重的民族危机。正是这种瓜分豆剖的民族危机促使了先进的知识分子、华北地区的农民民族意识的觉醒,并为此进行了拯救中华民族的新探索。

……

教师:(出示材料)李鸿章认为中国要自强要学习什么?

中国文武制度,事事远出西人之上,独火器万不能及。鸿章以为中国欲自强,则莫如学习外国利器。(李鸿章1864年写给恭亲王的信)

学生:学习西方的洋枪洋炮。

教师:(出示材料)康有为认为当今中国想要自保只有一个办法,什么办法?

夫今日在列大竞争之中,图保自存之策,舍变法外别无他图。(康有为)

学生：只有变法。

教师：很好。那么他们认为哪些东西是可以变的呢？（出示材料）

东西各国之强，皆以立宪法、开国会之故……立行宪法，大开国会……行三权鼎立之制，则中国之治强计日可待也。［康有为：《请定立宪开国会折》(1898 年)］

学生：像西方一样开国会、立宪法。

教师：康有为对西方的认识和李鸿章有什么不同？

学生：李鸿章认为应该学习西方的洋枪洋炮，康有为则认为应该学习西方的宪法、国会。

教师：换句话说，李鸿章主张学习西方什么？洋枪洋炮是属于什么？

学生：东西。

教师：对，就是器物。那么，康有为学习的立宪法、开国会，就是学习西方的哪方面？

学生：就是学习西方的制度。

教师：说得太棒了。为什么以康有为为首的中国知识分子对西方的认识会出现如此大的变化呢？

学生：因为甲午战争失败后，列强掀起了瓜分中国的狂潮，中国的民族危机更加深重。

教师：甲午战争的失败标志着清朝历时 30 余年的洋务运动的失败，取得的近代化成果化为乌有，打破了近代以来中国人民对民族复兴的追求。割地赔款，主权沦丧，便利列强输出资本，掀起了帝国主义瓜分中国的狂潮，促使了以康有为为首的中国知识分子的真正觉醒，掀起了救亡图存的斗争。

1895 年，《马关条约》签订的消息传到北京以后，正在北京会试的康有为、梁启超联合各省的举人 1 300 多名上书光绪皇帝，反对同日本议和，请求变法图强，史称"公车上书"。康、梁的这次上书，由于顽固派的阻挠没有传到皇帝手中，对清政府触动也不大，但却轰动了全国，从此，维新变法运动揭开了序幕。问：作为维新变法运动的主要代表，康有为、梁启超还为推动变法进行了哪些活动？

学生：……

教师：（出示维新派创办学会、学堂、报馆分布示意图）从这份示意图中我们可以了解哪些信息？

学生:维新派在上海创办了《时务报》、在天津创办了《国文报》、在北京创办了《中外纪闻》,还开办了万木草堂、时务学堂等。

教师:那他们办学会、学堂、报馆的目的又是什么呢?

学生:宣传他们的思想,让更多的人接受他们的思想。

教师:什么思想?

学生:维新思想。

教师:很好。康有为和梁启超通过报刊、学会等介绍资本主义国家的政治经济情况,宣传维新变法思想,主张学习西方的政治制度。他们的目的达到了吗?(出示材料)

> 甲午战争的失败,更激发了我的救国热忱,我需要找寻一条救亡图存的道路。但是,中国的出路究竟何在呢? 我有些茫然。正当我在政治上十分苦闷的时候,传来了康梁变法维新的思想,我于是热烈地接受了它……当我读到康梁(特别是梁启超)的痛快淋漓的议论以后,我很快就成了他们的信徒,一心要做变法维新的志士……由于我热心于变法维新的宣传,人们给了我一个外号,把我叫作"时务大家"。(《吴玉章回忆录》)

从材料可以看出,康梁的维新思想为吴玉章等茫然的青年指明了道路。那么,康有为的思想有没有影响到光绪皇帝呢? 我们来看1898年康有为上给光绪皇帝的一段材料:康有为认为,如果再不变法,中国将会陷入怎样的结局?

> 瓜分大祸,迫在眉睫,必须当机立断,迅速维新变法,否则皇上与诸臣求长安布衣而不可得矣!

学生:中国将会亡国。

教师:对。康有为认为,再这样下去,中国将亡国亡种。所以光绪帝被深深地感动了,于是接见康有为,表示不做"亡国之君",让康有为全面筹划变法。1898年6月,他颁布了"明定国是"诏,开始变法。

……

教师:戊戌政变后,康有为、梁启超逃往国外。谭嗣同不肯逃走,不久,谭嗣同等6人被杀害,史称"戊戌六君子"。有人劝谭嗣同赶快离京,但他却慷慨赴死,临死前留下了一首诗。出示谭嗣同和他的绝命诗:"有心杀贼,无力回天;死得其所,快哉,快哉!"问:维新派要杀的贼指谁? 维新派为什么"无力回天"? 谭嗣同为什么说自己"死得其所"?

学生:贼指慈禧为首的顽固派。

学生："无力回天"，乃是因变法遭到慈禧为首的顽固派的镇压而失败，无法挽回的局面。

学生："死得其所"，是因为谭嗣同甘为变法流血牺牲，不愿逃走。

教师：你们觉得谭嗣同的死，值得吗？

学生：不值得。因为逃走后还可保存实力继续斗争，不应该这样牺牲。

学生：值得。因为谭嗣同用他的生命唤醒了国人，激励后人继续斗争。

教师：谭嗣同为变法血染菜市口，舍生取义，杀身成仁。这是怎样的胸怀，何等的气魄！历史永远铭记这些为了国家的振兴、民族的危亡而逝去的英雄们。100多年前，林则徐、魏源编织的"师夷长技以制夷"之梦转瞬即逝，洋务派的洋务之梦，"中学为体，西学为用"无奈梦断威海卫，康梁的维新之梦也最终好梦难圆，悲凉幻灭。中国近代化道路尽管曲折与艰难，但在列强入侵不断沉沦的近代中国，有志之士从来就没有放弃过救亡图存的探索。他们把个人的梦想和国家的命运紧紧相连，不愧是中华民族的脊梁！而每一个中国人都应该牢记：天下兴亡，匹夫有责。我们青少年更应该做好承担时代重任的准备，永远牢记：天下兴亡，我的责任。

舍身为民的护国将军蔡锷

金盟中学　王　慧

一、案　例　说　明

（一）目标阐释

中华文明数千载，留下了许多前人可贵的精神品质。正如鲁迅先生所言：
"我们从古以来，就有埋头苦干的人，有拼命硬干的人，有为民请命的人，有舍
身求法的人……这就是中国的脊梁。"其中，"匈奴未灭，无以家为"的霍去病；
"不入虎穴，焉得虎子"的班超；"人生自古谁无死，留取丹心照汗青"的文天祥；
"苟利国家生死以，岂因祸福避趋之"的林则徐；"我自横刀向天笑，去留肝胆两
昆仑"的谭嗣同等，代表的是舍己为国、杀身成仁的自我牺牲精神，他们的精神
永远值得我们学习。众多英雄人物中，还包括护国将军蔡锷。"我一生有两个
老师，他们都是湖南人。一个是蔡锷，一个是毛泽东。参加共产党前，我的老
师是蔡锷，他是我在黑暗时代的指路明灯；参加共产党后，我的老师是毛泽东，
他是我现在的指路明灯。"朱德如是说。

蔡锷在袁世凯复辟帝制的丑剧甚嚣尘上之时，不顾个人安危挺身而出，率
先举起反袁大旗，发动护国战争，挽救新兴的共和国于既倒，成为光照千秋的
共和国卫士。而他本人撑着病体完成这一反袁大业，最终因耽误了病情，不治
身亡，年仅 34 岁，令人扼腕叹息。根据我所了解的情况，学生对蔡锷这位历史
上有重要影响的人物却知之甚少，教材中也是一笔带过，并没有更多的笔墨渲
染，然而我却觉得蔡锷应该是一位值得大书特书的历史人物，他为了维护新兴
的中华民国而置个人利益于不顾，在大是大非面前有判断、有担当，作为军人
以维护国民人格为己任，不为个人争名利，但为国民争国格。所以在七年级第

二学期第8课《北洋军阀》这一课中,我抓住有利时机,让学生对这位具有牺牲精神的中华民族的脊梁有更多的了解。

(二)实施路径

《北洋军阀》一课内容多,从袁世凯复辟帝制到府院之争及军阀割据。对于初中学生来说,从知识技能方面要求识记一些重要人物和事项,其中包括蔡锷。因为本课人物众多,所以在教学中要有所取舍,以便给蔡锷这个人物的介绍以一定的时间。对袁世凯复辟,我让学生读书,然后归纳出袁世凯是如何一步步破坏共和、复辟帝制的,再引出蔡锷的护国运动,这样为蔡锷这个历史人物的出场铺设了足够的历史场景,从而让学生对蔡锷这个人物的性格及品格有深刻的了解。

在过程与方法上,我先对第二次护国运动和护法运动中蔡锷前后不同态度进行比较,使学生了解蔡锷反袁不是出自私人恩怨,而是为了维护这个来之不易的中华民国。这样可以为他后面所有的行动正名;接下来通过教师出示的三则材料引导学生思考:蔡锷明知不可为而为之的目的是什么?让学生通过一些细节进一步体验蔡锷当时处境之艰难、凶险,置个人生死于度外,最终不是为自己争权力,而是为四万万国民争国格,其人格之伟大,境界之高尚,对学生起到很好的思想教育作用;最后结合《护国运动形势图》及出示的一组资料让学生感受蔡锷率先举起反袁旗帜后在全国产生的影响,从而对蔡锷在护国运动中的地位有一个正确的理解。

二、案 例 呈 现

教师: 袁世凯是如何一步步地破坏共和,并最终称帝的?

学生: (学生自主学习,通过阅读教材归纳出)

刺杀宋教仁—镇压二次革命—强迫国会选举他为正式大总统,继而解散国会—废除《临时约法》,炮制《总统选举法》,从而建立独裁、终身、世袭总统制—1915年接受《二十一条》,组织"筹安会",策动"公民请愿",并召集国民代表大会,推戴他为"中华帝国皇帝"。

教师: 袁世凯欲将新生的共和国扼杀在摇篮之中,一场由民国倒退回专制帝国的悲剧即将发生,那么国人对此做何反应?

学生: 梁启超发表《异哉所谓国体问题者》,在舆论上进行谴责。

学生: 蔡锷组织"护国军",发动护国战争。

教师:这其中真正给袁世凯致命打击迫使他取消帝制,并最终一命呜呼的是蔡锷的兴兵讨袁。蔡锷的一生是短暂的,他只活了 34 岁,但他做了两件大事:一是在 1911 年为响应武昌起义而在云南组织起义,并被推举为威震一方的云南都督,此时他年仅 29 岁;二是 1915 年组织护国军讨伐袁世凯。

老师这里要强调一个事实:在"刺宋案"发生后(1913 年),孙中山坚决主张武力倒袁,黄兴、李烈钧等纷纷响应,而蔡锷虽然也通电表示强烈谴责刺杀宋教仁的行为,却拒绝兴兵,并致电黄兴、李烈钧等极力劝阻武力讨袁,他认为:"依据临时约法,如果大总统有谋叛行为,则由参议院弹劾,政治上有过失则由国务院负责。"但是当袁世凯开始上演复辟丑剧(1915 年)后,蔡锷先是韬光养晦,后在小凤仙的掩护下由北京偷偷潜回云南,不顾病体难支,毅然举起护国大旗,打响了反对袁世凯复辟的第一枪。请同学们思考:同样面对袁世凯,蔡锷前后的态度和行动却完全不同,这是为什么?

学生:(思考、讨论)(略)

教师:我把同学们的看法小结一下:看似不同,实则相同,从始至终蔡锷的立场和原则是高度一致的。当年反对武力讨袁,是为了维护共和(二次革命前夕袁世凯是临时大总统,在蔡锷看来讨伐袁世凯,就等于直接挑战共和法制);而袁世凯复辟帝制,已经是共和国的叛逆,此时兴兵讨伐,是保卫共和,从这个意义上来说,他是一个真正的共和国卫士。在袁世凯一步步走向复辟的同时,当时所谓豪杰之士,或骑墙观望、逡巡不前,或首鼠两端、伺机捞取政治资本,那么蔡锷出师讨袁,就没有个人野心吗?据战后统计,他从云南出师时只有 3 000 多士卒,并且军械粮饷极度匮乏,而袁世凯派 10 万军队镇压,对于蔡锷来说胜算几乎没有,明知不可为而为之,到底是为了什么呢?(出示材料)

材料一:

眼看着不久便是盈千累万的人颂王莽功德,上劝进表,袁世凯便安然登其大宝,叫世界看着中国人是什么东西呢?国内怀着义愤的人,虽然很多,但没有凭借,或者地位不宜,也难发手。我们明知力量有限,未必抗他得过,但为四万万人争人格起见,非拼着命去干这一回不可。(梁启超:《护国之役回顾谈》)

材料二:

21 日唐继尧召集了有蔡锷、李烈钧参加的军事会议。蔡锷在会上沉痛致辞:袁势方盛,吾人以一隅而抗全局,明知无望,然与其屈膝而生,毋宁断头而死。此次义举,所争者非胜利,乃中华民国四万万众之人格也。
(陶菊隐:《政海轶闻》)

材料三:

蔡锷起身向我们走来的时候,我(朱德)大吃一惊,说不出话来,他瘦得像鬼,两颊下陷,整个脸上只有两眼还闪闪发光。肺结核正在威胁着他的生命。那时他的声音已很微弱,我们必须很留心才能听得清。当他向我走来的时候,我低头流泪,一句话也说不出来。

他虽然命在旦夕,思想却一如既往、锋利得像把剑。我说:可是你不能带队去啊!你有病,要送命的。蔡锷却回答说:别无办法。反正我的日子也不多了,我要把全部生命献给民国。(史沫特莱:《伟大的道路——朱德的生平和时代》)

教师: 材料一是蔡锷的老师梁启超回忆蔡锷举事前说过的一段话,如果说老师偏爱弟子,那么陶菊隐的《政海轶闻》和史沫特莱采访朱德的回忆录是最好的佐证,这三则材料已经有力地回答了上面的问题。蔡锷明知不可为而为之的目的到底是什么呢? 身染重疾,却不肯就医,反而跑到硝烟弥漫、危险重重的战场,有什么比生命更重要的事吗?

学生: 蔡锷认为有,那就是要为四万万国人争人格,为维护这个来之不易的中华民国,大有"舍得一身剐,敢把皇帝拉下马"的悲壮情怀。

教师: 那么蔡锷起兵讨袁对于推翻袁世凯复辟到底起了多少作用呢? 同学们看这样一组资料:(配合历史地图《护国运动形势图》)

1915年12月25日云南宣布独立,成立护国军,唐继尧为云南都督,蔡锷、李烈钧为护国军第一军、第二军总司令,随即分别出师四川、广西。

1916年1月1日,云南军政府发布讨袁檄文,历数袁世凯二十大罪状,号召全国军民共同讨伐袁世凯,保卫共和民国。

1916年1月27日,刘显世宣布贵州独立;3月15日,陆荣廷发出护国倒袁电,宣布广西独立。随后广东、浙江、陕西、四川、湖南等省相继宣布独立。原来支持袁世凯的各国列强也纷纷指责袁"断行帝制",北洋军阀内部也随着前线战事的失利,也竞相离异。

1916年3月,袁世凯下令取消帝制,6月6日袁世凯一命呜呼。

学生: 蔡锷首先发起护国运动,全国纷纷响应,袁世凯最后被迫取消帝制。

教师: 古人说"名满天下,谤亦随之"。可是蔡锷却打破了此例,他的生死成败，不论是友是敌、是新是旧，莫不由衷称道，理由很简单：蔡锷以天下为己任，却不以天下为己私，他拼了命争来的是四万万中国人的国格，维护的是这个来之不易的中华民国。当然在那个军阀混战的时代，蔡锷的个人力量还不足以改变中国国运和国体，但他这种舍己为民的精神非常值得我们学习和传颂。"刺破青天锷未残，天欲坠，赖以柱期间"。共和垂危，而蔡将军挺身而出，如一把利剑，径直刺向专制和独裁，也警示后人：逆潮流而动者将被历史唾弃。

"以强毅之力行其志"的张謇

朱行中学　顾其杰

一、案例说明

（一）目标阐释

在中国传统文化中，"强毅力行"是一种优秀的意志品质，代表了积极进取的精神状态与身体力行的积极行动。《礼记·儒行》指出，儒士应该"慎静而尚宽，强毅以与人"。《论语》载曾子所言："士不可以不弘毅，任重而道远。"作为一个儒士，需要有远大的抱负、顽强的意志、坚忍的毅力、不懈的努力，才能实现目标。同样，"力行"也是中国传统文化中重视实践、勇于探索精神的表现。司马迁在《史记》中写道："为治者不在多言，顾力行何如耳。"想要实现各种目标，不能仅仅依靠空口大话，必须通过躬行实践方能有所成就。因此，强毅力行代表了意志坚韧、自强不息、勇于实践、顽强拼搏的品性，同时，这也是当代中学生在学习生活中必须拥有的品质，以强毅之质而力行其志。

甲午一役后，民族危机日益严重，爱国知识分子进行了一系列救亡图存的探索。张謇科举高中，进入翰林院后，目睹了清政府的腐败无能，对官场心灰意冷，最终促使他走上了一条弃官从商、实业救国的道路。张謇不仅具有实业救国的远大目光，而且具有将实业救国的主张付诸实践、勇于探索的坚强毅力和坚韧不拔的奋斗精神。1911 年在北京商业学校的演讲中，他讲道"人患无志，不能以强毅之力行其志耳，成就之大小，虽亦视乎材能境遇及其他种种关系，然果能以强毅之力行其志，无论成就大小，断不至毫无所成"。张謇希望国人拥有的立定志向、强毅力行的精神正是历史课堂中所需要体现出来的德育目标，要求学生成为一名以强毅之力行其志的人。

（二）实施路径

在知识与技能方面，高中阶段对学生提出了认识近代民族工业，知道民族资产阶级的特点。张謇"实业救国"的实践并没有在高中教材中体现；初中学生则为知道民族经济的"黄金时代"，其中涉及张謇开创的大生纱厂与大生资本集团。鉴于此目标，本课采取以下几个途径进行渗透：(1)通过对张謇的介绍，知道他是中国历史上唯一一位弃官从商的状元。(2)通过张謇之子的两段回忆，并结合当时社会背景，分析张謇弃官从商、"实业救国"的原因，感受他在创办大生纱厂时的艰苦历程。(3)通过解读数据，知道大生纱厂发展迅速的原因是民族经济步入了"黄金时代"。(4)通过张謇演讲的片段，感悟他以强毅之力行其志的卓越精神。

在过程与方法方面，初中阶段对学生的要求为能够初步分辨历史现象背后的因果关系，如张謇以状元身份兴办实业所代表的观念转变。本课拟从以下途径展开：(1)通过张謇从参加科举考试成为状元到弃官从商的表现，结合时代背景，理解张謇在思想上的转变是受到了实业救国思潮的影响。(2)通过分析张謇的"人患无志，患不能以强毅之力行其志耳！"，感受张謇将实业救国的主张付诸实践，勇于探索的坚强毅力和坚韧不拔的奋斗精神。

二、案 例 呈 现

教师：被光绪帝"钦定第一甲第一名"的人物是谁？（出示图片《状元殿试策封面图、捷报图》）

学生：张謇。

教师：是的。张謇字季直，号啬庵，江苏南通人，1853年出身于一个富裕的农民家庭。5岁时进入私塾读书，16岁时考中秀才。1885年，张謇在乡试中考中举人。往后10年间，他三次赴京参加会试，并最终于1894年考中第一甲第一名进士，即状元，授以六品的翰林院修撰官职。进入翰林院后，张謇却目睹了清王朝的真面目。张謇对清王朝，对贫弱的中国有何看法？（出示材料）

> 看看中国国势，一天比一天危迫下去，朝局用人政事也是一天比一天紊乱黑暗起来，就想到日本是一个小国，何以反走到中国前面。推想到要中国不贫不弱，救醒他起来，除了振兴工商业，决没有第二样办法……我父在京好几个月，有一回看见太后从颐和园回到京城里，适逢大暴雨，地上的水积深了一二尺；大小文武百官，也有七八十岁年纪的老臣子，都跪

在水里边接驾……一个个都成了落汤鸡……那边太后坐在轿子里,连头回都不回。我父一见,心上就难过起来,觉得这种官,是有志气的人该做的吗?(《南通张季直先生传记》)

学生:清王朝官场黑暗;中国积贫积弱,只有振兴工商业才能救中国;希望成为一个有志气的人。

教师:原本,张謇的仕途可谓一片光明,但后来他却采取了一个惊世骇俗的举动。1895年,他放弃高官厚禄,着手开始创办大生纱厂,成为自科举制创立以来,中国历史上第一位、也是唯一一位弃官从商的状元。结合1894年前后中国社会的情况,张謇是在怎样的历史背景下创办实业的?

学生:《马关条约》签订,列强在华开矿设厂合法化以后,清政府改变了对国人设厂的态度,采取了一些鼓励政策,私人投资近代企业取得合法地位。

教师:没错,清政府对设厂态度的放宽为张謇创办实业创造了有利的条件。而在另外一方面,《马关条约》签订后,外国人纷纷在中国开办工厂、开采矿山,利用中国廉价原料、廉价劳动力,直接剥削中国人民。受到实业救国思潮的影响,张謇认为要挽回中国的利益,必须发展本国的工商业。因此,张謇走上了一条弃官从商、实业救国的道路。同学们,张謇创办的最有影响的是什么企业?

学生:大生纱厂。

教师:张謇创办纱厂之初,他遇到了哪些困难?(出示材料)

这四年间,我父奔走南京、湖北、通沪各处,白天谈论、写信,筹划得手口不停,夜间又苦心焦思,翻来覆去,寝不安枕,官绅的接洽说话,一天几变,捉摸不定……上面的总督虽然赞助,而底下的官员没有一个不拆台。旁边也没有一个不是等着看好看。所谓人情冷暖,世态变幻,我父是亲身感受了,又是气愤,又怕办不成功……这边筹到款用,那边又不够了,今天筹到款用,明天又不够了,天天过年三十夜,弄到万无法想的时候,常常跑到黄浦滩对天长叹,眼睛里的泪水同潮水一样涌出来。(《南通张季直先生传记》)

学生:资金不足,官员的阻挠和刁难等。

教师:我们能从张謇在创办实业时的社会环境看到,中国资本主义在兴起之初是"夹缝中生存"。但张謇不仅具有实业救国的远大眼光,而且具有将实业救国的主张付诸实践,勇于探索的坚强毅力和坚韧不拔的奋斗精神。尽管困难重重，但张謇凭着顽强的意志东奔西走，甚至有时候旅费不够，就卖自己的字，厂款分文不去动用。张謇创业之始竟然潦倒狼狈至此，但他没有退缩、没有放弃、没有绝望，而是披荆斩棘，逆风前行。在经历了 44 个月的磨难后，终于成功地创办了大生纱厂。自大生纱厂创办后，由于经营得法，棉纱产品在市场上大受欢迎。纱厂创办前 13 年中，一共盈利 321.5 万两白银，是投资金额的 7 倍。而从 1912—1921 年的 10 年中，盈利累计 1 161.9 万两，相当于前 13 年纯利润总和的 3.61 倍。这 10 年大生纱厂的迅猛发展，有什么客观的原因吗？

学生： 1914 年第一次世界大战爆发后，列强忙于欧洲战事，放松了对中国的压力，使得民族企业得到较大的发展空间。

教师： 很好。民族资本主义迅猛发展的这 10 年，也被称为是民族经济发展的"黄金时代"。张謇通过创办大生纱厂积累了大量的财富，一方面扩大纱厂规模，另一方面实行多种经营，跨行业发展，涉及轻工业、交通、金融、教育、社会福利等行业，形成了"大生"资本集团。而难能可贵的是，张謇创办实业，绝非一己之利，而是以此为凭借，振兴各项社会事业，以实现他的强国梦想。1911 年 6 月，张謇于北京商业学校发表演说："人患无志，患不能以强毅之力行其志耳！成就大小，虽亦视乎才能境遇，及其他种种关系，然果能以强毅之力行其志，无论成就大小，断不能毫无所成。夫立志之权，自我操之，虽天地而不得限也。"在这段文句中他表达了什么观点？

学生： 每个人都应该有志向，不管志向目标的大小，都应以强毅之力行其志。

教师： 张謇以自己的人生经历诠释了"以强毅之力行其志"。人需要有远大的抱负、坚韧的毅力，并且勇于实践，顽强拼搏，才能实现目标。张謇从"崇官"到"弃官"再到兴办实业，在探索人生价值的道路上经过了一个极其艰难的历程。他将爱国之心、报国之志、效国之力融为一体，身体力行，顽强拼搏，最终实现了他的人生价值。在当今时代，这句名言依然适用于我们各位同学，无论"成就大小"，都需以坚韧不拔的奋斗精神，去实践、探索，以强毅之质而力行其志。

触摸五四历史　感悟五四精神

西林中学　钱佳萍

一、案 例 说 明

（一）目标阐释

五四精神是指五四运动中时人在国家民族又一次危机中挺身而出所展现的彻底的、不妥协的反帝反封建的爱国精神。历史的风云激荡中,陆游"位卑未敢忘忧国",顾炎武直言"天下兴亡,匹夫有责",梁启超高呼"少年兴则国兴,少年强则国强",无数英烈在爱国与责任的驱动下为国赴汤蹈火、义所不辞,才有了千年文明的传承。而对当下和平年代社会转型时期的中学生而言,爱国情怀及其衍生的责任意识更应不是一时冲动也非一句口号。"爱国主义始终是激昂的主旋律,始终是我国各族人民自强不息的强大力量","爱国主义也是中华民族民族精神的核心",中学生个体内发的爱国情怀与社会责任意识下才能善其身,然后济天下,凝聚起中华民族复兴的力量。

爱国情怀和社会责任意识都非无根之花,但与社会还未有直接接触的中学生对此两者是很难有直观认识的机会,同时中学阶段正是"三观"成型的重要时期,故而,《五四运动与中国共产党的成立》在初高中教材中都承担着中国近代史救亡图存主题与历史学科德育教育的重要使命。高中生因较高的思辨能力,除掌握"五四运动"与"中国共产党的成立"两板块的基本史实以及感受认同新文化运动的启蒙精神与五四运动爱国情怀外,情感态度价值观方面还有:感受中国共产党成立是中国近代历史的选择,体会国民革命宏阔的历史途径和先贤豪迈的革命斗志。初中生则是体会思想一经人们掌握就会变成巨大的现实力量,感受爱国人民群众为维护正义而迸发出的巨大威力,情感触动引发认同,从而激发责任意识,帮助构建爱国情怀。

（二）实施路径

依据七年级学情,教材内容编排上五四运动的背景经过占据了较大比重,较全面地向七年级学生呈现了这段历史。无论历史学科核心素养还是德育目标,都是需要学生在知识技能的掌握过程中体验历史、感悟历史,如同史学思想的模仿迁移,非短时内可以直接速成内化为学生品格,需要一种潜移默化式"情动—体验—理解—内化"的过程。所以,在教学中将五四运动的过程作为重点,五四运动的意义作为难点,用不同类型和角度的材料帮助学生认识这段历史。

在教学实践中,先以"1919—1840"两个年份的时间差开始本课教学,结合前课有意识地铺垫"救国道路探索",简要回溯并营造情感氛围,帮助学生感知:民主共和制在风雨飘摇中建立,在列强势力阴影下军阀派系纷争中挣扎求生,远在欧洲战场的第一次世界大战却给当时的中国带来久旱逢甘霖的希冀,外交上跪久了的中国终于自1840年被轰开国门的79年后获得了以战胜国身份参与战后世界势力分配的国际会议。得益于新文化运动民主与科学的思想解放,巴黎和会成为1919年上半年的社会热词,国人用"公理战胜强权"一抒79年来对不平等外交关系的哀其不幸、怒其不争之情。巨大的期望对比巴黎和会带来的强烈失望,即寄予厚望的巴黎和会或者说北洋政府再次向列强低下了头颅,也向国人撕下了纸糊的独立民主,从而在情感上帮助学生了解北洋政府无法担当起救亡图存这一时代责任的事实,再引导解读几则来自不同立场、展现群众不妥协态度的文字材料,感知人民群众为正义迸发的巨大威力,认同理解所体现的五四精神。层层铺垫,构建起熏陶学生的爱国精神,最后以学生一句话表述自己的情感认知,增强学生历史使命感和社会责任感。与此同时,铺垫学生对此后中国共产党的成立以及中共在百多年救国道路探索过程中所起的作用及意义产生情感上的认同。

关于五四运动的形式规模,教学方法上选择了形势示意图的解读来呈现。因为,相较文字材料,形势示意图能更直观全局性呈现五四运动的发展经历,同时也能培养学生文字材料很难起作用的空间意识。了解五四运动的阶段、主力、规模等内容,进而相对全面地认识国土沦丧国人所迸发的爱国情怀的广度与热度。当然,鉴于七年级学生缺乏形势示意图的信息收集能力,实践中先将北京学生示威游行示意图作为读图方式的示范,再以五四运动形势示意图用作学生模仿读图,实践练习历史读图方式,初步培养历史地图有效信息的收集能力。

二、案 例 呈 现

教师:(出示 1919－1840＝?)答案是多少? 1840 年的中国迎来了什么变局?

学生:79。1840 年鸦片战争爆发,英国人用坚船利炮轰开了中国国门。

教师:1919 年 1 月第一次世界大战结束后战胜国代表齐集巴黎,召开巴黎和会商讨对战败国德国等的处置问题。这是中国自 1840 年后 79 年来第一次作为战胜国参加国际会议。中国政府以战胜国身份提出一个重要要求:收回战败国德国在中国山东的一切权益,恢复中国在山东的主权。中国对这次国际会议寄予了中国外交关系上由不平等向平等的转折……

教师:(出示"五四运动形势图")虽然有北洋政府的严厉镇压,但在学生不畏强权、决不妥协的爱国情怀的感召下,更多的人参与进来,用行动向北洋政府表达自己的诉求。按照形势图中五四运动信息的呈现,北京是五四运动的爆发点,除发生学生罢课外,还有哪些群体采取了行动?

学生:工人罢工,商人罢市。

教师:学生、工人、商人的参与,他们的诉求依然没有改变。北洋政府释放了被捕人士,但是五四运动最终不局限于北京一城。为什么?

学生:惩办卖国贼和拒签和约的诉求,北洋政府没有采取并执行。

教师:我们一起找一找,地图上呈现的参与了五四运动的城市中最北的是哪个? 具体发生了什么? 最南的是哪个? 最西的是哪个? 最东的是哪个? 我们这座城市上海呢?

学生:参与的城市中最北的是沈阳,进行了工人罢工、学生罢课、商人罢市的"三罢"斗争。最南的城市是香港,进行了罢工罢市斗争。最西的城市是昆明,也进行了"三罢"斗争,最东的好像就是上海。上海发生了学生罢课、工人罢工、商人罢市之外,还有铁路工人罢工。

教师:我们梳理一下,根据地图信息我们可知:五四运动期间,继_____之后,_____范围内还进行了_____和_____运动。

学生:五四运动期间,继<u>学生罢课</u>之后,<u>全国</u>范围内还进行了<u>工人罢工</u>和<u>商人罢市</u>运动。

教师：其中，涉及 20 多个省份、100 多个城市全国性罢工罢市是从上海蔓延至全国的，开始于 6 月 5 日，称之为"六五罢工"。五四示威主体是谁？六五罢工后参与的人有学生、工人和商人，他们的身份可以概括为什么？所以，我们可以说：_____之后，五四运动由_____爱国运动转变为_____运动。

学生：六五罢工之后，五四运动由学生爱国运动转变为全国性群众爱国运动。

教师：六五罢工中的上海又是另一番景象，如果电车罢工会导致什么后果？（出示材料）

> 从 6—11 日，上海华商、英商、法商电车公司，求新、祥生、锐利机器厂，海关印刷厂，英美烟厂，江南、耶松、瑞镕等船厂，自来水厂，电灯厂，电气公司，美孚和亚细亚火油栈，内外棉七、八、九厂，电话公司，沪宁、沪杭两铁路工人及航运码头清洁工人等共计约 11 万各业工人先后投入了大罢工，另有 7 万店员工人参加了罢市。（《上海工运志》"五四运动与大革命时期重大斗争"）

学生：市内公共交通瘫痪。

教师：英国老板在罢工的第二天就赶紧发出通知：如果开始正常上班，发双倍工资。工人们对此表示非常坚定的不妥协。再看自来水、电灯、电话、电气，这些都是跟什么息息相关的？上海城市日常生活已经被罢工左右了。铁路工人和码头清洁工人，后来海员也加入罢工，会对上海造成什么影响？

学生：上海的对外交通被中断。

教师：对外的水陆交通断绝，而当时的上海已经是中国金融中心、航运枢纽，可以想象会对整个国家造成巨大影响。并且，上海六五罢工后，其他城市纷纷响应。于是，6 月 7 日，北京政府无可奈何释放了所有被捕学生。但罢工会因此马上停止吗？"三罢"的真正目的是什么？

学生：不会。群众的三个诉求没有完全满足，北洋政府既没有惩处卖国贼，也没有表示拒签巴黎和约。

教师：这两则材料发布者分别是什么身份？他们希望北京政府以何种方式结束这场运动？（出示材料）

> 上海淞沪护军使卢永祥急电北京政府：……星星之火，可以燎原，失此不图，将成大乱。（《上海工运志》"五四运动与大革命时期重大斗争"）

6月9日上海公共租界报纸《字林西报》无可奈何地表示：我们在生活上已经忍受不了当前的严重困难，以至我们不得不请求我们的政府转劝北京政府接受学生的要求。（汪士汉：《五四运动简史》）

学生：身份分别是军阀和租界。他们希望北京政府能够接受群众的诉求——惩办卖国贼以及拒签和约。

教师：（出示材料）6月10日，曹章陆被免职；6月28日，中国代表通告拒绝签字。

到这时，自5月4日开始的波及全国的五四运动三个要求都实现了。1921年在美国召开的华盛顿会议中日签署赎回山东主权的方案。往前回顾，这也是中国79年面对不平等外交的第一次彻底不妥协。这一成功离不开率先挺身而出的学生，五四青年节纪念他们的爱国、不屈；更离不开包括工人、商人在内为国家民族前途甘愿牺牲个人利益的普通中国人。如果用一句话来表述你对五四精神的理解，会是什么？

学生：天下兴亡，匹夫有责。

学生：苟利国家生死以，岂因福祸避趋之。

学生：星星之火，可以燎原。

学生：不畏强权。

学生：以天下为己任……

教师：很好。不同年纪、不同身份的国人在1919年挺身而出，不畏强权、不怕牺牲，收获了中国79年来面对完全不平等条约的第一次彻底不妥协，而爱国主义始终是其自强不息的强大力量。1840年以来，在救国图存的使命感召下，越来越多的人、群体担负起国家独立、民族复兴的重担。无数英烈在爱国心与责任感驱动下为国赴汤蹈火、在所不辞。而对当下和平年代社会转型时期的我们而言，爱国情怀及其衍生的责任意识更应不是一时冲动，不是喊喊口号，爱国主义始终将是激昂的主旋律，是我国各族人民自强不息的强大力量。

"得民心者得天下"

蒙山中学　钱益红

一、案 例 说 明

（一）目标阐释

翻开中国历史我们不难发现，每一段辉煌都毫无例外地闪现着一个盛世明君的身影，像汉高祖刘邦、唐太宗李世民、康熙帝玄烨等。他们为百姓安居乐业、社会繁荣稳定作出了卓越的贡献，他们统治管理着不同的时代，却印证同一个道理："得民心者得天下"，民心向背是政权兴衰的一个决定性因素。

1945 年，中华民族经过 14 年浴血奋战，迎来了抗日战争的最终胜利。然而胜利带来的喜悦并未持续多久，国民党政府在战后的种种作为，却为自己埋下了一颗"毁灭的种子"，这正如蒋介石于 1949 年所言"是我们自己打败了自己"，违背了人民的意志和利益而最终迅速走向了失败；而共产党人毛泽东等以民族利益为重，不畏艰险亲临重庆，使学生能感受到共产党人为人民谋利益的高尚情操和人格魅力，对和平充满希望，顺应了民众的意愿，也赢得了天下。通过运用多方、多种类型的史料相互印证，了解和认识在中国两种命运大角逐的关键时刻"得道多助，失道寡助"的历史启示，由此让学生懂得"得民心者得天下"，从而培养学生的民族意识和社会责任感。

（二）实施路径

在知识与技能方面，高中课程标准要求：知道在解放战争期间国统区的危机，理解国民党政权的垮台不仅表现为军事上的失败，更为执政能力的失败；

而初中则通过具体历史过程的叙述,分析国民党统治危机形成的原因。有鉴于此,本案例选择了《国民党统治的危机》中,国共两党的几组材料进行渗透:第一组材料是"大劫收",通过出示《上海大新百货大楼巨幅照片》了解抗战胜利后全国人民对蒋介石及国民党政权的满怀希望;通过漫画、电文、回忆录等了解国民党对沦陷区的接管由"大接收"变成了"大劫收",使老百姓遭受盘剥;民众的民谣表达了对国民党政府的失望和痛恨,国民党政权"劫"的是民众的财富,更"劫"的是民众的心。第二组材料是"重庆谈判",通过分析漫画《端赖合作》《1945 年抗战胜利后国共军事力量对比图》了解重庆谈判的历史背景;通过《蒋介石日记》揭露蒋介石"假和平,真内战"的阴谋;通过图片《毛泽东从延安赴重庆谈判》毛泽东等以民族大意为重、不顾个人安危从延安飞往重庆,使学生感受到共产党人为人民谋利益的高尚情操和人格魅力。通过鲜明的对比来阐述"民心向背定天下",把培养学生家国情怀的目标与课文知识点有机地结合起来。

在过程与方法方面,高中课程标准从动机与后果的视角,分析、综合、比较、归纳基本史实,而初中阶段对学生的要求是:引导学生从军事、政治、经济三方面的历史事实中探究其根本原因,学会归纳推导的方法,让学生认识到在中国两种命运大角逐的关键时刻"得道多助,失道寡助"的历史启示,感受"得民心者得天下",民心向背是政权兴衰的一个决定性因素。本课拟从以下途径进行展开:(1)通过对《上海大新百货大楼巨幅照片》、漫画《五子登科》、蒋介石的电文、陈立夫回忆录、日伪币兑换法币的比价表、民谣等史实分析,培养学生以多方、多种类型史料相互印证的方式了解历史真相,认识国民党政权在战后的所作所为埋下了最终失败的祸根;(2)通过对漫画《端赖合作》《1945 年抗战胜利后国共军事力量对比图》和蒋介石日记等文献史料的解读,培养学生能从时代背景、事件过程等角度分析历史事件,认识蒋介石"假和平,真内战"的真相,从而客观和全面地评价民心向背与政权命运之间的关系。

二、案 例 呈 现

（片段一：大劫收）

教师:这是谁?（出示上海大新百货大楼巨幅照片）

图 1   上海大新百货大楼巨幅照片

学生:蒋介石。

教师:挂蒋介石画像的大楼是今天南京路上的上海第一百货大楼,1945 年当时上海属于接收区。蒋介石的画像怎么会在这个时候被挂在这个大楼上呢？看画像的标语和落款,能知道吗？（放大画中标语"蒋主席万岁"和落款"大新百货公司"）

学生:这两家公司想通过画像表达他们对蒋介石的拥护和支持。

教师:他们为什么会对蒋介石发出欢呼？

学生:是他们对蒋介石及其国民党政权在抗战期间血肉筑长城的肯定。抗日战争期间上海属于日战区,也就是沦陷区,所以他们还希望国民党来接收后,能够和平、民主建设遭受战争劫难的国家,让他们过上幸福的生活,他们对国民党充满着希望。

教师:对。其实那时不独是这两家,多数中国百姓都对蒋介石及国民党政权充满着希望。可是,这种希望没有维持多久,随着国民党政权对原沦陷区日伪政权和资产接收的进行,民众日益失望。有人还用漫画来讥讽国民党接收官员的贪污腐败。（出示漫画《五子登科》）

图2 《五子登科》

这是上海著名漫画家丁聪的一幅漫画,名字叫《五子登科》。"五子登科"是当时人们对贪腐的国民党接收大员的讥讽。哪一个是接收大员?

学生:胖胖的那个。

教师:哪一个是民众?

学生:被接收大员踩在脚下的、跪着的那一个。

教师:画中有哪"五子"?

学生:金子、车子、房子、女子……

教师:还有呢? 同学们看那个脚踩着人民的大员,手拿委任状,这是官位、位子,也是面子,也是他们抢着当官抢劫民众的"挡箭牌子"。丁聪的漫画,将国民党的"大接收"描绘成了"大劫收"。但是漫画毕竟有夸张的成分,要有其他的史料来证明。这是蒋介石接到关于接收中严重舞弊的报告后,给接收区军政长官的电文,蒋介石的电文中有没有丁聪漫画中说的贪腐行为? (出示材料)

　　据确报:京、沪、平、津各地军政党员,穷奢极侈,狂嫖滥赌,并借党团军政机关名义,占住人民高楼大厦,设立办事处,招摇勒索,无所不为。

(1945年10月蒋介石电文,《蒋公总统思想言论总集》)

学生:有,借党团军政机关名义,占住人民高楼大厦。

教师:他还列举了哪些贪腐行为?

学生:穷奢极侈,狂嫖滥赌,设立办事处,招摇勒索等。

教师:电文里有个词是蒋介石用来概括这些接收官员贪腐行为的,是什么?

学生：无所不为。

教师：对。蒋介石用这个词汇概括，说明当时接收官员中贪污腐败怎么样？

学生：非常严重。

教师：不仅是接收官员贪污掠夺，国民政府本身在统一货币的过程中，也就是用国统区的法币兑换沦陷区日伪的伪币的过程中，也劫夺民财。（出示兑换比价比较表）

图3　法币与伪币兑换比价

教师：这是当时兑换比价比较表，按市场价1元法币换80元伪币，而按政府强制价要用200元伪币才能换来1元法币。同学们，按1元法币算，这时国民政府从持有伪币的人们手中强行多收走了多少钱？

学生：120元伪币。

教师：（出示《陈立夫回忆录》）陈立夫回忆说：他们"把有钱的变成没钱的，没钱的人更是一无所有了"，"弄得老百姓更痛恨我们"。在兑换中如此搜刮，使沦陷区还持有伪币的人们顿时倾家荡产，也导致了物价飞涨，沦陷区人民痛心疾首！他们原来盼望国民党来接收能给他们带来幸福生活，结果自己却遭受盘剥，他们用民谣来表达心中的什么？（出示材料）

　　　想中央，盼中央，中央来了更遭殃；想老蒋，盼老蒋，老蒋来了米面涨。

学生：痛苦，失望。

教师：国民党政权"劫"民众财富，实质上他们又是"劫"什么呢？

学生：是劫民心。

（片段二：重庆谈判）

教师：（出示漫画《端赖合作》）这是1945年，发表在中、美、英三国合办的

《联合画报》上的漫画,这幅漫画的题目是《端赖合作》,意思是只有依赖合作。那么,只有依赖谁和谁合作呢?

图 4 《端赖合作》

学生:国民党和共产党。

学生:漫画中的"建国大道",人民的车上拉的"胜利""民气""友助""坚韧"就是表达了人民要求和平、民主的愿望。

教师:当时,国民党拥有 420 多万军队,而共产党只有国民党军队的 1/4,因此抗战胜利后,中国存在着两个走向。哪两个走向?(出示《1945 年抗战胜利后国共军事力量对比图》)

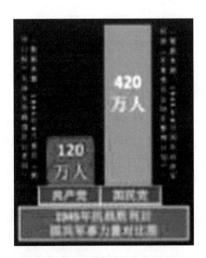

图 5 抗战后国共军事力量对比

学生：就是国共内战，还是国共合作、和平建国。

教师：但是在这种兵力悬殊的态势下，蒋介石可能会怎么想？蒋介石在国内外的普遍和平呼吁下，向共产党抛出橄榄枝，连续三次电邀毛泽东到重庆和平谈判，其目的是什么？

学生：表明自己是要和平的，表达了自己的诚意。

学生：还有就是国民党可以据此拖延时间。

教师：如果毛泽东不来重庆，蒋介石会怎么样？

学生：蒋介石就可以将破坏和平的帽子扣到共产党的头上，逼迫他们交出解放区和军队，解除共产党的武装。

教师：对。蒋介石可以在政治上处于主动和有利的地位，正好不用和共产党分享抗战胜利的果实。结果，毛泽东以民族大义为重，不顾个人安危于8月28日从延安飞往重庆，真的来了。（引导学生看课文图片：毛泽东等和前来迎接的张治中、赫尔利在飞赴重庆前于延安机场合影）这是毛泽东来到重庆后，蒋介石第三天的日记。蒋介石对毛泽东的到来是什么样心情？（出示材料）

> 毛泽东果应召来渝，此虽威德所致，而实上帝所赐也。（1945年8月30日，《蒋介石日记》）

学生：兴奋、得意……

教师："果"字是什么意思？

学生：果然，果真。

教师：可见蒋介石也想过毛泽东不敢来。"应召"一词，说明蒋介石是什么样的姿态？

学生：高高在上，要让毛泽东臣服于他，可见其想要独裁的心态。

教师：那么毛泽东来到重庆，又是怎样应对蒋介石的呢？一到重庆，毛泽东就投入到繁忙的工作中，他除了同蒋介石直接会面、商谈之外，还在争取民心上做了大量工作，特别是广泛地会见各界人士，包括国民党人士、民主党派人士、外国友人及其他人士，仅在谈判的43天里行程就安排了56次，可谓非常密集，这也大大改善了国统区人们对共产党的负面看法，广泛争取了民心。

经过谈判小组43天的艰苦谈判，10月10日国共双方签订了《政府和中共代表会谈纪要》，即《双十协定》。双方一致要求：坚决避免内战、召开政治协商会议、保证人民民主权利等。可是，蒋介石一面进行谈判，一面积极部署内战。在毛泽东到达重庆的第二天，国民党密令各战区大量印发蒋介石在十年内战时期编写的反共文件《剿匪手本》。1946 年 6 月,蒋介石又派国民党军队进攻中原解放区,接着向其他解放区发动进攻,全面内战爆发。全面内战爆发后,国民党军队并未得到多大好处,反而损兵折将,被人民解放军歼灭 70 万,全面进攻的计划破产。这主要是什么原因?

学生:违背人民的和平、民主的意愿,失去了他们的支持,失去了民心。

教师:蒋介石打着和平的旗号三次电邀毛泽东赴重庆谈判,后又不顾人民的和平愿望,撕毁协议挑起内战,违背了人民的意志和利益,失去了民心而最终迅速走向了失败;而以毛泽东为首的中国共产党人亲临重庆参加谈判,一方面揭露蒋介石"假和平,真内战"的阴谋,另一方面也使老百姓感受到了共产党人以民族利益为重,为人民谋利益的高尚情操和人格魅力,使老百姓对和平充满希望,顺应了民众的意愿也赢得了天下,可见民心向背定天下,"得民心者得天下"。

"为中华之崛起而读书"

同凯中学　黄莉慧

一、案例说明

（一）目标阐释

孟子言"富贵不能淫，贫贱不能移，威武不能屈"，林则徐的"苟利国家生死以，岂因祸福避趋之"，周恩来总理"为中华之崛起而读书"，这些都是中华民族千百年来传颂至今的道德品质，从中可以体会个人与国家之间的深厚情怀。特别是在中华民族面临亡国灭种的危急关头，这种家国情怀体现得更为弥足珍贵。对于当代中学生而言，"为中华民族之伟大复兴而读书"是历史和时代赋予我们的使命。

1931 年九一八事变爆发，东北三省沦陷；1935 年日军又策划了华北事变，蚕食华北五省；1937 年七七事变，平、津两地相继失守。为了保存民族火种，位于北京的北京大学、清华大学和位于天津的南开大学被迫迁往云南昆明，组成了西南联合大学。在坑坑洼洼的泥土地上、在茅草屋里、在隆隆的炮火声中，西南联大的师生以诲人不倦的治学态度、学而不厌的求学精神，用自己的勤奋和努力保存了抗战时期的科研力量，挺起了中华民族的脊梁，他们用自己的实际行动诠释了西南联合大学"刚毅坚卓"的校训，他们的拳拳赤子之心至今仍是我们学习的榜样。

（二）实施路径

在知识与技能方面，初中阶段对学生知道西南联合大学的组建、发展和成就等基本概况。本课案例在选择材料时则重点突出了西南联合大学的办学环境与办学成就，希望通过两者之间鲜明的对比，对学生的情感产生冲击。因此,本案例选取了西南联大北京校友会所编著的《国立西南联合大学校史》、黄延复、王小宁整理的《梅贻琦日记》、岳南的《南渡北归》以及部分图片资料来进行呈现,一方面培养学生阅读材料提取信息的能力,同时又交代了民族危机加深的时代背景;另一方面通过学习、生活环境条件恶劣与西南联大师生所取得的成绩相对比,使学生感悟在特殊时代背景下西南联大师生的贡献,激发学生的爱国情怀。

在过程与方法上,根据所选取的材料,分别从西南联大校舍环境、学生宿舍状况、教师住宿环境来呈现西南联大师生生活环境之艰苦,从图书馆的拥挤和创造条件做实验来体现学生学习状态之勤奋,以敌机的轰炸来展示学生精神之顽强,最后通过展示西南联大师生所取得的成果来体现师生成绩之斐然,从而使学生归纳、体会西南联大师生为保存民族火种所做出的贡献,进而激发学生的学习动力与学习热情。

二、案 例 呈 现

教师:在日军接连侵占东三省、继而入侵北京后,北京学界发出"华北之大,已经安放不得一张平静的书桌了"的呼声。伴随着北平的沦陷,为保存民族火种,东部地区的高等院校开始大规模内迁,其中北京大学、清华大学与南开大学这三所学校也开始了南迁的历程。三校先是迁至长沙,组成国立长沙临时大学,但此后长沙接连遭到日军轰炸,临时大学被迫再次向昆明迁徙。

长沙到昆明约有1 300公里的路程,而战时交通十分困难,因此来自三校的1 600余名师生只得分成三路:一部分乘火车到广州,经香港、越南进入云南;一部分通过公路进入柳州,经南宁、越南进入云南;还有一部分学生组成湘黔滇旅行团,用自己的脚步丈量两地之间的距离,最终历时68天,横穿湘黔滇三省,到达昆明,完成了中国教育史上罕见的一次"长征",其中还包括闻一多教授。那么,从南迁的西南联大师生身上,你看到了一种怎样的精神?

学生:坚强。

学生:不屈不挠。

教师:非常好! 坚强、刚毅的精神支撑着他们从北方来到了昆明,那么历经千难万险的师生,迎接他们的是什么呢?(出示材料)

材料一:

　　1939 年 4 月,新校舍在一片荒山野地里建起来了:所有校舍均为平房,除图书馆和东西两食堂是瓦屋外,只有教室的屋顶用白铁皮覆盖,学生宿舍、各类办公室全部都是茅草盖顶。(摘自《南渡北归》)

材料二:

　　教室(铁皮屋教室)内除了黑板、讲桌、课椅(右边扶手上有木板,便于记笔记),别无他物。大教室是一整间,中小教室则按 3:2 分为两间,中间的土墙谈不上隔音。相邻两个教室讲课,干扰是免不了的。一旦下起瓢泼大雨,铁皮屋顶上会有叮叮咚咚的雨声,压过教授的讲课声。(摘自《国立西南联合大学校史》)

材料三:《西南联大铁皮屋顶的教室》

图 1　西南联大铁皮屋顶的教室

　　这就是学生们的教室,从以上材料中我们可以发现他们的学习环境如何呢?

学生:铁皮屋顶,在云南的气候下潮湿、闷热。

学生:茅草屋顶,下雨可能会漏雨。

学生:教室隔音差,相互干扰,影响学习。

学生:十分艰苦。

教师:同学们都说得很好。了解他们艰苦的学习环境后,我们再来看看西南联大学子们的生活条件。(出示材料)

材料四:《西南联大茅草屋顶的学生宿舍》

图2 西南联大茅草屋顶的学生宿舍

材料五:

　　每间宿舍(茅屋宿舍)放20张双层木床(10个这样的"单元"),除两端的4张床紧靠土墙外,其余16张都是两两相靠,学生用床单或帐子把紧靠的两床隔开,以减少干扰。

教师:学生们的生活条件怎么样呢?

学生:很苦,茅草屋顶遇到大风天气茅草会被吹跑。

学生:宿舍人很多,拥挤,条件差。

教师:学生生活条件很差,教师怎么样呢? 我们再来看看西南联大老师们的工作生活环境。这是清华大学校长梅贻琦的家,生活条件如何呢?（出示材料）

材料六:

　　屋中瓦顶未加承尘,数日来,灰沙、杂屑、干草、乱叶,每次风起,便由瓦缝千百细隙簌簌落下,桌椅床盆无论拂拭若干次,一回首间,便又满布一层,汤里饭里随吃随落。每顿饭时,咽下灰土不知多少。(摘自《梅贻琦日记》)

学生:很不好,屋顶的瓦缝里经常掉落灰尘,甚至掉到碗里,不仅不卫生,而且会损害身体健康。

教师:从上述材料中我们可以看出西南联大师生的生活和学习环境十分简陋、艰苦,在这样的环境中他们又是如何开展学习的呢? 从中大家又能体会

到西南联大师生的学习态度如何？（出示材料）

材料七：

实验室的设备条件很差，仪器也不完备，常常因陋就简用一些土法制造的代用品来对付必要的实验。化学系搞的土制自来水，用人力把水挑到架在高处的木桶里，然后用竹管通向实验室备用。（摘自《国立西南联合大学校史》）

材料八：

粥少僧多，图书馆开馆前，门外总是挤满了人，以便抢先进去借一本参考书或是占一个座位。每到考试前夕，借书处前出现"长龙"更不足为奇了。（摘自《国立西南联合大学校史》）

学生： 克服困难，创造条件开展学习。

学生： 勤奋、刻苦。

教师： 除了艰苦环境外，广大联大的师生们还承受着心理上的痛苦，这就是来自日军飞机的轰炸。随着日军侵略的加深，摧毁中华民族的民族意志、灭亡中华民族的文化也成为日军的目标，于是日军飞机也开始了对昆明地区的狂轰滥炸。（出示材料）

材料九：

昨敌轰炸机二十七架袭昆，对我最高学府国立西南联合大学，做有计划之轰炸，以图达到其摧残我教育与文化事业之目的⋯⋯新舍男生宿舍第1、2、28、32等号被毁，师院女生宿舍第2号⋯⋯男生宿舍第1、2号，新职员宿舍被毁，第7、8教室被毁。南区生物实验室一栋全毁，内有仪器多件，图书馆被毁⋯⋯其余，常委会办公室、出纳组、事务组、训导处、总务处均被夷为平地。（摘自《国立西南联合大学图史》）

教师： 昆明艰苦的生活条件没有阻挡师生们渴求知识的热情、日军的轰炸反而坚定了广大师生为雪国耻而发愤学习的决心。西南联大的教员中，有朱自清、胡适、闻一多、陈寅恪、傅斯年、钱穆、陈省身、华罗庚、吴有训、周培源、曾昭抡、费孝通、沈从文等大批知名学者。据统计，自1955年中国科学院设立评选学部委员的制度后，西南联大的教师中被评为中国科学院院士（学部委员）的有69人；学生被评为中国科学院院士（学部委员）和中国工程院院士的有80人（其中工程院院士有10人，内2人有双重身份），合计149人（《国立西南联合大学校史》）。他们中有诺贝尔奖获得者杨振宁、李政道，有国家最高科技奖获得者黄昆,有两弹一星功勋奖获得者邓稼先、朱光亚等6人。由上面这一串熠熠生辉的名字就可以想见西南联大的办学成就。在那战火纷飞的年代,在民族面临危机的时刻,西南联大学子秉持一颗"为中华之崛起而读书"的赤子之心,坚定"千秋耻,终当雪;中兴业,须人杰"的信念,谱写了中国历史上一曲壮丽诗篇。弦歌不辍,薪火相传!对于我们今天的中学生来说,则一定要牢记"为中华民族之伟大复兴而读书"是历史和时代赋予我们的使命。

学习周总理的高度敬业精神

张堰二中　王　醒

一、案 例 说 明

（一）目标阐释

"被之僮僮,夙夜在公""鞠躬尽瘁,死而后已",为了国家和人民而殚精竭虑、呕心沥血、兢兢业业、不辞劳苦地工作奉献,是一种高度敬业的优良品质,是中华民族自古以来的优良传统美德。在中国古代,有"出师未捷身先死"的诸葛亮,有"居庙堂之高则忧其民,处江湖之远则忧其君"的范仲淹,也有"以勤先天下",不巡幸、不游猎,朝乾夕惕,坚持勤政的雍正皇帝,他们都是敬业奉献的典范。中华人民共和国成立后,高度敬业的榜样也不少见,比如,强忍肝癌病痛仍艰苦奋斗、将工作热情奉献到生命最后的焦裕禄,远离家乡、建设雪域最后殉职于青藏高原苍茫蓝天下的孔繁森等,我们敬爱的周恩来总理更是其中杰出的代表。

中华人民共和国成立之初,面对以美国为首的西方大国对我的政治孤立、经济封锁和军事威胁,为了祖国人民的和平与安全、为了祖国经济的恢复和建设,为了世界局势的和平与稳定,周恩来勇敢地承担起打破敌人封锁、打开中国外交新局面的重担,忠实而坚定地履行着自己作为外交部长的职责和使命,在1954年日内瓦会议、1955年万隆会议等国际会议上倾注全力、全神贯注,为了国家的外交事业呕心沥血、不辞劳苦地工作着,即使是在面临着生命危险的时候,他也是义无反顾,从没有半点动摇,表现出了高度敬业的精神。更难能可贵的是,周总理终其一生都秉持高度敬业的精神,为我国的外交工作付出了巨大的努力和热情,直至其人生的最后一刻。正是他的勤恳敬业才使得中国能够在极其不利的环境下逐渐打破重重封锁,在国际上崭露头角,为我国的建设和发展创造了一个有利的环境。初中阶段在这一内容的教学上侧重于引导学生形成尊重历史、敬畏先贤的意识,认同杰出人物的历史贡献,从中培养正义感、荣辱感和责任感,进而树立正确的人生观、价值观;而高中阶段则侧重于引导学生认同和欣赏杰出人物在历史上的重要贡献,正确认识个人与国家、个人与社会的关系,增强历史时代感和责任感。

(二)实施路径

高中阶段侧重于讲述周总理在一些外交场合所面临的国际形势及其在一些具体外交问题上与各方唇枪舌剑、针锋相对的谈判技巧等比较符合高中生理性思维的知识点;初中阶段则侧重于周总理为了我国的外交工作而不辞辛苦、日夜操劳、兢兢业业等一些比较适应初中生思维方式的感性知识。故本案例主要通过周恩来在日内瓦会议期间刮胡子时睡着和拒绝外出游玩的故事,带领学生初步感知周恩来外交工作的辛苦和操劳,及其为了国家而放弃自己休息娱乐时间的敬业精神;通过周恩来在面临"克什米尔公主号"飞机失事且仍存在台湾国民党特务暗杀危险之时,毅然按照原计划亲自率团参加万隆会议的事迹,来引导学生进一步感受周恩来为了国家的外交事业置个人安危于不顾的高度敬业精神;通过周恩来晚年身患重病深受癌症折磨的情况下仍然坚持在医院办公会见外宾的事迹,让学生对于周恩来一生恪尽职守、毕生奉献外交的高度敬业精神有更加深刻的体会并产生由衷的钦佩之情,进而联系到自己的现实生活。

从过程与方法看,高中阶段侧重于让学生学会从政治、经济、文化背景以及历史人物的地位、认识、处境等视角解释评价历史人物,以及懂得因对象不同历史材料的有效性与可靠性会发生变化。初中阶段则侧重于引导学生懂得文字、口述等资料是史料的基本形式,表格是了解历史的重要途径,并学会从中正确汲取和整理历史信息。故本案例首先利用亲历者回忆周恩来在日内瓦会议刮胡子时睡着的口述材料以及境外媒体对周恩来在日内瓦会议表现的报道,引导学生从口述史料及时事报道中提取有效信息;然后讲述周恩来险遭暗杀且在面临生命危险的情况下仍然亲自率团参加万隆会议的故事,引导学生从周恩来的言论及其书信中提取信息,感受周恩来的敬业精神;再次,出示根据历史著作整理的表格材料,引导学生阅读表格,从中了解周恩来晚年面临疾病折磨仍然不放弃工作的事迹,从而更进一步地感受周恩来身上那种"鞠躬尽痒，死而后已"的高度敬业精神；最后由历史联系到现实，带领学生思考在自己的生活中有没有、需不需要敬业精神，从而引导学生树立正确的人生观、价值观。

二、案 例 呈 现

教师：1953 年 4 月 24 日，周恩来率领着一个由各方面专家组成的近 200 人的政府代表团抵达日内瓦。4 月 26 日日内瓦会议在日内瓦万国宫隆重开幕。会议前后持续了近 3 个月，周恩来始终全神贯注、不知疲倦地工作着。为了会议的成功，周总理分秒必争，利用了一切可以利用的时间。可以给大家讲个小故事，这个故事是曾经参加了日内瓦会议的翻译李越然在接受采访时讲述的。

周恩来经常在早上刮胡子的时候，听取工作人员汇报。有一次李越然和代表团秘书王炳南到周恩来住处找周恩来，办公室和卧室里都不见他身影，院子里也没有，就问警卫。警卫说总理在里面没看见他出来。王炳南和李越然再进屋去找，结果他们在卫生间找到了周总理。原来周恩来坐在一张椅子上睡着了，脸上还涂着肥皂泡呢。（根据 1998 年李越然口述整理）

周总理为什么脸上涂着肥皂泡就睡着了？

学生：周总理太累太困了。

教师：周总理为什么这么累啊？

学生：他工作太认真、太辛苦了。

教师：没错。除了开会，周恩来把全部时间都用来看材料、听汇报，了解研究世界的最新动态，考虑和处理会上出现的问题，休息的时间很少。所以本打算刮胡子的总理，因为太累，眼睛一闭就睡着了。

······

教师：会议召开地日内瓦是著名的风景区，向有"世界公园"之美称。参加会议的各国代表团都会找机会去游山玩水。中国代表团成员见周总理工作太紧张、太辛苦，经常劝他外出散散步，欣赏一下日内瓦美景。周总理却总是亲切地说：多做点工作吧，再说我们要考虑对外影响。我们这个代表团是受毛主席党中央的委托，第一次带着全国人民的希望、为了争取世界和平而来的，不是来游玩的，不能那样做。瑞士的报纸对此还特地做了评论和赞扬，他们说：（出示材料）

中国的总理与众不同，休息日也不见他出来游玩，真正是一心一意为

会议。（王炳南:《中美会谈九年回顾》）

教师:你们觉得周总理内心深处想不想出去游玩放松一下?

学生:肯定想啊。

教师:那周总理有没有选择出去游玩?

学生:没有。

教师:周总理为什么不愿意出去游玩呢?

学生:周总理想多做点工作,怕辜负党和人民的希望。

学生:周总理怕出去游玩对外影响不好。

教师:对。中华人民共和国成立后,以美国为首的资本主义阵营对我们施行孤立封锁的政策,我国陷入孤立状态。周总理作为外交部长此次来到日内瓦肩负着打破封锁、让更多国家了解中国、结交更多朋友的重要任务。周恩来总理始终将这一点牢记在心,不愿意游玩耽误了工作的时间,更不愿因此而影响中国在国际上的形象。由此,我们可以发现周总理身上一种什么品质?

学生:工作认真。

学生:特别负责任。

学生:兢兢业业、不怕辛苦。

学生:无私奉献。

教师:大家都说得非常好。这种对工作认真负责,为了工作任劳任怨、呕心沥血的品质我们可以用"敬业"这个词语来概括。但是仅仅一次日内瓦会议的表现就能证明周恩来的敬业精神吗?

学生:不能,还得有其他证据才行。

教师:说得非常好。实际上周总理一生当中敬业的例子真是不胜枚举。

……

教师:1955年中国应邀参加在印度尼西亚万隆召开的亚非会议。中国政府非常重视这次与亚非各国交朋友的机会,决定由周恩来总理亲自率领代表团前往。4月11日中国为出席会议的中国代表团包租的印度航空公司"克什米尔公主"号客机,在由香港起飞前往万隆途中,于南海上空爆炸坠毁! 机上有中国和越南代表团工作人员及中外记者共11人全部遇难! 原来台湾国民党特务机关为了谋害以周恩来为首的中国代表团人员,收买了香港机场地勤人员预先在"克什米尔公主"号飞机上放置了定时炸弹。而周恩来因接受缅甸总理去仰光会晤的邀请而临时改变去万隆的路线没有登上"克什米尔公主"

号,这才幸免于难。出事后,大家都特别担心周总理的安全。很多人都劝他不要去参加万隆会议了,公安部部长来电话,再三劝阻要周恩来等一等改期出发,缅甸总理也建议说如果太危险,就派个副总理去开会好了。但周总理却说:(出示材料)

我们是为促进世界和平、增强亚非人民对新中国的了解和友谊而去的,即使发生了什么意外也是值得的,没有什么了不起!

周总理毅然决定仍然按原计划出发。4月14日早晨,周恩来总理率领中国政府代表团按原定计划从昆明机场起飞,开始了亚非会议的行程。会议开始后台湾反动分子继续进行破坏活动。蒋介石集团在印度尼西亚的恐怖组织"铁血团"和印度尼西亚的武装匪徒相勾结准备在会议期间发动骚乱,还组织了28人的敢死队准备再次暗杀周恩来。面对如此复杂险恶的周围环境,周恩来始终从容沉着,把生死置之度外,率领中国代表团迎着惊涛骇浪,奋力实现会议的预期目标。同学们,面对"克什米尔公主"号的遇难,面对台湾特务的暗杀危险,周恩来总理做出了什么决定?

学生:仍然按照原计划亲率代表团去万隆开会。

教师:周总理不顾自身安危执意要去参加万隆会议为的是什么?

学生:他是为了促进世界和平。

学生:他是为了增强亚非人民对中国的了解。

教师:对。周总理是为了给刚刚诞生的中国结交更多的朋友,打开外交局面。在给极为担心其安危的夫人邓颖超回信时,周总理写道:"文仗如武仗,不能无危险……有这一次教训,我当更加谨慎,更加努力。"这里的"文仗"指的是什么呢?

学生:就是去开会,跟别的国家打交道。

教师:对,也就是我们所谓的外交工作。周总理明明知道自己将面临很大困难甚至是生命的危险,仍然为了新中国的外交而不断努力。这是为什么呢?

学生:周总理不怕死。

学生:因为他是外交部长,他的任务就是搞好中国的外交。

教师:对。作为外交部长,增加世界对中国的了解,打开中国外交局面是他应尽的职责,这是他的本职工作。但是在面临着巨大人身危险的时候,周恩来其实并不一定需要亲自前往的,他当时是可以有其他选择的。然而,他仍然决定亲自前往,而且在会议期间仍然面临着巨大危险的时候,他也坚持不放弃自己的工作,为了国家有一个和平的国际环境,为了得到更多国家的承认而不停奔走。据周总理卫士长成元功回忆,总理在七天时间里参加各种会议 16 次,会客、谈话 10 次,宴请活动 15 次,七天一共只睡了 13 个钟头。由此,再次印证了周恩来总理身上一种什么样的精神?

学生:特别认真负责。

学生:热爱工作,忠于职守。

教师:说得非常好。对自己的工作认真负责、兢兢业业、不辞辛劳,这是对自己工作的尊重,是一种敬业精神;而为了工作连自己的生命安危都不顾及,这可以说是一种高度敬业的表现了。而我们的周总理作为中华人民共和国的第一任外交部长,无论何时始终将国家的外交工作放在心中,放在第一位,为了它,他付出了巨大的心血、放弃了自己休息的时间、放弃了游玩放松的机会,甚至置自己的生命安危于不顾,真正称得上是高度敬业的楷模。更难能可贵的是,周总理对工作的投入不是一年两年,而是终其一生都秉持高度敬业的精神,表现出对外交工作的极大热情,直至其人生的最后一刻。

……

教师:高强度的工作耗尽了周总理的身体,晚年时周总理疾病缠身,非常痛苦。但他仍继续担负着常人难以承受的繁重工作,不仅要处理国内各行各业的大量重大事情,还要处理外交事务。只要是外国首脑来中国,周恩来必须出面接见或者亲自陪同。请大家看下这张表格展现了周恩来总理从 1973 年发病到 1976 年逝世期间的身体状况及其工作安排。(出示材料)

表1 1973—1976 年周恩来病情及工作安排

时 间	周总理病情	工 作 安 排
1973 年	1972 年 5 月周总理被确诊为膀胱癌 1973 年 3 月第一次手术 1973 年 10 月底再次尿血,癌症复发。每天失血达 100 cc 以上	1973 年 4 月 19—24 日陪同墨西哥总统访问大寨 6 月 9 日陪同越南领导人访问延安 9 月 13—17 日陪同法国总统去大同、杭州、上海等地 9 月 23 日陪同毛泽东会见阿拉伯埃及共和国副总统 1 月 13 日陪毛泽东会见加拿大总理 11 月 2 日陪毛泽东会见澳大利亚总理 11 月 7 日陪毛泽东会见塞拉利昂共和国总统 12 月 9 日陪毛泽东会见尼泊尔国王皇后 10 月 14 日陪同加拿大总理访问洛阳 11 月 10—14 日接见美国国务卿基辛格并多次会谈

(续表)

时　　间	周总理病情	工　作　安　排
1974 年	1974 年病情已经恶化,身体明显消瘦 1974 年 4—5 月大量尿血,发生缺氧症状 1974 年 5 月初癌症扩散	1974 年 1 月—5 月 31 日不到半年时间里工作达 139 天 每日工作 12—14 小时的有 9 天 每日工作 14—18 小时的有 74 天 每日工作超过 18 小时的有 38 天 每日工作 24 小时以上的有 5 次 每日连续工作 30 小时的有 1 次 共接见外宾达 80 多人次
	1974 年 6 月 1 日正式住院,第一次大手术 1974 年 8 月 10 日第二次大手术	1974 年 7 月 5 日在医院接见美国民主党议员亨利杰克逊夫妇,从此开始医院办公,会见外宾 7 月 20 日会见尼日尔最高军事委员会副主席 8 月 3 日会见越南副总理 9 月 20 日会见菲律宾总统特别代表 9 月 26 日会见毛里塔尼亚总统夫妇 10 月 6 日会见加蓬总统夫妇 10 月 19 日会见丹麦首相夫妇 10 月 27 日会见越南副总理、外贸部副部长 11 月 5 日会见特立尼达总理兼外长 11 月 10 日会见也门民主共和国总统委员会主席 11 月 24 日会见柬埔寨王国民族团结政府代表团成员 11 月 25 日会见基辛格博士夫妇及子女 12 月 5 日会见越南劳动党中央政治局委员 12 月 5 日会见日本创价学会会长夫妇及访华团 12 月 12 日会见美国参议院民主党领袖夫妇 12 月 12 日会见巴基斯坦国防和外交国务部长 12 月 16 日会见扎伊尔总统夫妇及随行人员 住院半年在医院会见外宾 18 次
1975 年	1975 年 1 月结肠发现肿瘤 1975 年 3 月 26 日第三次大手术 1975 年 6 月体重仅剩 61 斤	1975 年 4 月大手术第 8 天就躺在床上会见突尼斯总理 4 月 19 日会见朝鲜主席金日成 4 月 20 日会见比利时王国政府首相夫妇、外交大臣夫妇 4 月 23 日会见柬埔寨国内特使 4 月 30 日会见阿拉伯也门共和国代表团 5 月 8 日会见欧洲经济共同体委员会副主席 5 月 18 日会见伊朗公主 5 月 21 日会见莱索托王国外交大臣夫妇 ……
	1975 年 9 月以后病情急转直下,癌细胞继续扩散,免疫力严重下降,不得不取消周恩来外事接待活动和室外散步	9 月 7 日最后一次会见外宾罗马尼亚党政代表团,外交生涯最后瞬间 1975 年 1 月—9 月 7 日外事活动达 44 次
1976 年	1976 年 1 月 8 日上午 9 点 57 分停止呼吸	

资料来源:根据顾保孜《周恩来最后 600 天》,中国青年出版社 2014 年版整理。

教师：看了这张表之后，同学们有什么感受？

学生：周总理都生病了，还这么辛苦地工作，真是太……太认真了。

学生：周总理病得那么严重还要接见外宾，真是特别、特别的敬业。

学生：周总理为了祖国的外交事业一直奋斗到生命的最后一刻，我真的是太……太佩服他了。

教师：说得都很好。在周恩来生命最后的岁月里，伴随着病痛的折磨，他抱病履职，苦撑危局，没有丝毫放松。从表格里我们所看到的不是一天一天的记载，也不是一字一字的记录，分明是一滴血一滴血的流淌，一步一步地向生命终点的迈步啊。然而这就是将中国外交的使命与责任一起扛在肩上的外交部长周恩来，这就是即使躺在病榻上也仍然用自己的重病身躯挑起身上重担的周恩来总理。随着周总理的逝世，他近半个世纪的外交生涯落下了光辉灿烂的帷幕。但是，周总理身上那种为了工作而殚精竭虑、兢兢业业、呕心沥血、夙夜在公、"鞠躬尽瘁，死而后已"的高度敬业精神却永远留在人们的心中，永远不会落幕！

同学们，我们作为普普通通的学生，不是国家领导人，肩上也没有那么重的担子，也不需要我们"鞠躬尽瘁，死而后已"，那么是不是意味着周总理这种高度敬业精神对于我们来说就没有意义了呢？

学生：不是的，我们也需要敬业精神。

教师：对。虽然我们可能成为不了像周总理那样伟大的人物，但是我们也应该向他学习，做好自己当下该做的事情，认真负责地完成好我们所承担的职责和任务，做一名优秀的"敬业"的中学生。我相信，将来你们踏上工作岗位，也一定能够是敬业的工人、教师、科学家、运动员、工程师……

体悟苏格拉底　培养公民意识

张堰中学　方　毅

一、案 例 说 明

（一）目标阐释

公民意识，是公民对公民的身份、权利与义务的认同，首先是对自己所属的民族国家的认同，同时还包含着对世界整体性的认识，以及对本国与外部世界相互关系的认识。概言之，正确的公民意识是正确的国家意识和世界意识的综合。现代美国思想家加尔布雷斯在《好社会》中指出："一个国家的前途并不取决于它的国库之殷实，不取决于它的城堡之坚固，也不取决于公共设施之华丽，而在于公民本身。"公民身份是天然的，但公民意识却不是，需要通过系统教育才能培养形成的。长久的专制统治以及体系严密的臣民教育，给我们这个民族烙上了深深印记：国家意识欠缺，权利意识淡薄，法律与公德概念不清，等级观念严重，缺乏独立人格。这一切，都与公民身份相悖。上海市高中历史学科教学基本要求指出："中学历史课程旨在帮助和促进学生在追寻文明足迹、体验历史发展、知晓前人得失，感受史学进步的过程中，习得了解、解释与评价历史的思维逻辑，汲取历史经验，弘扬民族精神，开拓国际视野，陶冶道德情操，成为有处事能力、发展意识和责任担当的公民。"如何在基础教育阶段特别是高中阶段将学生培养成具有良好公民意识的公民是国家赋予每一个历史教师的责任与使命。

公民意识是现代民主的奠基石，而希腊城邦雅典则是"民主政体的发源地"，雅典民主制度孕育了苏格拉底强烈的公民意识。他将城邦的兴亡与自己的生命紧密相连，在法庭审判上他不畏强权，行使着公民应有的权利，揭露雅典民主政治的弊端,以激烈言辞试图激起民众对于城邦的关注;面对不公平的判决,作为雅典的公民,他放弃了逃跑,欣然接受了死亡,苏格拉底用行动诠释了尊重法律是每一个公民应尽的义务。相较于初中学生"尊重历史、敬畏先贤、有正义感、荣辱感和责任感"的培养,高中学生则要形成"认同民主、法制是有不同的时代内涵并逐渐包容共识"的价值观。本课的德育目标是要求学生树立强烈的公民意识,从苏格拉底的言行中学会将自己的命运与国家荣辱紧密相连的国家意识和自觉遵守国家法律制度的责任意识。

(二)实施路径

在知识与技能方面,《初中历史学科教学基本要求》中规定,通过本课学习,对于雅典民主政治的内容进行一般应用,高中课程标准要求识记"梭伦改革"和"克利斯提尼改革"是雅典民主政治建立过程中的两个里程碑,理解雅典城邦民主政治的核心和以"伯里克利时代"为代表的雅典民主政治,从中领会苏格拉底强烈的公民意识。基于此目标,本课选取如下知识点进行渗透:(1)知道成年男性公民直接参与是雅典民主政治的核心,理解雅典民主制度的发展培育了雅典人的公民观念,是苏格拉底强烈的公民意识形成的源泉。(2)理解抽签选取和轮流坐庄的参政方式、缺乏专业人员参与城邦管理是雅典民主政治的时代局限性,感悟苏格拉底作为公民,与城邦荣辱与共,不畏强权,敢于行使公民权利,指出雅典民主制度弊端的勇气。(3)理解多数人暴政也是雅典民主政治的时代局限性,体会苏格拉底面对不公平的判决,放弃逃跑机会,依然能够尊重法律的公民责任意识。

在过程与方法方面,初高中阶段都要求懂得神话、绘画、雕塑等的史料价值,能汲取其中蕴含的历史信息。相比初中阶段,高中阶段更加强调对于原始史料的解读来提取相关信息,并能够从历史高度学会辩证地评价古代雅典民主政治,从而体会苏格拉底的公民意识的宝贵。基于此目标,本课拟从以下途径展开:(1)通过对色诺芬《回忆苏格拉底》中苏格拉底案法庭构成特征的分析,感悟雅典民主政治发展培育了雅典人(苏格拉底)积极参政的公民意识,懂得从时代视角,解释时代与历史人物的关系。(2)通过对《柏拉图全集》中苏格拉底辩词的解读,体会他不畏强权、以身作则,积极履行公民的权利,关注雅典城邦的发展,指出民主政治弊端的可贵精神,懂得优秀历史人物对历史发展具有推动作用。引导学生以苏格拉底为榜样,真正把自己看作国家的主人,积极行使公民权利,投身于中国特色社会主义建设大潮中。(3)通过对《柏拉图全集》中苏格拉底拒绝逃跑原因讨论，敬佩苏格拉底面对不公正死刑判决，依然自觉遵守法律，拒绝逃跑，履行公民责任意识的勇气，懂得公民具备强烈的公民意识是现代民主社会建设的重要基石。培养学生做一个遵法守法的合格公民。

二、案例呈现

教师：公元前 399 年，在雅典监狱，70 岁的苏格拉底走出了牢房，向着监狱后门走去，被买通的狱卒非常高兴，心想着这个倔老头终于选择逃跑了。可令他失望的是，苏格拉底只不过是要出去看一看雅典，这个他深爱着的雅典，从监狱兜了一圈，他从正门回来了，所有这些生的希望，苏格拉底都拒绝了。一位追求真理、热爱城邦的优秀公民，却被他所热爱的城邦和人民宣判死亡，苏格拉底为何遭受如此厄运？（出示材料）

> 审判方式：合议庭组成：法官 500 名。其中"有贵族，有哲学家，但更多的是"漂洗羊毛的、做鞋的、盖房的、打铁的、种田的、做买卖的……"
>
> 裁判方式：无记名投票。
>
> 裁判原则：少数服从多数原则。
>
> 公诉人：三名雅典城普通市民。（色诺芬：《回忆苏格拉底》）

教师：法庭的构成有什么特点？

学生：来自不同的行业和领域，有贵族也有平民。

教师：为何会出现这种状况？

学生：雅典经历了梭伦改革、克里斯提尼改革和伯利克利改革，推动了成年男性公民有资格可以直接参与民主政治中。

教师：这种制度有何积极影响？

学生：促进了雅典人公民意识的产生，有利于调动他们以公民的身份参与民主政治的积极性与创造性，改变贵族专权的弊端。

教师：（出示材料）

> 鞋匠做鞋需要专门的技艺，盖房子要请建筑师提意见，简单的工作都需要专业人员。而雅典城邦的管理者、法庭的法官却是通过选举产生的非专业人士。由一群非专业人士盲目地投票来决定是否对另外一个城邦开战，或者一个被告到底有没有罪，这是违背常理的。（柏拉图：《柏拉图全集》）

苏格拉底是如何评价雅典民主政治的？

学生：苏格拉底认为术业有专攻，管理城邦、法庭审判都需要专业人士。

教师：为何苏格拉底认为民主政治需要专业人士？

学生：可以使城邦管理做到有秩序、有条理，避免盲目和混乱。

教师：为什么苏格拉底能够提出不同的见解？

学生：雅典民主政治赋予了公民思想、言论的自由，可以发表不同政见。

教师：由此我们可以发现苏格拉底是个怎样的人？

学生：苏格拉底具有强烈的公民意识，非常热爱自己的城邦，不畏强权，有勇气指出民主政治的弊端。

教师：我们发现印象中那位善于思考、演讲的哲人苏格拉底并不是特殊的存在，而是与其所处的时代密不可分。正是雅典民主政治的发展促进了雅典人公民观念的产生，这也是苏格拉底具备强烈公民意识的源泉，时时刻刻关注着他的城邦。（出示材料）

雅典人，现在我不是像你们可能会认为的，在为了自己辩护，我是为了你们的利益才尽力保护我自己……打一个滑稽的比方来讲，就是一只牛虻，由神来赐予城邦的牛虻。我们的城邦就像一个高贵伟大的战马，因为身躯庞大而行动有些迟缓，你要经常刺激它一下，它才会有活力。我就是上天赐予我们城邦的牛虻，一天到晚我都烦在你们大家身边，鼓励你们，说服你们，责怪你们……我敢肯定如果在你打盹的时候突然被惊醒，你会觉得很不高兴，你也许会觉得阿内图斯的建议很好，杀死我，这很容易，然后你们的余生中间就可以一直沉睡下去……

我走这条路直到今天，我试图说服你们所有人让关注自己的生存，追求美德和智慧优先于追求其他任何东西，并且在看到城邦的利益之前先想到城邦，并且在你们做任何事情的时候遵循这些原则。对我这样一个人应该怎样判决呢？……这么说来没有比把我送进 Prytaneum（古雅典的一个类似于养老机构的地方，公费赡养为国家做出过突出贡献的人）更好的办法了。（柏拉图：《柏拉图全集》）

面对审判，苏格拉底是如何为自己辩护的？

学生：苏格拉底认为自己是只牛虻，城邦有他的存在可以随时保持活力。他不应该被判定有罪，应该得到奖励。

教师：从苏格拉底辩词中，我们发现他的态度是怎样？

学生：傲慢、不屑一顾、不承认自己有罪。

教师：作为一个已经"被定罪"的人，他的态度应该是诚恳、低调，主动认罪，尽可能地让法庭减轻处罚，苏格拉底却截然不同。为何他要这样做？

学生：苏格拉底希望激怒雅典民众，提醒他们要热爱城邦，更多地考虑城邦的利益，而不仅仅是自己的。

教师：公元前399年的雅典正处在一个非常微妙的阶段，在与斯巴达的战争中，雅典城处于劣势，同时瘟疫流行造成大量的青壮年男子死亡，这一切，都严重削弱了雅典城的实力。苏格拉底希望用独特方式唤醒民众一蹶不振的气氛，试图改变雅典民主政治由盛而衰的趋势。透过辩护词，我们发现苏格拉底更多地是关注什么，是自己吗？

学生：不是，是城邦，是雅典的民众。

教师：作为一个雅典的公民，你们认为苏格拉底是一个怎样的人？

学生：具有强烈的公民意识。苏格拉底将城邦利益放在自己的利益之上，积极履行公民的权利，以身作则，积极主动地关注城邦发展，指出其中存在的问题。

教师：我们可以发现无论是中国还是西方没有任何一种制度是完美的，但正因为有了苏格拉底这些将自己命运与国家命运紧密相连，具有强烈责任感的人存在，不畏强权，敢于发出不同声音，才能使政治制度不断走向完善。

……

教师：第二次投票在一阵愤怒的吵闹声中进行，结果很快出来了，360票对140票，决定对苏格拉底处以死刑。也就是说，至少有80名陪审团成员在第一次投票时认定苏格拉底无罪，在量刑时却判处他死刑。最终，这位把城邦看得比自己还要重要的苏格拉底被判处了死刑。从两次审判结果来看，我们可以发现雅典民主政治存在一个什么样的问题呢？

学生：苏格拉底案的结果被民众情绪所主导，失去了审判的公正和公平性。雅典民主政治能真正享受民主的只是少数，无法防止野心政客利用群众情绪，打击异己，苏格拉底就是极端民主的牺牲品。

教师：（出示材料）

只是我没有那么无耻去做你们已经习惯了的那些丑事，哭啊，叫啊，抱怨啊，哀求啊，所有这些事情，像我说过的，都配不上苏格拉底这个名字。我认为面临任何危险的时候我都不应该做什么庸俗的、卑劣的事情，我现在也不会对我申辩的方式有所后悔。我宁愿按我自己的方式说话而被处死,也不想用你们的方式说话而继续活着。不管是在战场上还是法庭上,一个人都不应该为了逃生而不择手段。

　　我是伟大的雅典城邦的一员,我深爱着这座伟大的雅典城。我要守护政治和法律的尊严,批评雅典政治和法律的弊端是我的职责所在。我怀着满腔的热忱去追求一种富有灵魂的法律,我要为正义的法律而斗争;我必须遵守这个城邦的法律,我也曾经享受过这个城邦的法律所给予我的利益。这是所有的雅典人所必须遵守的法律。我愿意接受这个不公正的判决,饮下这杯毒酒。(柏拉图:《柏拉图全集》)

　　对于这场不公正的审判,苏格拉底本有机会"逃跑",但为何最终选择了"死亡"?(要求小组讨论后发言)

　　学生:苏格拉底向往生存,但他不屑于通过卑劣的手段博取法官同情而逃避死亡。

　　学生:苏格拉底作为公民,就应遵守雅典的法律,他和国家之间有神圣的契约,这是他不能违背的。

　　学生:尊重法律就是尊重自己的自由意志。定罪程序是他自己承认的,哪怕这个认定结果是错误的,他也要承担。

　　学生:苏格拉底想用死告诉人们,即使你认为某些法律是极其不公正的,但在"不公正的法律"被废止或修改前,我们都必须无条件地遵守。否则,1 000个人就可能提出1 000条理由来说明"法律的不公正",从而使自己的违法行为不受法律追究。这样,法律将形同虚设,人们也无法预期自己的行为,社会必将陷于混乱与暴力。

　　教师:作为一个雅典的公民,我们能从苏格拉底身上看到怎样的品质?

　　学生:他能够自觉遵守法律,即使面对死亡和不公正,苏格拉底都在履行公民的责任。

　　教师:苏格拉底的学生裴洞是这样评价自己老师的:"在我们所认识的当时人中间,他是最善良、最明智、最公正的人。"作为雅典公民的苏格拉底用生命践行了什么叫作公民的权利与公民的责任。从他身上,我们要学习强烈的公民意识,树立正确的社会责任感和政治热情,将自己的命运与整个社会紧紧联系在一起,真正把自己看作国家的主人,积极投身于中国特色社会主义建设大潮中去。

一生"求是"的孔子

华东师范大学附属枫泾中学　林　芸

一、案 例 说 明

（一）目标阐释

"求"为追求、探究；"是"为真。竺可桢先生在《求是精神与牺牲精神》一文中将"求是"用英文表达为"Faith of Truth"。按此表述，我们可将"求是"解释为追求真理，忠于真理。如此理解，求是，既包含了治学做事的思想方法，也包含了在任何困境下，都能为坚持真理进行不屈不挠的斗争的精神。竺可桢先生曾将此定为浙江大学的校训，并将它贯穿于他的治学和治校的理念中。在这一理念的指引下，他让浙江大学从文理、工、农 3 个学院 16 个系的地方性大学一跃成为有文、理、农、工、法、医、师范 7 个学院 27 个系的综合性大学，成了李约瑟(1900—1995，英国近代生物化学家、科学技术史专家)称赞的"东方剑桥"。一所大学的发展如此，一个国家的进步、民族的复兴更离不开莘莘学子对真理的不懈追求和崇高信仰。第二次世界大战期间，美英和苏联能摆脱种种"包袱"，为了人类"正义"携手合作，联合众国进行反法西斯斗争，终获胜利。这种携手合作，正是源于求是的精神。在当代高中生成长过程中，求是，是指导他们求学的思想方法，更是他们对待真理的态度和价值取向。

竺先生说，求是的路径是"博学之，审问之，慎思之，明辨之，笃行之"。2 000 多年前，孔子正是按此路径创立了儒家。自 15 岁有志于学，坎坷一生，他构建了一个学派，创建了一套完整的学说，人称"万世师表"。孔子的求是，是对学问无止境地追求，是对善的、好的，以"仁"为最高道德诉求的"礼"的不断践行，是不计得失地对实现治世安民理想的坚守。儒家文化作为今天中华民族传统文化的核心,其意义和价值不言而喻。自 18 世纪起,西方对儒家文化一直有着高度的认同,并将其称之为"the Confucian Culture"(孔子文化)。本课的德育目标是历史地观察、理解和评价孔孟的思想文化,感悟儒家创立的过程,赞赏儒家文化的博大精深。相较于初中,要求高中学生用更深入的视角来看待孔子的经历和思想,认同诸子百家所肩负的社会责任感,从而能以求是为己任,追寻并实现人生价值。

(二)实施路径

在知识与技能方面,《高中历史学科教学基本要求》中规定,通过本课学习,使学生理解孔孟学说;在此基础上,能够运用孔孟学说理解两汉经学和宋明理学的产生、核心思想,并会比较其异同,从而整体把握古代儒家的发展线索。基于此目标,为体现孔子创立儒家背后所呈现的"求是"的思想方法和精神,本案例选取如下知识点进行渗透:(1)通过故事孔子学琴于师襄、在陈绝粮及被同时代的人评价"知其不可为而为之",勾勒孔子的形象:执着地追求学问,在困境中仍能坚守信念和操守,明知道事情不可能成功却仍坚持去做"对"的事。(2)将儒家的形成、发展同孔子的志向相联系。以为了实现志向,一生所坚持的三件事,即求学、授业、从政为切入点,表明孔子一生受挫,遭遇险阻,但仍四处奔走,力图改良政治。(3)以孔子思想的核心"仁"为突破口,帮助同学理清"礼""仁""义"之间的内在逻辑关系。在此基础上,引导学生认识到,在春秋践行"仁"是一件"知其不可为而为之"的事。孔子一生求"仁",最终舍身成"仁",使其构建的思想和学说超越了时空的限制,获得了价值。

在过程和方法方面,初中阶段要求学生知道实物、文献的检索是获得史料的基本途径。高中阶段提出了更高的要求,学生需通过阅读《论语》《史记·孔子世家》等资料,理解、掌握孔子的基本思想和主要人生经历。从政治、经济、社会和文化传统的视角,历史地观察、理解和评价孔孟思想的演变与发展。基于课程标准,本课主要通过以下方式勾画出一生"求是"的孔子形象:(1)以史料教学的方式,使学生走近历史,刻画一个执着追求学问,即便在困境中也能坚守信念和操守的孔子。(2)以《论语》中同时代的人对孔子的评价入手,进行问答式教学,使学生理解孔子一生不计得失,只为善和好。(3)以孔子的志向为切入点,使用情境教学,使学生理解孔子产生这一志向是基于春秋乱世,并渴望治世安民。(4)通过阅读钱穆先生整理的《孔子年表》,使学生认识孔子一生围绕志向,坚持求学、授业、从政。在其追求理想、探索解决面临的时代课题的过程中儒家形成,并发展起来。(5)以数据统计的方式,表明"仁"乃是孔子思想的核心,并采用问答式教学帮助学生理清孔子主要思想的内在逻辑关系。(6)引导学生从政治和社会的角度分析,孔子践行"仁"乃不合时宜,凸显其"知其不可为而为之"的形象。(7)从分析孔子关于"仁"与生命之间关系的思想入手,引导学生进行总结:孔子一生求"仁",舍身成"仁"。教师总结,孔子践行"仁"的背后乃渗透着求是的思想方法及闪烁着求是精神的光芒。

二、案 例 呈 现

(孔子其人)

教师:同学们,我们已经在第五分册中了解了孔子的基本情况。今天,让我们更进一步了解孔子和他的学说。

学生:好的。

教师:首先让我们通过《史记》的记载走近孔子。(出示材料)

> 孔子学鼓琴师襄子,十日不进。师襄子曰:"可以益矣。"孔子曰:"丘已习其曲矣,未得其数也。"有间,曰:"已习其数,可以益矣。"孔子曰:"丘未得其志也。"有间,曰:"已习其志,可以益矣。"孔子曰:"丘未得其为人也。"有间,有所穆然深思焉,有所怡然高望而远志焉。曰:"丘得其为人,黯然而黑,几然而长,眼如望羊,如王四国,非文王其谁能为此也!"师襄子辟席再拜,曰:"师盖云《文王操》也。"(《史记·孔子世家》)

教师:概括以上材料。

学生:孔子学琴于师襄。

教师:材料中,他是如何主动学习?

学生:不仅求其然,更求其所以然。

教师:故事中的孔子好学、善学,甚至博学。他完全将乐曲融化在心,彻底理解音乐的内涵与意境,然后再得心应手地将其表达出来。这体现了他的何种精神?

学生:他对学问执着的追求。

教师:好,让我们再读一个小故事。(出示材料)

> 孔子迁于蔡三岁,楚使人聘孔子。陈、蔡大夫谋曰:"孔子贤者,今者久留陈、蔡之意,诸大夫所设行皆非仲尼之意。今楚,大国也,来聘孔子。孔子用于楚,则陈、蔡用事大夫危矣。"于是乃相与发徒役围孔子于野。不

得行,绝粮。从者病,莫能兴。孔子讲诵弦歌不衰。子路愠见曰:"君子亦
有穷乎?"孔子曰:"君子固穷,小人穷斯滥矣。"(《史记·孔子世家》)

教师:概括材料。

学生:孔子在陈绝粮,却仍讲学、朗诵、唱歌、弹琴。孔子告诉子路,君子固
亦有穷时,但小人穷,便放滥横行了。

教师:孔子的言行表达了何种精神?

学生:即便在困境中,都能坚守信念和操守。

教师:再从《论语》中了解一下孔子。(出示材料)

子路宿于石门。晨门曰:"奚自?"子路曰:"自孔氏。"曰:"是知其不可
而为之者与?"(《论语·宪问》)

教师:概括材料大意。

学生:与孔子同一时代的人评价孔子"知其不可为而为之"。

教师:何为"知其不可为而为之"?

学生:明知道这事不可能做成,却还是去做这件事。

教师:为什么"知其不可为而为之"?

学生:因为他认为这是对的、是好的。

教师:综合上述材料,请概括孔子的形象。

学生:孔子是一个执着地追求学问,在困境中仍能坚守信念和节操,明知
道事情不可能干成却仍坚持去做的人。

(主要作为)

教师:这样一位孔子,曾在《论语·公冶长》中有所提及他的志向,即为"老
者安之,朋友信之,少者怀之"。如何解释?

学生:我愿老者,能使他安;对朋友,能使他信;对少年,能使他于我有
怀念。

教师:从他所处的时代分析,他为何会产生这样的志向?

学生:春秋时期,周王室衰微,诸侯国争霸,弑君、亡国者频繁发生,大小征
战不断,人民遭受深重的苦难。由此,孔子希望通过践行"老者安之,朋友信
之,少者怀之"的志向,实现治世安民的理想。

教师:为此,孔子做了些什么呢?同学们,从之前下发的《孔子年表》(钱穆
著:《论语新解》,三联书店2002年版,第370—371页)中,你能概括一下孔子
一生所做的主要的三件事情吗?

学生:能,分别为求学、授业、从政。

教师:这三件事情是否贯穿他的整个人生?

学生:是的。

教师:基于之前所学和你们对孔子的了解,他为何能一生执着地从事这三件事?

学生:求学是因为他少而好学,有大志。

学生:授业为了传达他的理念,培养人才,最终服务于其治国安邦的政治抱负。

学生:从政为了实现他的政治抱负,使列国纷争、礼崩乐坏的局面得到治理和改善。

教师:确然。孔子一生挫折不断,遭遇险阻,但仍四处奔走,力图改良政治。儒家学说的源头便是在其追求理想、探索解决面临的时代课题的过程中形成和发展起来的。

("求是"精神)

教师:研究孔子的思想,必绕不过由其弟子根据其言行所著的《论语》。据统计,《论语》一书中,言"仁"有 58 章,提到"仁"字有 109 次。可见,仁是孔子学说中最核心的内容。如何解释"仁"?

学生:"仁者爱人","仁"是最高的道德准则,内在的、卓越的精神。

教师:在那样一个杀伐征战的年代,提倡"仁者爱人"是否合适?

学生:不合适,违背了当时追逐利益、实力竞争的社会局面。

教师:那么,孔子为何"明知不可为而为之",还要提倡"仁"?

学生:正因为当时缺乏"仁",所以要提倡、践行,最终为了实现其治世安民的志向。

教师:如何在提倡、践行"仁"的过程中实现孔子的治世安民?

学生:孔子内在以"仁"要求,外在以"礼"约束,提出"克己复礼为仁",通过恢复礼制,形成和谐友爱、秩序井然的社会局面。

教师:根据书本内容,可有补充?

学生:他还提出符合"礼"的规范和"仁"的精神,就是"义"。君子应重义轻利。这也是孔子教育、培养人的主要标准。

教师:因在当时提"仁",不符合当政者的诉求,故孔子在世时不得志,权臣轻蔑,野人嘲弄。"明知不可为而为之",那么他是如何处理"仁"和生命之间关

系的呢?(出示材料)

　　志士仁人,无求生以害仁,有杀身以成仁。(《论语·卫灵公》)

学生:他认为应该"杀身成仁"。

教师:根据孔子一生经历,你认为他的生命和仁的关系是什么?

学生:一生求"仁",舍身成"仁"。

教师:孔子一生都在践行"仁"。他是非得失了然于心,仍坚持"不可为而为之",尽其力以行之,他的背后闪烁着"求是"精神的光芒。在这种精神支撑下,孔子创立了博大精深的儒学体系,构建了一套完整学说。他的学生和后人对其继承、发展,却始终未能超越其学说价值。所以在今天英文中将儒家文化写成"the Confucian Culture"(孔子文化)也并非是没有原因的。总之,孔子的求是,是对学问无止境的追求,是对善的、好的和以"仁"为最高道德诉求的"礼"的不断践行,是对治世安民理想的坚守,这些都值得我们钦佩和赞赏。

孔子天下归仁的社会责任感

金山中学　苗露阳

一、案　例　说　明

（一）目标阐释

社会责任感是指在社会环境下，个人所感受到的对他人的伦理关怀及义务，即关心社会变化，并自觉勇敢地为社会发展承担责任，有为社会发展做贡献的信心和准备。自觉承担社会责任是公民的义务，关注社会发展动态，思考社会发展规律并作出判断是高中生承担社会责任的基础。为了更好地承担社会责任而不断鞭策自我，实现发展也是高中生社会责任感培养的重要原因之一。习近平总书记指出，"实现中华民族伟大复兴的中国梦，就是要实现国家富强、民族振兴，人民幸福"。而当代高中生是实现"中国梦"的重要资源，引导高中生了解"中国梦"，认识自己肩负的社会责任，从而引导学生为实现国家富强、民族振兴、人民幸福的伟大中国梦而发奋学习，不懈奋斗，是实现中华民族伟大复兴的重要途径，同时也是高中历史核心素养提倡的人文追求之一。梁启超在《少年中国说》中提到"少年强则国强"。高中生是民族振兴、社会发展的重要力量，引导高中生认识到自己应当肩负的社会历史使命，进一步激发其不懈努力、追求卓越的愿望，一方面是促进高中生自我价值的实现，另一方面也是促进民族振兴的重要宣传手段。

社会责任感作为一种个人的价值追求，符合《高中历史学科教学基本要求》所规定的：能够确立积极进取的人生态度，塑造健全的人格，树立正确的世界观、人生观和价值观。《社会变革与百家争鸣》一课中，社会大变革背景下思想文化领域的变革格外引人注目，诸子百家的代表人物就社会变革的趋势和治世之道提出了自己的思考和主张。本课德育目标要求通过学习春秋战国的"社会大变革"，懂得以富国强兵为主旋律的改革逐渐走向高潮的原因和影响，从而理解改革对于社会发展的推动作用；通过学习"百家争鸣"，懂得越是社会急剧变动，社会矛盾越是复杂，思想的创造也越是活跃的道理；儒道法三家的学说对我国后世的学术和政治思想具有深远影响，思考全球化背景下如何弘扬传统文化。相较初中生，高中学生需要更深刻、更客观地理解百家思想的产生与社会背景之间的联系，同时要求学生从更高层次上认识中国传统文化在全球化背景下的传播。其中，孔子的主张虽然对后世影响深远，但是在春秋战国追逐利益、实力竞争的社会背景下并没有被广泛地看好和采纳的情况。然而，孔子在跌宕起伏的人生中从未放弃过自己以天下为己任的政治抱负。这种勇敢地承担社会责任并为之奋斗终生的品质正是引导高中生主动承担社会责任的优秀范本。

（二）实施路径

在知识与技能方面，《高中历史学科教学基本要求》中规定，通过本课学习，知道东周的建立、春秋战国时期的社会转型、战国时期改革的主要原因和范围；知道百家争鸣形成的原因、儒家思想的沿革、法家思想和道家思想的特征。基于此目标，为了体现孔子担当社会责任的精神，本课选取如下知识点进行渗透：(1)通过列举孔子的言行，引导学生理解孔子的政治追求；(2)通过后世对孔子的评价，引导学生理解孔子思想的影响力。

在过程与方法方面，要求初中生对春秋战国的社会变革和百家争鸣进行归纳和整理；《高中历史学科教学基本要求》中规定，通过本课学习，了解社会变革对思想领域的重大影响，学会从辩证的视角评价诸子百家思想的方法。基于此目标，(1)通过对百家思想的辩证评价，渗透孔子建立新的社会秩序的社会责任感；(2)通过孔子的言行引导学生感悟孔子的政治抱负；(3)通过孔子的经历，引导学生认识到虽然有时社会责任感的实现受到现实条件的限制，但仍要抱有坚持不懈的信念；(4)通过后世对孔子的评价，引导学生通过不同角度理解孔子的政治理念。

在情感态度价值观方面，初中要求感受诸子百家对解决社会问题的责任感和取得的思想成就。高中课程标准中更注重在全球化背景下辩证地看待诸子百家的社会责任感。基于此目标，结合时代背景，启发学生思考孔子政治思想中具有普遍价值的部分——社会责任感。

二、案例呈现

教师:美国1980年出版的《人民年鉴手册》曾列出世界十大思想家,中国有一位著名思想家被推举为十大思想家之首。他被我们尊称为"圣人""万世师表",这个人是谁呢?

学生:孔子。

教师:孔子,生于春秋时期的鲁国,孔子一生都在宣传和践行"礼"和"仁"的思想,提倡恢复周礼,建议君主约束自己、施行仁政。下面,我们来看一看《论语》中,孔子的政治构想是什么样的。阅读下面材料,概括孔子的政治思想。

材料一:

子曰:"为政以德,譬如北辰,居其所,而众星共之。"

材料二:

子曰:"道之以政,齐之以刑,民免而无耻,道之以德,齐之以礼,有耻且格。"

材料三:

子曰:"笃信好学,守死善道,危邦不入,乱邦不居。天下有道则见,无道则隐。邦有道,贫且贱焉,耻也;邦无道,富且贵焉,耻也。"

学生:材料一中,孔子说(统治者)施行仁政,就像北极星一样,会有众星拱卫。

学生:材料二中,孔子说,用政治约束,用刑法管理,百姓虽然不犯法但是没有羞耻心,用道德约束,用周礼管理,百姓有羞耻心并且有秩序。

教师:很好。前两则材料,孔子提出了对君主的要求,他认为,君主应该怎样施政呢?

学生:为政以德。

教师:对的。孔子认为君主应该用道德教化引导人们,用周礼管理国家,施行仁政导人向善。材料三,孔子对于君子也提出了要求。那么,孔子认为君子应该是什么样的人呢?

学生:(君子)应该好学,为了"道"可以付出生命,不去危险、动乱的国家。天下有道就出世,天下无道就隐居。要是国家有道,却甘于贫贱是一种耻辱,如果国家无道,却大富大贵,也是耻辱的。

教师：对的。按照这样的说法，孔子认为君子应该怎么对待政治呢？

学生：积极参与，以天下为己任。

教师：没错。孔子就是怀着这样一份责任感和使命感，终其一生都这样要求自己；但是孔子50岁才正式出仕，做官没多久就辞官不做了，转而成了一名杰出的教育家。孔子的政治抱负和社会责任感实现了吗？

学生：没有。当时的统治者喜欢法家思想。

教师：很好。同学们发现了春秋战国时期的时代潮流。孔子的思想在春秋战国时期并不被看好，但是孔子的儒家思想确是对中国影响最为深远的学说。法国大革命时期雅各宾派领袖罗伯斯庇尔在他起草的1793年的《人权和公民权宣言》中引用孔子的格言，成为佳话。他写道："自由是属于所有的人做一切不损害他人权利之事的权利：其原则为自然，其规则为正义，其保障为法律；其道德界线则在下述格言中：'己所不欲，勿施于人'。"孔子的思想在中外政治领域影响深远，这说明什么呢？

学生：坚持，要坚持不懈。孔子的思想在当时不受欢迎却对后世影响很大，就像很多画家的画都是在画家死后才值钱的。我们的理想可能在当时不受认可，但是只要我们坚持，总会有发光的一天。

教师：没错。孔子作为一个社会中微不足道的个体，坚持胸怀天下，用君子的标准要求自己，终其一生都致力于构建一个"有道"的社会，这份社会责任感使得儒家思想在后世不断与时俱进，真正实现"修身治国平天下"的意义。我们在座的每一位同学也应该有这样一份坚定的社会责任感，为中华民族的伟大复兴贡献一份力量。

做一个有担当的人

朱泾中学　张　丹

一、案　例　说　明

（一）目标阐释

每个人来到这个世上，成为社会的一员，肩上便有了责任。为人父母有教养子女之责，为人子女有孝敬父母之责，为师者有教书育人之责，为医者有救死扶伤之责……责任，它无处不在，存在于每一个角色中。自古以来，中华儿女始终发扬着勇于承担责任的优良传统。花木兰替父从军体现了儿女对父母、对家庭的责任；南宋名将岳飞背上刺下的精忠报国体现的是对国家的责任。近代周恩来总理少年时代立下为中华之崛起而读书的志向，体现的是对民族的责任。对于当代高中生而言，更应心怀责任，勇于承担责任，做一个有担当的人。

勇于承担责任是一种良好的品质，通过历史学科的学习，培养中学生树立正义感、荣辱感和责任感，是上海市高中历史学科课程目标的要求。《北宋中期的改革》这课中，提出"先天下之忧而忧，后天下之乐而乐"北宋著名改革家范仲淹，面对北宋中期社会内忧外患的局面，勇于担当对国家、对社会的责任，不趋炎附势，不为富贵、权势所屈服，敢于触犯官僚集团的既得利益，以天下安危、国家富强为目标，发起新政改革来拯救逐渐贫弱的王朝，这种敢于坚持、勇于担当责任的精神值得后世敬仰和继承。基于此，本课的德育目标，是要求学生敬畏历史、尊重先贤，认同和欣赏杰出人物的历史贡献，学习北宋历史先贤范仲淹不趋炎附势，勇于承担国家、社会责任的崇高精神，逐步引导青年学生树立对国家、民族、社会的责任感。以范仲淹为代表的一批关心国家、社会命运的仁人志士,他们身上这种以一己之力勇于承担责任,为国为民无我的境界,随着历史的长河,一直流淌在中华民族的血液之中。

(二)实施路径

在知识与技能方面,《高中历史学科教学基本要求》中规定,通过本课学习,知道北宋庆历新政改革的历史背景和改革的主要内容,学会从时代背景和人生经历等视角评价庆历新政的改革家——范仲淹,从而敬仰历史先贤,学习这种勇于承担对国家、对社会责任的精神,加强对青年学生责任感的培养,传承中华民族优良的文化传统。为了体现范仲淹为了国家、社会的安危,勇于承担责任的精神,本课选取了如下知识点进行渗透:(1)通过补充三则体现庆历新政改革历史背景的文献材料,主要说明范仲淹力主改革是北宋中期社会贫弱的局面下开展的,面对社会、国家的内忧外患局面,他敢于担当,勇于承担起挽救国家兴亡的责任。(2)通过历史教材中的范仲淹画像和人物介绍,体现范仲淹不趋炎附势、刚正不阿的性格特点,敢于挑战当朝的利益集团、敢于挑战权贵,心系百姓疾苦和天下太平的责任感。(3)通过分析庆历新政改革的主要内容,体现范仲淹的新政改革承担起为国为民、为社会安危的责任。(4)通过评价历史人物范仲淹,认识到范仲淹作为北宋政治家,坚持为国为民的政治理想,以"先天下之忧而忧,后天下之乐而乐"要求自己,勇于承担挽救国家、社会兴亡的责任。

在过程与方法方面,据高中历史课程目标的要求,在课堂中透过文献史料的表述,培养学生学会从历史材料出发,通过对材料的解读、分析,汲取其中的主要信息,从而得出历史的认识。据此,本课主要通过以下方式渗透:(1)通过补充历史文献材料《宋史》的部分内容,培养学生解读史料,提取史料信息的能力,帮助学生了解庆历新政的历史背景,即北宋中期社会内忧外患,面临严重的社会危机,理解范仲淹在当时北宋王朝社会贫弱局面下,承担起挽救国家兴亡的责任;(2)通过讲述"一家哭,何如一路哭"的历史故事,进一步感悟在改革中范仲淹不畏权贵,敢于触犯当朝的统治集团,再结合庆历新政改革的主要内容,体现范仲淹心系百姓疾苦、关注天下天平、国家兴亡的责任精神;(3)通过评价历史人物范仲淹,培养学生学会从时代背景和人物生平经历等视角,客观、全面地评价历史人物,敬仰、继承历史先贤为国为民,勇于承担责任的精神。

二、案 例 呈 现

教师:北宋中期,出现了严重的社会危机。我们阅读一组文献材料,说说

北宋中期面临了哪些社会危机？（出示材料）

材料一：

　　朝廷大有三冗，小有三费，以困天下之财。……何谓三冗？天下有定官无限员，一冗也；天下厢军不任战而耗衣食，二冗也；僧道日益多而无定数，三冗也。三冗不去，不可为国。（《宋史》卷二八四）

材料二：

　　大宋皇帝谨致誓书于大契丹皇帝阙下：共遵诚信，虔奉欢盟，每岁以绢二十万匹、银一十万两……送至雄州交割。（续《资治通鉴长编》）

学生：官员人数膨胀，养兵百万，军费开支庞大，以及对外输出岁币，造成冗官、冗兵和冗费的现象，最后形成北宋中期积贫、积弱的局面。

教师：面对如此严重的社会危机，统治集团中一些人采取了怎样的应对措施？

学生：进行改革、调整。

教师：当时提出主张革除弊政，实施改革是北宋名臣——范仲淹。通过阅读以下材料，说说范仲淹身上具有怎样的性格特点？（出示材料）

材料三：

　　侍奉皇上当危言危行，绝不逊言逊行、阿谀奉承，有益于朝廷社稷之事，必定秉公直言，虽有杀身之祸也在所不惜。（《上资政晏侍郎书》）

材料四：

　　（朝廷欲兴建太一宫和洪福院）仲淹言：……今复侈土木，破民产，非所以顺人心，合天意也……（楼钥：《范文正公年谱》）

学生：不喜好阿谀奉承，相反他是刚正不阿，耿直敢言的人，不畏权贵和朝廷；同时，他心怀百姓，心怀天下，只要有利于国家、社会发展的事，他不惜任何代价，勇于担当身为北宋臣子的责任。

教师：北宋中期以范仲淹为首的这样一群官员，他们关心国家民生，以天下为己任，纷纷上书朝廷，呼吁改革。后范仲淹任参知政事，呈上《答手诏条陈十事》，拉开了北宋中期改革的序幕。同学们，阅读范仲淹的这份上书，从上面10条中找一找新政包括哪些方面的内容？（出示材料）

材料五：

　　（一）明黜陟，按官员的政绩进行升迁。（二）抑侥幸，限制恩荫。（三）精贡举，改变科举的内容和办法，选择"经济之才"。（四）择长官，选好地方官。(五)均公田,这主要是均地方官员的收入。(六)厚农桑,采取措施发展农业生产。(七)修武备。(八)减徭役。(九)覃恩信,主要是免去积欠的赋税和大赦方面的内容。(十)重命令,重视法令的制定和执行。(《答手诏条陈十事》)

学生:新政包括改革吏治、发展经济和加强武备等多方面内容。

教师:范仲淹提出的 10 条改革主张中哪些会触及和损害官僚集团的利益?这场改革的中心是什么?

学生:明黜涉、抑侥幸、精贡举、择长官、均公田都涉及对官僚机构的整顿、限制。所以,这场改革以整顿吏治为中心。

教师:在新政改革过程中,范仲淹重点改革吏治。某天,他取来诸路监司名册,将其中不称职者的姓名一笔勾去。旁边有部下看了说,您这么一笔下去,那些官员肯定很难受,"焉知一家哭矣"!范仲淹回答说:"一家哭,何如一路哭耶!"在范仲淹看来,处理官员的时候,一个地方的老百姓的感受,要比某个官员的感受重要。这体现了范仲淹身上具有什么样的精神?

学生:体现了范仲淹不畏权贵,敢于限制官僚贵族特权,敢于向当朝统治集团发起挑战;但带来的后果是守旧官员、利益受到损害的官员会联合起来,都出来攻击和抵制新政。

教师:官僚集团的攻击下,使得新政遭到激烈的反对。最终,庆历新政夭折了。思考一下新政最终夭折的原因有哪些?

学生:新政损害了官僚集团的既得利益,引起反对;再加上宋夏和议和内乱平息,仁宗的态度变化,范仲淹等改革官员被相继被排挤出中央政府,庆历新政最后被废除。

教师:新政被废除之后,力主改革的官员被排挤出朝廷。范仲淹再次被贬谪。在贬居邓州期间他写下了传世名篇《岳阳楼记》,其中写道"居庙堂之高则忧其民;处江湖之远则忧其君……先天下之忧而忧,后天下之乐而乐",抒发了他的政治理想和抱负。同学们,结合我们所学的知识,谈一谈你眼中的历史人物范仲淹。

学生:在北宋中期社会内忧外患的贫弱局面下,范仲淹忧国忧民,不畏当朝的权贵、不惜以自己仕途为代价,一心为国家,为天下百姓,为了解决社会危机,他主张进行改革,实行新政。虽然他的仕途坎坷,屡遭贬谪,但他一生始终坚持先忧后乐的政治理想,肩上始终承担着挽救国家、社会兴亡的责任。

教师：庆历新政虽然失败了，但以范仲淹为首的那些忧百姓之忧、乐百姓之乐的仁人志士，那种勇于承担挽救国家、社稷的责任与精神，在中华文明的历史长河中一直留存着，为后世所赞扬。百年前的梁启超就曾说过："今日之责任，不在他人，而全在我少年。少年强则国强。"今天习近平总书记也指出："青年一代有理想、有担当，国家就有前途，民族就有希望。"同学们，作为新时代的青年，我们应该发扬历史先贤这种勇于承担责任的精神，做一个有担当的人，为实现中华民族伟大复兴的中国梦而不懈奋斗。

以国运为己任的李鸿章

张堰中学　陆兵峰

一、案例说明

（一）目标阐释

从先秦时期宗法制起源，家国情怀就一直延续至今，"匈奴未灭，何以家为？""靖康耻，犹未雪，臣子恨，何时灭""天下兴亡，匹夫有责"等都是家国情怀在传统文化中的真实写照。进入近代社会后，西方列强的入侵则使得国内割地赔款、国破家亡，文人志士在救亡图存过程中不断自省，最终形成"家国情怀"。

洋务运动是中国现代化的开端，也是中国的先进人物追求国家富强的努力。李鸿章作为洋务派的代表人物，他的家国情怀在洋务运动的思考与实践中体现。作为晚清的一代重臣——李鸿章以国运为己任，面对列强的坚船利炮，力排众议，师从西方，大步改革，试图一挽大清之颓势，做了千年变局下的"奋起反击"，开启了中国近代化之路。难耐深受数千年儒家传统影响的李鸿章始终跳不出君主专制的圈子，无法认清历史发展大势，西方的领先不仅仅局限在器物，而是全方位的。甲午一役，有如当头棒喝，让这个视国即为家的李鸿章陷入了彷徨，发出了"我办了一辈子事，练兵也，海军也，都是纸糊的老虎……不过勉强涂饰，虚有其表"的感慨，抱憾终生。

（二）实施路径

本课案例选择了与李鸿章有关的三组材料，分别对应了洋务运动的背景、内容和结局，并契合了高中阶段的课程标准。第一组材料"以数千年来未有之变局、强敌"说明洋务派在坚船利炮的刺激下进行改革，将李鸿章的家国情怀与洋务运动的时代背景有机切合。洋务运动的背景正是高中阶段课程标准

"知识与技能"目标中的"C"级水平。第二组材料有四则,前两则强调了"自强",后两则主张"求富"。"自强"与"求富"的认识与实践都体现了李鸿章个人的家国梦想,而这些梦想正是洋务运动的主要内容,两者融为一体。洋务运动的内容都属于初高中课程标准中的"知识与技能"目标,且要求把握的水平相似。第三组材料通过李鸿章个人的反省指出洋务运动的不足与缺陷,分析洋务运动失败的原因。他破碎的家国梦恰是洋务运动的失败的结局,将个人命运与时代悲剧紧密相连。高中阶段关于洋务运动的情感态度与价值观的目标就是"感悟洋务运动中个人际遇与国运、时运的联系,体会杰出人物的尴尬和痛苦",其目标较之于初中阶段让学生的"感受洋务派在内外交困时局中的艰难探索"更深一层。由此,通过这三组材料的结合,把培养学生家国情怀的目标与课文知识、课程目标自然地连接起来。

本案例选用多则史料,如李鸿章的《筹议海防折》《江苏巡抚李鸿章致总理衙门原函》《置办外国铁厂机器折》《试办织布局折》等,通过对文献史料的解读,帮助学生了解近代国家利益遭受严重破坏的背景下,作为朝廷官吏的李鸿章是如何以国运为己任,力主洋务运动,挽救民族危亡的爱国主义精神,进而激发学生捍卫国家主权与领土完整,保护国家安全,坚定维护国家利益的意识。在史料的解读过程中,运用问题教学法,培养学生提取史料信息的能力,达成学生与李鸿章的历史对话。案例中的每个情景都设置了一道"假设题",如情景一的"面对千年变局,你讲如何应对";情景二的"对于李鸿章的思想认识,还需要什么改变";情景三的"如何劝劝李鸿章"。这些题目能够促使学生身临其境地感受历史,潜移默化地养成家国情怀。

二、案 例 呈 现

(情景一/洋务运动的背景)

教师:洋务运动为什么会在 19 世纪 60 年代发生? 它的时代背景是什么?同学们把书翻到第 17 页,我们一起把第一段第一句话朗读一下。

学生:第二次鸦片战争期间,在与西方列强交涉的过程中,清政府中一批廷臣疆吏耳闻目睹西洋坚船利炮的威力,深受刺激。

教师:这句话的关键词是哪一个?

学生:深受刺激。

教师:被什么刺激?

学生：坚船利炮。

教师：同学们，我们一起看幻灯片，这是李鸿章于 1874 年写的《筹议海防折》，大家一起朗读一遍。

学生："今则东南海疆万余里，各国通商传教，来往自如，聚集京师及各省腹地，阳托和好之名，阴怀吞噬之计，一国生事，诸国构煽，实为数千年来未有之变局。轮船电报之速，瞬息千里！军器机事之精，工力百倍；炮弹所到，无坚不摧，水陆关隘，不足限制，又为数千年来未有之强敌。"

教师：材料中"变局"和"强敌"指什么？为何说是"数千年来未有"？

学生：指西方坚船利炮的侵略。

学生：因为古代中国主要的威胁来自比我们落后的北方的游牧民族侵袭，而现在遭遇的是西方的现代工业文明浪潮的洗礼。

教师：如果同学们是李鸿章，遇到如此"变局"和"强敌"，你们将如何应对呢？

学生：向西方学习进行改革。经济上大力发展工商业；军事上以购买和制造的现代化武器装备新式军队；文化上引进科技，开放思想，建立完善的教育体系；等等。

教师：大家说得很好，可以说每一位同学都有一个自己的千秋家国梦。李鸿章为首的洋务派正是因为西方坚船利炮的刺激走上了自强之路。

(情景二/洋务运动的内容)

教师：洋务运动的内容有许多，可以分为经济、军事、文化教育三类。也可以分为两类，同学们来分一下哪两类？

学生：19 世纪 60 年代开始的"自强"和 70 年代开始的"求富"。

教师：同学们，我们阅读下面材料，然后回答问题。（出示材料）

材料一：

中国文武制度，事事远出西人之上，独火器万不能及……中国欲自强，则莫如学习外国利器，欲学习外国利器，则莫如觅制器之器，师其法而不必尽用其人。（《江苏巡抚李鸿章致总理衙门原函》）

材料二：

窃自同治元年(1862 年)臣军到沪以来，随时购买外洋枪炮，设局铸开花炮弹，以资攻剿，甚为得力。（李鸿章：《置办外国铁厂机器折》）

材料三：

机器制造一事，为今日御侮之资，自强之本……洋机器于耕织、刷印、

陶埴诸器皆能制造,有裨民生日用,原不专为军火而设。(李鸿章:《置办外国铁厂机器折》)

材料四:

古今国势,必先富而后能强,尤必富在民生而国本乃可益固……臣拟遴派绅商,在上海购买机器,设局仿造布匹,冀稍分洋商之利。(李鸿章:《试办织布局折》)

教师:请同学们对上述四则材料进行分类归纳。

学生:材料一、二强调获取先进武器和机器以求自强;材料三、四主张关注民生以求富。

教师:材料反映了李鸿章对国家富强的构想随着对洋务认识的加深而发生变化,由练兵制器到努力发展民用企业。请同学们看书找出"自强"和"求富"相对应的由李鸿章主持的洋务实例。

学生:自强——江南制造总局、北洋海军;求富——轮船招商局、开平矿务局。

教师:如果李鸿章的思想认识还需要什么改变的话,你有什么好的建议?

学生:李鸿章放弃愚忠思想,推翻清王朝。

学生:不管是否推翻清朝,都应该跳出洋务的框架,提出政治改革的主张。

教师:同学们对国家的设想很好,可惜在19世纪60年代至甲午战争前的中国不太现实。洋务运动已经遭到了顽固派的强烈反对,更何况政治改革。李鸿章虽然也有自己的强国梦,但依旧无法突破旧思想的束缚。

(情景三/洋务运动的结局)

教师:中日甲午战争失败标志着洋务运动的破产。1895年,李鸿章伤感地反省说:"我办了一辈子事,练兵也,海军也,都是纸糊的老虎……不过勉强涂饰,虚有其表。"同学们,李鸿章为什么说自己的"练兵"、"海军"都是"纸糊的老虎"、"虚有其表"?

学生:李鸿章的视野停留在军事科技、军事、经济领域,没有认识并改革封建腐朽的政治制度,所以不可能使国家走上独立富强的道路。

教师:如果让你劝劝这位老人,你准备如何说?

学生:我会说:洋务运动虽然失败了,但是并不会因此而否认你为国家富强所做的努力,你的所思所为顺应了时代的潮流,是在中国近代史上有着巨大贡献的一个杰出人物。

教师:洋务运动留给后人无尽的思索。以李鸿章为首的晚清洋务派没有能在"老大"的中国实现自强,但他们破碎的家国梦依旧值得后人缅怀与追思。尤其是,重臣李鸿章以国运为己任,面对列强的坚船利炮,力排众议,大步改革,进行了千年变局下的"奋起反击",开启了中国的近代化之路,更令我们感到钦佩和振奋!

他们是领跑时代、勇于担当的人

华东师范大学第三附属中学　余兆木

一、案　例　说　明

（一）目标阐释

时代使命,是历史赋予不同时代人们的责任和担当。社会的进步和国家的发展离不开一群肩负时代使命、勇于担当的人,他们用敏锐的眼光观察时局,身体力行,付诸实践,成为时代的领跑者,推动着历史车轮滚滚向前。时代不同,使命也不同。古代有王昭君不畏艰难,跋涉千里,与匈奴和亲,为汉朝带来和平局面;近代有孙中山为振兴中华,实现民主共和制度,四处奔波,一生致力于中国民主革命的事业。正处在新时代的中国有新的历史使命,即实现中华民族的伟大复兴。根据上海市高中历史学科教学基本要求,高中历史教学要洞察历史认识的时代性和发展性,帮助和促进学生成为有处世能力、发展意识和责任担当的公民。对于高中生而言,要认识当今国内外时局,要有强烈的时代使命感,为实现中华民族的复兴贡献一份力量。

自 1840 年鸦片战争以来,救亡图存就成为近代中国的时代主题。面对日益严重的民族危机,近代知识分子率先以革故鼎新的姿态出现在国人面前,前赴后继地探索着如何实现中华民族富强的道路。洋务派在内忧外患下,担当起求强、求富的时代使命,开展洋务运动。本课在初中课程标准中要求学生掌握洋务运动以"自强"为目的,以北洋海军覆灭为终结,通过梳理洋务运动的主要史实,从中归纳出目的与结果南辕北辙的原因。鉴于此,本课的德育目标要求高中学生感悟洋务运动中个人际遇与国运、时运的联系;反对西方列强的野蛮侵略,体认欧风美雨下的社会变局。洋务派在民族危急关头,把个人命运与国家前途紧密相连,勇于担当,致力于国家的富强事业,在中华民族的复兴路上践行着他们的时代使命。

(二)实施路径

在知识与技能方面,《高中历史学科教学基本要求》中规定,通过本课学习,知道洋务运动的背景、总理衙门、洋务运动的主要内容及客观作用。基于此目标,为体现洋务运动中洋务派的时代使命感,本课选取以下知识点进行渗透:(1)通过李鸿章《筹议海防折》的描述,指出洋务运动内忧外患的时代背景,特别指出:经历两次鸦片战争的失败,一些先进的知识分子明显感受到西方强大先进的武器,从而展开学习西方器物的洋务运动。(2)通过李鸿章创办上海江南制造总局、张之洞创办汉阳铁厂和容闳率领第一批留学生前往美国等典型事例,概括洋务运动的主要内容有:以"求强"为目标创办军事企业、以"求富"为目标创办民用企业和培养洋务人才,以及理解洋务派的这些举措开启了中国近代化的进程。(3)通过了解上述三个最具代表性的洋务派人物事迹,感受他们的时代担当和使命感。

在过程与方法方面,《高中历史学科教学基本要求》对高中学生的要求为,通过分析洋务运动的背景和主要内容感悟洋务运动中个人际遇与国运、时运的联系,体会杰出人物的痛苦;理解洋务运动的客观作用;反对西方列强的野蛮侵略,体认欧风美雨下的社会变局。基于此,本课从以下途径展开:(1)通过李鸿章对时局的认识,明白近代中国在国门被迫打开下,人们的视野逐渐开阔,认识到自己的不足,感受到时代的变化。在西学东渐的背景下,洋务派为实现国家的富强而付出努力。(2)通过李鸿章、张之洞和容闳的具体洋务措施,体会洋务派在实现中国富强道路上的艰辛付出和时代使命的担当精神,以及他们在近代中国各个领域的开拓性,从而迈出中国现代化的第一步。

二、案例呈现

教师:19世纪60—90年代,清王朝开展了一场自上而下的自救运动——洋务运动。同学们知道有哪些代表人物吗?

学生:李鸿章。

教师:的确,李鸿章是洋务运动中最具代表性和杰出的人物。在这则材料中,同学们发现李鸿章在感叹什么?(出示材料)

今则东南海疆万余里,各国通商传教来往自如,麇集京师及各省腹地。阳托和好之名,阴怀吞噬之计。一国生事,诸国构煽,实为数千年来未有之变局。轮船电报之速,瞬息千里。军器机事之精,工力百倍。炮弹所到,无坚不摧。水陆关隘,不足限制。又为数千年来未有之强敌。(李鸿章:《筹议海防折》)

学生:西方强大的武器和先进的科技。

教师:经历了两次失败的鸦片战争以及太平天国的打击,求强是当时知识分子们普遍的呼声,李鸿章一方面感叹洋人强大的武器,另一方面则要立志于"自强"。从现实角度,自强就是要实现王朝自我的振兴;从国家角度,就要抵御西方列强的侵略,实现民族的自我图强。为此,1865 年,李鸿章在上海创办江南制造总局。

表 1 上海江南制造总局的成果

机器	制造车床 138 台、刨床、钻床、开齿机、卷铁板机、汽锤、大锤机等母机型机器 117 台,机器零件及工具 110 万件
大炮	1897 年法国制成管退炮,江南厂与 1906 年仿制成功"自紧法"造成不炸裂的坚固炮管,已接近当时世界上先进的造炮水平
枪支弹药	● 1867 年仿制成功前装线膛步枪,比西方晚 37 年 ● 1898 年仿制当时最先进的德国 1888 年式毛瑟枪 ● 19 世纪 90 年代每日能造子弹 90 000 颗,每月造地雷 200 余枚 ● 每年造无烟炸药 60 000 余磅
钢铁	1890 年江南等局筹办钢铁厂,购进西门子—马丁炼钢炉,炼成优质镍钢,与克虏伯钢不相上下
造船	第一般自造的机器轮船,时速 37 里,浦江试航,轰动上海滩

从这张表格中,我们可以看出江南制造总局有哪些特点?

学生:规模大、设备齐全、技术先进。

学生:基本上生产军事用品。

教师:上海江南制造总局是当时国内最大的军事企业,取得的军事成果很明显,开了我国近代化军事企业之先河。除此之外,江南制造总局还生产什么?

学生:能制造各种机械设备。

教师:对,有人说它就是一个"机器母厂",这对近代中国的机器制造业发展起到开拓性的作用。在历时 30 年的洋务运动期间,李鸿章呕心沥血,创造了中国近代史上的很多第一。可以说,李鸿章的后半生就是洋务运动的缩影。在晚清政治舞台上,还有一位大臣也和李鸿章一样致力于洋务事业,他就是张之洞。张之洞在 1889 年任湖广总督,督办京汉铁路,创办湖北枪炮厂、大冶铁矿等,把武汉打造成当时中国最大的重工业基地;继而又创办湖北织布局、缫丝局、纺纱局、制麻局、制革厂等一批近代轻工业。他在近代中国重工业和轻工业建设以及教育方面都做出了重大贡献。这其中最为后人所称赞的就是汉阳铁厂。(出示材料)

> 今日自强之端,首在开辟利源,杜绝外耗。举凡武备所资枪炮、军械、轮船、炮台、火车、电线等项,以及民间日用、农家工作之所需,无一不取资于铁。近来各省虽间有制造等局,然所造皆系军火,于民间日用之物,尚属阙如。臣愚以为华民所需外洋之物,必应悉行仿造,虽不尽断来源,亦可渐开风气。(张之洞)

教师:在张之洞看来,军需、民用的关键物品是什么?

学生:铁。

教师:我们缺乏铁,那该怎么办?

学生:模仿洋人,自己生产铁。

教师:当时,中国没有近代化的钢铁企业,不能生产优质钢铁,只能依靠进口。张之洞断然决定自己设厂,购置机器,用洋人的方法炼铁,这样才能够杜绝外国的钢铁输入中国。(出示材料)

> 这个企业是迄今为止,中国以制造武器、钢轨、机器为目的的最进步的运动,因为这个工厂是完善无疵的,而且规模宏大,所以走马看花地参观一下,也要几个钟头!(美国驻汉口领事查尔德)

> (汉阳铁厂是)中国及亚洲第一家钢铁联合企业……不仅是晚清中国唯一的机器炼铁厂,也是当时亚洲规模最大的钢铁企业,有"亚洲第一雄厂"之美誉,其技术装备领先于整个亚洲,与当时欧洲最先进的炼钢技术相比只差10年。(武汉大学历史学教授冯天瑜)

教师:根据以上两则材料,同学们认为张之洞创办的汉阳铁厂怎样?

学生:汉阳铁厂规模大,技术先进,在亚洲处于领先位置。

教师:汉阳铁厂开启了中国钢铁工业,被西方视为中国觉醒的标志。在汉阳铁厂创建后的31年中,共生产铁221.4万吨、钢62.1万吨,1911年以前为全国钢铁总产量的100%。汉阳铁厂、上海轮船招商局等民用企业的创办逐步实现"求富"的目标。那么,富国强国还需人才。为了培养洋务人才,洋务派除了创办各类学堂,教授西方先进的军事科技外,还派遣幼童出国留学。作为近代中国第一个留学生——容闳在教育救国上做出重大贡献。(出示材料)

他(容闳)晚年在其自传中写道："盖既受教育,则予心中之理想既高,而道德之范围亦广,遂觉此身负荷极重,若在毫无知识时代,转不之觉也……予意以为予之一身,既受此文明之教育,则当使后予之人,亦享此同等之利益。以西方之学术,灌输于中国,使中国日趋于文明富强之境。予后来之事业,盖以此为标准,专心致志以为之。溯自 1854 年予毕业之时,以至 1872 年,则此志愿之成熟时也。"(梁伯华:《近代中国在世界的崛起——文化、外交与历史的新探索》)

教师:容闳认为为什么要出国留学?

学生:学习西方的学术,使中国变得文明富强。

教师:接受西方系统教育的容闳深知留学对中国近代化的重要性,所以他竭力推行留学计划。(出示材料)

政府宜选派颖秀青年,送之出洋留学,以为国家储蓄人才。派遣之法,初次可以选定 120 名学额以试行之。此 120 人中,又分为四批,按年递派,每年派送 30 人。留学期限定为 15 年,学生年龄,须以 12 岁至 14 岁为度。视第一、第二批学生出洋留学著有成效,则以后即永定为例,每年派出此数。派出时并须以汉文教习同往,庶幼年学生在美,仍可兼习汉文。至学生在外国膳食入学等事,当另设留学生监督二人以管理之。此项留学经费,可于上海关税项下,提拨数成以充之。(容闳)

教师:这是容闳在 1868 年通过丁日昌向清廷上了一个条陈,提出了四项建议。在这份留学计划中,容闳考虑到哪些问题?

学生:留学的名额、留学期限、留学生的年龄。

教师:还有补充吗?

学生:留学经费,还有如何管理这些留学生。

教师:对。这份提议还指出:选拔优秀青年出洋留学的目的就是为国家储备人才。容闳将派留学生的目的、人数、方法、管理、经费等一系列问题都考虑到了。但是,由于意外的耽搁,这项条陈没能上奏。直到 1870 年容闳再次见到曾国藩,趁机陈述了自己派留学生的意图。曾国藩和李鸿章联名上奏,这一计划最终被清廷批准。由于国门打开不久的中国风气还没开放,人们对外界的认识是非常狭隘的,招生计划并不顺利。尽管费了九牛二虎之力,容闳还没有招足 30 名,不得已只好到香港才招齐了这个数目。从 1872—1875 年,容闳选出 120 名幼童分四批赴美国留学,至此,容闳苦心奔波的事业,终于有了一

个辉煌的开端。（出示留美幼童返国后职业一览表）

表2　留美幼童返国后职业一览表

职　业	人数	职　业	人数
国务总理	1	铁路局长	3
外交部长	2	铁路馆员	5
公　使	2	铁路工程师	6
外交官员	12	冶矿技师	9
海军元帅	2	电报局官员	16
海军军官	14	经营商业	8
军　医	4	政　界	3
税务司	1	医　生	3
海关官员	2	律　师	1
教　师	3	报　界	2
在美病逝	3	不　详	4

教师：从表2中同学们可以获取什么信息？

学生：这些留美归来的学生投身于祖国的各个行业，并作出不同的贡献。

教师：对。这些留美学生，以他们的学识和对祖国无比热爱的诚挚情怀，给当时贫弱交困的中国人民带来了希望。留美幼童对个人及时代均作出了贡献，为了建设新的中国，他们贡献出了生命中最美好的岁月。讲到这里，同学们通过对三个洋务派人物的了解，谈谈该如何看待他们的洋务行为呢？

学生：具有开创性，创办了很多近代中国第一，促进中国经济的发展。

学生：引进西方先进的武器和技术，促进中国资本主义的发展；把幼童送到外国学习，开阔国人的眼界，用所学的知识报效祖国。

学生：从他们个人的行为上可以看出，他们都想让当时的中国富强起来，不想处于被动挨打和落后的局面。

教师：对。在近代中国民族危机的关头，有这样一群人领跑时代、勇于担当，把个人命运与国家前途紧密相连。同学们，我们每个人都是社会中的人，当我们走出学校，走进社会，投入到各自的工作岗位上也要有担当精神。当今中国进入特色社会主义建设的新时代，在中华民族复兴的道路上，作为中国公民，我们都是参与者和建设者，我们要用行动担当起新时代赋予我们每个人的光荣使命。

矢志弥坚的辛亥革命先行者

亭林中学　吴　勇

一、案　例　说　明

（一）目标阐释

坚毅指坚定而又有毅力,近义词有坚定、坚决、坚贞、坚韧、顽强、刚强、刚毅、刚劲等。坚毅是一种内在的意志品质和价值追求,是一种宝贵人生品格和精神境界。坚毅,是《大中小德育课程一体化建设德育顶层内容构架要点》中公民人格培养目标的内核之一。"穷且益坚,不坠青云之志",事业的成功、功绩的造就离不开个人坚毅的品格;"古之立大事者,不惟有超世之才,亦必有坚忍不拔之志",自古以来的能建功立业做大事的人,不仅有超脱俗世的才能,也一定会有坚韧不拔的意志。坚毅,也多指明知前程有危险,环境极不利,但能意志坚定,不犹豫,勇往直前。"亦余心之所善兮,虽九死其犹未悔"即是体现;"坚毅"更是铁肩担道义、坚持走到底的执着无悔的气概;"士不可不弘毅,任重而道远"便是很好的诠释。伏尔泰也说:"伟大的事业需要始终不渝的精神";拿破仑更是有句响亮的名言:"胜利属于最坚韧的人。"

把坚毅作为一种人格培养目标,符合高中阶段课程标准要求;能培养学生独立自强、勇敢坚毅、不怕挫折的意志品质,养成艰苦奋斗、自力更生、开拓进取的精神。《辛亥革命与中华民国的建立》一课中革命先行者其愈挫愈勇、矢志弥坚的革命品质,其奔走呼号、摇旗呐喊、敢为人先的担当精神,正是坚毅品格的集中体现。本课的德育目标要求学生认同资产阶级革命派在民族危亡背景下强烈的忧患意识和坚韧不拔的进取精神;领悟近代中国在现代化进程中的步履维艰与曲折蹒跚;铭记先行者和时代先觉者们自强御侮、躬行践履、振兴民族的爱国救国实践;感悟三民主义理想的崇高及现实的无奈;敬畏资产阶级革命者的勇敢与坚毅。相较于初中,要求高中学生用更理性的视野和辩证的观点来看待和评价辛亥革命,从更高的思想层面上领悟大无畏的革命精神,领受坚毅品格的熏陶和感染。

(二) 实施路径

在知识与技能方面,《高中历史学科教学基本要求》中规定,通过本课学习,知道孙中山创立兴中会、民主革命思想传播的渐进过程,武昌起义、南京临时政府的成立;了解孙中山等革命党人的主要革命活动,感怀他们前仆后继、浴血奋斗的史实;学习他们追求进步、百折不挠的奋斗精神。基于此目标,本课选取如下知识点进行渗透:(1)通过观看电影《辛亥革命》片段中林觉民与张鸣岐的对话,体现林觉民等革命志士深受革命思想影响,立志推翻腐朽清王朝的坚强决心和无悔追求。(2)通过介绍孙中山早期的生活经历如"反清四大寇"、上书李鸿章、伦敦蒙难记等,让学生体会孙中山最早走上资产阶级民主革命道路的历史机缘和时代背景,体味革命者的艰辛与不易,更突出他们对理想信念的坚守和对革命实践的坚持。(3)通过分析社会转型时期民众对民主共和观念接受的渐进过程,体会历史事件、历史变革的渐变性、复杂性、艰巨性,突出孙中山等人矢志不渝的坚毅的革命品质。(4)通过探讨广州黄花岗起义失败,林觉民、林时爽、方声洞等辛亥革命志士牺牲的意义,展现无数仁人志士不惜身家性命、甘死如饴的革命气质和情怀,体现他们与时俱进的先觉性、先进性,突出时代精英们牺牲背后深沉的家国情怀、坚毅的人格力量及深远的历史影响。

在过程与方法方面,《初中历史学科教学基本要求》只要求学生懂得歌曲、戏剧、小说等的史料价值,汲取其中蕴含的历史信息,大致能够体会思想变革是社会变革的先导,感悟逆潮流的反动终将被历史抛弃。而高中提出了更高层次的要求,不仅要求学生懂得著作、笔记、回忆资料的检索是获得史料的基本途径以及这类资料的史料价值,更要利用这些材料,从性质、功绩、局限等角度,全面评价辛亥革命。基于课程标准的要求,本课主要通过以下的方式渗透坚毅精神:(1)针对电影中对林觉民等革命志士的牺牲存在两种截然对立的看法,运用对比分析方法,突出保守势力与先觉者的不同思想境界,引导学生认识到青年革命先烈的坚毅、无畏、果敢对后续革命的巨大推动作用。(2)革命初期民众支持者寥寥无几,视革命为洪水猛兽;随着革命思想的广泛传播,民众转而同情支持革命,运用史料的前后对比分析,让学生感知革命者这种坚毅品格发挥出的巨大威力。（3）孙中山对革命失败原因前后有不同分析，最终转变看法，纠正了先前的错误认识，得出了更应该从思想动员上、革命组织上下功夫的结论，让学生体会坚持不懈得真知、坚毅笃行获成功这一过程背后坚毅品格所发挥的重要作用。

二、案例呈现

（辛亥革命的背景）

教师：（出示电影《辛亥革命》的剧照并观看一段 2 分钟的电影片段）电影中的林觉民在与张鸣岐对话时，慷慨激昂陈词："朝廷把香港割给了英国，把台湾割给了日本，这样的朝廷又有何用？"这两次割地分别指哪两个不平等条约？

学生：中英《南京条约》、中日《马关条约》

教师：林觉民读过《天演论》。《天演论》这本书作者是谁？宣传什么样的思想？

学生：严复。宣传"物竞天择，适者生存"的思想。

教师：我们分析一下，进化论的传播对这些青年革命者有什么样的影响？

学生：清王朝的孱弱和腐败让他们感受到了民族的危机，激发了他们报效国家的热情……

学生：林觉民讲："孙文先生说过，中国积弱，到今天已经到了不可收拾的地步！王室宗亲、贵族官吏，因循守旧、粉饰虚张；而老百姓呢，各个都是苟且偷生，蒙昧无知。堂堂华夏，不齿于列邦，被轻于异族……"林觉民所说的孙文先生是谁？他为什么对林觉民等革命青年影响如此深刻？

学生：孙中山。中国积弱、落后挨打。孙中山是资产阶级革命派，宣传民主共和的思想，具有时代进步性和号召力。

教师：同学们，正如电影中所说的那样，清朝末年，当时的普通民众是怎样的一种思想状态？他们对革命的态度怎样？

学生：愚昧落后、麻木不仁；对革命漠视，甚至反对。

教师：面对民众的不理解和不支持、麻木不仁，辛亥革命者有没有气馁？他们是一种怎样的心态和精神面貌？

学生：没有丝毫气馁，反而更加坚定他们的革命信念和理想追求——一定要推翻腐朽落后的清王朝，体现了一种斗志昂扬、坚贞不屈的革命精神。

教师：林觉民还说："我们一同举事，一同赴死！大清索我的命，我诛大清的心!"他对清政府的态度是怎样的? 体现了怎样的一种精神?

学生:林觉民受到进化论的影响,有深切的民族危机感,主张暴力推翻清政府。不怕牺牲,敢于斗争,他的《与妻书》体现了革命的大无畏精神。他非常坚定、非常执着。

教师:以林觉民为代表的辛亥志士坚毅如铁、心怀昊天。正是他们的这种革命情怀和坚毅品质鼓舞和推动,使得后来者前仆后继,不断前行。

(孙中山的革命经历)

(先让学生分享一些他们所知晓的与孙中山相关的信息。再通过教师简要介绍孙中山早期的生活经历如"反清四大寇"、上书李鸿章、伦敦蒙难记等,让学生知悉孙中山最早走上资产阶级民主革命道路的历史机缘和时代背景。)

教师:孙中山创立了中国第一个资产阶级革命团体——兴中会。我们来阅读两段材料并回答相关问题。

材料一:

1894 年秋,孙中山怀着革命的远大抱负,在度到檀香山,联络华侨,宣传革命思想。当时多数华侨,安于现状,怕反清遭灭顶之灾,根本不理睬他。就是亲友故旧,也多掩耳惊走。起初,赞成他的人寥寥无几,有的人嘲讽他是痴人说梦。(尚明轩:《孙中山传》)

材料二:

1894—1895 年参加兴中会,有姓名、有籍贯可查的 178 人的个人成分约略统计,其中商人 96 人,工人 39 人,农牧人,自由职业者(医生、教员、报界、传教士)9 人,公务员 10 人,水师官员 4 人,学生 2 人,会党 12 人;所有这些会员,79%是华侨。(冯自由:《兴中会会员人名事迹考》)

教师:材料一中,孙中山宣传革命,当地的大部分民众对革命持何态度?

学生:避而远之,害怕革命,惊慌失措。

教师:通过材料,请问同学们,孙中山早年的革命,支持他的人多不多? 由此可见,孙中山的革命道路是孤独的还是众志成城、一呼百应的?

学生:开始的支持者寥寥无几,连亲戚都躲避他。他的革命道路是孤独的。

教师:参加兴中会的数百名会员,主要由哪些阶层的人组成?

学生:以商人、工人为主,还有自由职业者、公务员等。

教师:尽管只有数百名的会员参加兴中会,孙中山的革命热情有没有减弱?他接下来是怎么做的?

学生:孙中山毅然发动多次起义,均遭失败,他被通缉,被迫流亡海外。但他愈挫愈勇,根本不为恶势力所吓倒,反而愈加坚定和执着。

(对革命的认识深化)

(引入新材料,客观看待和评价孙中山本人对早期革命失败原因分析)

材料三:

从兴中会创立到惠州起义的多次失败,六年的时光已经流逝。但革命并没有得到多少进展,这是什么缘故?起初,孙中山曾经将失败的原因归咎于缺少军火,认为只要"获得相当数量的军器武装起来并尽力准备,就能很容易把清朝军队击溃"。(凌奇:《两个欧化的东方人——大隈重信与孙中山》)

材料四:

经过对客观实际的分析研究,孙中山终于纠正了这种错误的认识。1903年前后,孙中山提出了两个重要问题:(1)单纯从事军事活动是不够的,还必须从政治上、思想上"大击保皇毒焰",划清革命与保皇的界限,"使人人知所适从"。(2)从组织上来说,"分道扬镳,终不如集中力量,事较易济",需要"召集同志,合成大团",为全国革命运动提供一个比较健全得的领导核心。(凌奇:《两个欧化的东方人——大隈重信与孙中山》)

教师:你是否认同材料三孙中山对革命失败的原因总结分析?说明你的看法。

学生:不是十分认同孙中山的分析,武器装备是一个重要因素,但失败的主要原因还是在革命组织、民众的参与支持上。

教师:材料四中,孙中山继续总结经验,分析失败原因,对比材料三,有何变化和不同?

学生:孙中山纠正了先前的看法和认识,现在觉得要从思想宣传和动员上、革命组织上下功夫。认为加强与保皇党的论战,加大革命思想宣传和建立强有力的革命组织才是更重要的。

教师:除了不断分析和总结失败的原因,孙中山"屡败屡战"的背后,你认为他有一种怎样的精神和品格?

学生:他有着一往无前、绝不妥协的决心,有着坚毅、执着、刚强的品格。

教师:经过甲午战败、屈辱求和、割地赔款、国破家亡的沉淀和淬炼,孙中山"位卑未敢忘国忧",坚毅的品格推动他不断提升对革命道路的理性认识。从广州起义到抱病北上,坚毅的品格始终贯穿着孙中山革命的一生,他是无数辛亥革命志士中的一个典型代表,其一往无前、愈挫愈勇、屡败屡战的坚毅果敢、矢志弥坚的革命战斗精神,其大公无私、关心民生疾苦、为天下苍生谋福祉的高尚品德,其顺应时代潮流、放眼世界的博大胸怀,是我们今天历史学习所应汲取和继承的宝贵精神财富。

感佩胡适的家国情怀

金山中学 王 超

一、案 例 说 明

(一)目标阐释

家国情怀是中国优秀传统文化的基本内涵之一。所谓的家国情怀,是主体对共同体的一种认同,并促使其发展的思想和理念,其基本内涵包括家国同构、共同体意识和仁爱之情;其实现路径强调个人修身、重视亲情、心怀天下;既与民族精神、爱国主义、天下为公等传统文化有重要联系,又是对这些传统文化的超越。家国情怀在增强民族凝聚力、建设和谐社会、提高公民意识等方面都有重要的时代价值。家国情怀在中国悠久的历史中,一直渗透在我们的民族血脉之中,无论是《礼记》中"修身、齐家、治国、平天下"的人文理想,还是范仲淹在《岳阳楼记》中"先天下之忧而忧,后天下之乐而乐"的大任担当,抑或是陆游"家祭无忘告乃翁"的忠诚执着,家国情怀从来都不只是摄人心魄的文学书写,更是每个人内心之中的精神归属,是与国家民族休戚与共的情感,是以天下为己任的使命感。对于新时代的高中生来说,同样需要有这样的家国情怀,来激励他们奋发向前。

家国情怀在新文化运动时期的体现就是以胡适为代表的知识分子,自觉肩负起打破旧思想的枷锁、解放民众思想、努力追寻救国救民的真理的精神,课程标准中的要求也是围绕此展开的。因此,本课的德育目标即是在学生初中已经了解部分新文化运动史实的基础之上,以这一代知识分子的历史使命和责任担当为切入点,引导学生理解在这一历史时期、在这一代知识分子身上所体现出的家国情怀。以此引导学生确立积极进取、求真务实的态度,培养对民族、社会的责任感和使命感,形成家国情怀。

(二)实施路径

在知识与技能方面,初中教材中对于新文化运动的具体史实已经有比较明确的阐述,但对于时代背景的交代并不多,而高中的课程标准中明确提出了要知道新文化运动的背景、代表人物等内容,进而领悟这场运动对中国近代思想解放所起到的重要作用。基于此情况,为突出新文化知识分子的时代担当和家国情怀,本课选用了以下方式对知识点进行渗透:(1)以胡适为主线展开本课内容,其中穿插其他代表人物。(2)以胡适的书信和诗文来反映当时中国面临瓜分豆剖的时代背景。(3)以胡适在新文化运动中的贡献和尝试来阐释新文化运动的主要内容,并突出他自觉肩负起的历史责任,体现其家国情怀。(4)以胡适的思想变化,进一步突出他一生的命运紧紧与国家的前途命运联系在一起,突出他的家国情怀。

在过程与方法上,初中教材中只要求对新文化运动的史实做了解,而高中则需要具体分析新文化运动的时代背景,以及这样一场思想解放运动在中国近代思想流变,乃至整个中国近代史中的作用与影响;更需要关注新文化运动中的知识分子在这一历史时期所体现出的思想特质及其时代精神。而解读这些内容就必须依靠大量的史料支撑,特别是这些知识分子的著作、书信等原始史料。所以,在呈现时选取胡适为代表,以胡适的书信、文章为原始史料,辅以其他同时代知识分子的史料进行综合分析,以期透过一个"点"来反映整个时代的历史。这同时也符合学科基本素养中对学生史料的理解、分析能力的培养要求。

二、案 例 呈 现

教师:展示胡适在上海时的所见所感。提问:胡适当时在上海看到了怎样的情景,这反映了当时怎样的社会状况?(出示材料)

时见国旗飘举,但不见,黄龙耳。(胡适:《胡适诗存》,1907 年)

学生:胡适当时看到的都是外国的旗帜,没有清朝的黄龙旗,说明当时列强侵略中国已经十分严重了。

教师:很好。胡适在上海求学时中国已经经历了数次战争,列强对中国瓜分豆剖,面临着严重的民族危机。胡适的所见所想,反映的是他对中国前途命运的担忧,所以当他在美国求学时,就写下了《非留学篇》,呼吁留学生、知识分

子担负起挽救民族危亡、再造文明的历史使命。从材料中看出，他希望中国的新文明，是怎样的新文明。（出示材料）

> 其责任所在，将令携来甘露，遍洒神州；海外灵芝，遍栽祖国；以他人之所长，补我所不足，庶令吾国古文明，得新生机而益发扬光大，为神州造一新旧混合之新文明，此过渡时代人物之天职也。（胡适：《非留学篇》，1914 年）

学生：胡适希望再造的是融合中西文明的一种全新的文明。

教师：为唤醒民众，解放民众的思想，胡适呼吁进行一场文学革命，从他发表的《文学改良刍议》中，我们可以看出胡适的主要主张有哪些？（出示材料）

> 一曰，不言之无物；二曰，不摹仿古人；三曰，不作不合文法的文字；四曰，不作无病呻吟；五曰，不用套语滥调；六曰，不用典；七曰，不讲对仗；八曰，不避俗字俗语。（胡适：《文学改良刍议》）

学生：胡适主张要放弃旧的文学形式。

教师：对。胡适的主张就是要提倡新文学，反对旧文学。对于文学革命的具体开展方式，胡适也有自己的见解。从材料来看，胡适主张的新文学要通过怎样的方式呈现？（出示材料）

> 我的《建设新文学论》的唯一宗旨只有十个大字："国语的文学，文学的国语。"我们所提倡的文学革命，只是要替中国创造一种国语的文学。有了国语的文学，方才可有文学的国语。有了文学的国语，我们的国语才可算得真正国语。（胡适：《建设的文学革命论》，1918 年）

学生：胡适主张通过国语来呈现文学革命的内容。

教师：那么，什么是国语呢？是原本用来表达旧文学的文言文么？

学生：不是。应该是白话文。

教师：对！所以胡适提倡白话文，反对文言文。罗志田教授在其书中评价胡适一提倡白话文，就形成了"举国和之"的局面。请大家阅读《新青年》中的文章，谈谈自己的感受。

学生：阅读（略）。《新青年》中的白话文文章内容表达很直白，能够很容易看懂。

教师：是的，这就是胡适等知识分子希望达到的效果。要解放绝大多数民众的思想，就必须要用他们能够听懂、理解的文字传递思想，而白话文恰恰可以做到这一点。所以在胡适等人的推动之下，白话文运动迅速开展。到 1918

年 1 月 15 日,《新青年》的全部文章都以白话文发表。1920 年,北洋政府也明令小学从当年起 3 年内全部使用白话文。与此同时,不仅在文学领域,在中国文明转型的问题上胡适也有自己的主张。我们可以看到,他的主张是什么?（出示材料）

材料一:

研究问题、输入学理、整理国故、再造文明。（胡适:《"新思潮"的意义》,《新青年》,1919 年）

材料二:

一、用历史的眼光来扩大国学研究的范围;二、用系统的整理来部勒国学研究的资料;三、用比较的研究来帮助国学的材料的整理与解释。（胡适《〈国学季刊〉发刊宣言》）

学生: 材料一中,胡适主张要从西方引进先进学说,并且也要整理中国的传统文化,使之融合,来再造文明。材料二中,胡适就提出了对待中国传统文化应有的态度。

教师: 可以看出胡适对于中国文明的转型的看法是,要吸收西方文化的内容,也要保留中国传统文化的内容,两者结合才能够再造中国文明,这就使得中国的文明内涵得到了丰富与转型。其实,胡适的思想在中国近代的不同历史时期是有变化的,除了在文学和文化领域,胡适在政治领域也有自己期许和努力。从以下材料中,我们能感受到胡适身上所折射出的哪些"家国情怀"呢?（出示材料）

材料一:思想变化:

(1)（1912—1919 年）提倡西化,大力抨击,

(2)（1919—1926 年）整理国故,重新认可,

(3)（1926—1937 年）四面楚歌,转向批判,

(4)（1937—1942 年）顺应抗战,再度赞扬,

(5)（1942—1949 年）淡出政治,专心研究。

材料二:自由之累:

1927 年,到访莫斯科,对苏联社会主义颇有好感。40 年代后转为失望。

1938—1942 年,任驻美大使。

1949 年 3 月,应政府要求赴美游说,四处碰壁。同年 11 月,与雷震等创办《自由中国》杂志,批评国民党。

1960 年，与雷震等人联署反对蒋介石违宪连任第三届总统。后雷震被捕，胡适营救失败。

材料三：胡适晚年思想有一个无法解开的启蒙情节。他与人谈话，开会演讲，总是不离"民主"与"科学"两大话题。他认定：只有民主政治可以团结全民的力量来解决全民的困难，只有自由民主可以培养成一个有人味的文明社会。

学生：材料一中，可以看出胡适的每一次思想转变都紧密地和中国近代的命运联系在一起，可以说他的思想的转变其实就是他关心中国前途命运的一种表现。而胡适在政治上的追求就是希望中国变成一个民主、自由的国家，所以他在不断地做着自己的尝试。虽然作为一个知识分子，在政治中并没有很多的话语权，但他还是希望通过自己的努力将中国走向自由民主。同时，胡适晚年的启蒙情节，是站在全体国民的角度上，希望全体国民能够铸就一个新的民族精神，一个自由民主的精神，这才是真正能够使中国文明再造的途径。

教师：很好！1840 年以来，西方文明"携风鼓浪"而来，古老中国遭遇"千年未有"之变局。民国肇始，又遇帝制复辟、军阀混战之危局。民智未开，逆流复来。值此困局，以胡适等为代表的知识分子，肩负起历史赋予之"旧邦新命"，以"再造文明"为己任。坚守新文化之阵地，高擎"民主、科学"之大旗，掀起狂飙突进之文学革命，剑指"旧文化、旧思想、旧道德"之糟粕。折冲中西、扬弃新旧，以前所未有之思想解放运动，重塑"迷乱之人心"，打开文明再造之新局。虽囿于时代，这些知识分子在审视传统文化时，往往"激情多于理性"，但其仍然代表当时最进步的潮流。

在此后的历史进程中，以胡适为代表的知识分子始终坚守民主、科学与自由的信念，满怀至真至诚的家国情怀，"宁鸣而死，不默而生"，为再造文明而奋斗终生！

感受美国人民不屈的民族精神

亭林中学　顾周易

一、案 例 说 明

（一）目标阐释

民族精神是民族成员认同的思想品格、价值取向、理想信念和道德规范的提炼概括，是一个民族生命力、创造力和凝聚力的集中体现，是一个民族赖以生存、共同生活、共同发展的核心和灵魂，是一个民族的心理特征、思维方式和思想情感的集中反映。民族精神是民族文化的核心和精髓，是民族在生存发展过程中通过其整合功能来实现其精神动力与纽带作用的相对稳定的文化精神，是民族成为自身的基本特征与核心标志。正如 2008 年胡锦涛总书记在抗震救灾先进基层党组织和优秀共产党员代表座谈会上的讲话中指出："民族精神是一个国家综合国力的重要组成部分；一个国家要发展，一个民族要自立于世界民族之林，不仅要通过发愤图强积累强大的物质基础，而且要通过艰苦奋斗形成强大的精神力量。"赫尔德曾经指出："民族精神是一个民族有机体的中心和根本，是一个民族凝聚的核心。"对于当代高中生而言，民族精神具有感化和教育作用，要提高全民族的思想道德素质和科学文化素质有必要大力弘扬优秀民族精神。

从美国独立战争到美国南北战争，美利坚民族不懈追求的自由、平等、民主、法治的民族精神，符合上海市高中历史学科教学基本要求所要求的：敬仰前人对民族自立、平等、和睦的追求，以历史主义态度肯定民族自尊、自强的思想与行为。本课的德育目标，是要求学生体会自由与平等、民主与法治等理念的启蒙作用，认识美国追求自由、平等、民主的积极的价值取向，感悟美国人民对民族精神的不懈追求。相较于初中，要求高中学生用更宽阔的视野来看待独立战争和南北战争，从更高层次上领悟美利坚民族从独立到内战逐步形成的自身核心价值，欣赏其不懈追求自由、平等、民主、法治的民族精神。

（二）实施路径

在知识与技能方面，美国独立战争这一课，上海市高中历史学科教学基本要求对高中学生提出了识记美国独立战争的原因、《独立宣言》、理解美国独立战争的意义、《合众国宪法》、联邦制度的确立。上海市教研室研究成果则对初中学生提出了知道列克星敦枪声，记住《独立宣言》，理解《1787 年宪法》。美国南北战争这一课，要求高中学生知道美国成为"两洋国家"的基本史实，识记南北战争的原因和结果，理解《宅地法》《解放宣言》的作用、南北战争的性质和作用。初中学生则为知道《汤姆叔叔的小屋》的历史作用，理解林肯在南北战争中的历史地位。鉴于此，本课将通过以下几个途径进行渗透：(1)通过"五月花号"的故事以及《五月花号公约》，体现人民追求自由、平等、法治、民主的精神。(2)通过《独立宣言》文献材料，体会自由、平等、民主、法治等精神的影响。(3)通过《合众国宪法》文献材料，体现美国人用法律来维护自己的自由、民主、法治的民族精神。(4)通过《1856 年副总统候选人竞选演说》，了解林肯对自由、平等的民族精神的追求。(5)通过《解放宣言》文献材料，理解《解放宣言》解决了黑人自由问题，用法律形式保障了黑人奴隶的自由，进而认识美国人对自由、平等、民主等民族精神的不懈追求。(6)通过《林肯葛底斯堡演说》，了解林肯宣扬自由、民主的理念，进而意识到对自由民主的追求恰恰是美利坚民族长期以来不懈追求的民族精神。

在过程与方法方面，上海市教研室研究成果只要求初中学生从时代特征、社会地位、文化背景、思想认识等方面解释历史人物的作用与影响，而高中提出更高层次的要求即阅读历史文选片段，学习解释史料、对法律文献进行分析，让学生对民族精神的不懈追求做一个了解和思考。鉴于此，本课将通过几个途径进行渗透：(1)以讲故事的形式让学生了解"五月花号"故事，进而引导学生思考英国人离开英国的原因；当学生回答出为了追求自由、平等后，教师进一步指出这就是成了北美人民的立国精神、民族精神。(2)通过解读一系列文献材料，加深学生对自由、平等、民主、法治等的理解，并引导学生领会美国人民不断地以法律形式来保障他们一直以来不懈追求的民族精神。

二、案 例 呈 现

片段1：

教师：出示"五月花号"图片，"五月花号"船是英国移民驶往北美的一艘船。1620年9月6日，该船载有包括男女及儿童在内的102名清教徒由英国普利茅斯出发，来到了北美。问：结合之前的所学知识，当时这些英国人为什么要离开英国？

学生：斯图亚特王朝的专制统治使得他们觉得自己没有了自由，没有了平等，没有了人权。

教师：很好！为了自由、平等、人权，他们离开了英国。当这一群英国人历经千辛万苦来到这一片陌生的土地，没有国家、没有组织，有的也许是印第安人，那他们该怎么办呢？为了生存，他们在下船前签订了一份公约——《五月花号公约》。从公约的内容来看，他们追求的是什么？（出示材料）

材料一：

现约定将我们全体组成一个公民政治体……根据这项契约颁布我们应当忠实遵守的公正平等的法律、法令和命令，并视需要而任命我们应当服从的行政官员。（《五月花号公约签订始末》）

材料二：

自愿结为民众自治团体。为了使上述目的能更好地实施、维护和发展，将来不时依此而制定颁布的被认为是对这个殖民地全体人民都最适合、最方便的法律、法规、条令、宪章和公职，我们都保证遵守和服从。（《五月花号公约》）

学生：自由、平等、法治、民主。

教师：很好。（出示《独立宣言》材料）

我们认为下述真理是不言而喻的：人人生而平等，造物主赋予他们若干不可剥夺的权利，其中包括生命权、自由权和追求幸福的权利。为了保障这些权利，人类才在他们中间建立政府，而政府的正当权利，则是经被统治者同意授予的。任何形式的政府一旦对这些目标的实现起破坏作用时，人民有权改变或废除它，以建立一个新的政府。（《独立宣言》节选）

《独立宣言》中体现了哪些启蒙思想？

学生：天赋人权、社会契约、自由、平等、民主。

教师：（出示《合众国宪法》材料）

第一条　第一项　本宪法所授予之立法权，均属于由参议院与众议院组成之合众国国会。

第三项　……参议院独自拥有审判一切弹劾案的权力……合众国总统受审时，最高法院大法官主持审判。

第七项　凡必须经参议院及众议院同意之决议或表决应呈递于合众国大总统。该项命令或决议或表决于发生效力前，应经大总统批准，如大总统不批准，应依照所定关于法案之规则与限制，由参议院及众议院议员2/3多数再通过之。

第二条　第一项　行政权授予美利坚合众国大总统。

第二项　大总统为合众国陆海军大元帅……大总统有缔结条约之权。大总统应提出人选经国会之劝告及同意而任命大使、公使、领事、最高法院法官及合众国政府其他官吏。

第四项　合众国总统、副总统及其他所有文官，因叛国、贿赂或其他重罪和轻罪而遭弹劾并被判定有罪时，应予以免职。

第三条　第一项　合众国之司法权，属于最高法院及国会随时制定与设立之低级法院。最高法院与低级法院之法官如行为端正，得终身任职。

以上《合众国宪法》条款体现了哪位启蒙思想家的什么原则？

学生：孟德斯鸠的三权分立、相互制衡的原则。

教师：美国人用法律来维护自己不懈追求的自由、平等、民主和法治，体现了不屈的民族精神。

片段 2：

教师：（出示回忆录材料）

1831年，在新奥尔良，林肯第一次目睹了奴隶制的残酷……他们在城里闲逛时，碰到一桩奴隶买卖。被拍卖的是一个健康漂亮的混血姑娘。来挑选的人在她身上捏来捏去，掐她，让她像匹马一样在屋里来回跑……这丑陋的一幕令林肯感到"怒不可遏"，他说："要是我将来有机会打击这种行为，我一定不会手软。"这件事是1865年约翰·汉克斯告诉我的。我也听林肯先生亲口讲过。（《亲历林肯》）

请同学们看这一份回忆录，林肯在新奥尔良的时候看到了什么？

学生：奴隶制的残酷。

教师：此时的林肯对待奴隶制的态度是怎么样的？

学生：厌恶。

教师：林肯为什么会反对奴隶制？

学生：因为林肯觉得人与人之间应该是平等的。

教师：很好！（出示演说词材料）

　　我们为争取自由和废除奴隶制度而斗争，直到我国的宪法保证议论自由，直到整个辽阔的国土在阳光和雨露下劳动的只是自由的工人。

（1856 年林肯竞选副总统候选人时的竞选演说）

这一小段演说词中出现最多的词是什么？

学生：自由。

教师：从中我们可以看出，林肯在宣扬什么理念？

学生：自由、平等。

教师：而且要通过什么途径来保证人民自由的权利？

学生：宪法、法律。

教师：很好！（出示《解放宣言》节选材料）

　　（在叛乱地区）为人占有而做奴隶的人们都应在那时（指 1863 年元旦）及以后永远获得自由，合众国政府行政部门，包括陆海军当局，将承认并保障上述人等的自由。（《解放宣言》）

我们再看《解放宣言》。《解放宣言》解决了什么问题？他解放了谁？

学生：解决了黑人自由问题，解放了黑人奴隶。

教师：（出示林肯葛斯底堡演说材料）

　　我们要在这里下定最大的决心，不让这些死者白白牺牲；我们要使国家在上帝福佑下得到自由的新生，要使这个民有、民治、民享的政府永世长存。（林肯 1863 年葛底斯堡演说）

1863 年，北方在葛底斯堡取得了重大胜利，扭转了战局。在葛底斯堡战役结束后的战场上，林肯发表了一篇演说。从这个演说词中可以看出林肯在宣扬什么样的理念？

学生：自由、民主。

教师：of the people，意思是政府属于人民所有；by the people，意思是执行者是人民；for the people，意思是政府以人民的目的为目的。对自由与平等、民主与法治的追求，也就是美利坚民族长期以来形成的民族精神。从美国独立战争到美国南北战争，我们可以从中了解自由与平等、民主与法治等理念的启蒙作用，领会美国追求自由、平等、民主的积极的价值取向，感受美国人民对民族精神的不懈追求。

不懈追求民主之路的华盛顿

亭林中学　沈幸琪

一、案 例 说 明

（一）目标阐释

民主一词源于希腊字"demos"，意为人民，指权力属于人民。列宁说"民主意味着形式上承认公民一律平等，承认大家都有决定国家制度和管理国家的平等权利。"为何要追求民主呢？东汉王充就曾在《论衡》中提出"知屋漏者在宇下，知政失者在草野"，也就是说知道房屋漏雨的人在房屋下，知道政治有过失的人在民间；圣雄甘地认为"我对民主政治的见解是：在这种制度下，最弱者应该和最强者享有同样的机会"。随着全球化浪潮，民主已成为一种普世的价值观，对个人而言，民主是幸福生活的保障；对国家而言，是国家繁荣富强的基石。对民主之路的不懈追求，就是对专制制度的反抗。对于当代高中生而言，同样需要认同民主，肩负国家富强的使命。

独立战争前，英国的殖民统治阻碍了北美资本主义的发展。华盛顿作为历史人物带领北美人民推翻英国殖民统治，建立起适应美国的政治体制，这体现了华盛顿对于民主之路的不懈追求。他对民主的认同，符合高中阶段课程标准所要求：领悟社会存在决定思想意识，认同民主、法制、自由、平等是有不同的时代内涵，并逐渐发展、包容的价值观。本课的德育目标要求学生能感受独立战争的波澜壮阔和曲折；认同华盛顿对于民主之路的不懈追求，相对初中要求，感受近代社会转型时期民主政治成果，从更高层次上要求学生理解革命的曲折性，领悟认同国家民主的重要性。

（二）实施路径

在知识与技能方面，《高中历史学科教学基本要求》中规定，通过本课学习，知道美国独立战争爆发的原因及《独立宣言》的内容；理解美国独立战争的意义及《合众国宪法》的内容与联邦制度的确立，领悟华盛顿带领美国人民走向民主之路的不懈追求。而初中学生则只要求知道列克星敦的枪声、《独立宣言》、《1787年宪法》。基于此目标，为体现华盛顿对于民主之路不懈的追求，本课选取了如下知识点进行渗透：(1)通过讲述华盛顿带领美国人民获取美国独立战争，了解其推翻英国殖民统治的决心。(2)通过华盛顿任大陆军总司令时通过的《独立宣言》的内容，理解启蒙思想中的民主精神。(3)通过华盛顿颁布《合众国宪法》的内容，理解其完善民主政治的决心，政治民主对美国历史的重要作用。(4)通过华盛顿放弃第三次连任美国总统，足以证明其对民主追求。(5)通过亨利·李对华盛顿的评价，理解华盛顿对民主之路的不懈追求。

在过程与方法方面，《初中历史学科教学基本要求》只要求从时代特征、社会地位、文化背景、思想认识等方面解释历史人物的作用与影响；而高中要求学生，能够从材料中汲取历史信息的能力，领悟历史人物在历史进程中的作用及评价历史人物，体现论从史出的原则，要求学生在了解的同时对其进行评价，培养学生完整的逻辑思维能力。(1)通过《独立宣言》《合众国宪法》的内容，分析启蒙思想的主张，感受华盛顿及美国人民对于政治民主的渴望及追求。(2)通过对华盛顿的评价，理解他对民主之路的不懈追求，感受重要历史人物在历史中的作用，培养学生的逻辑思维能力。

二、案例呈现

(华盛顿：建国)

教师：简历是对于个人经历的简要介绍，请大家来看一份简历。这份简历的主人是谁？（出示华盛顿的简历）

学生：华盛顿。

教师：华盛顿是美国的国父，他领导了美国的独立战争，在战争期间他做了哪些事情，请根据教材内容讲述华盛顿的简历。

学生：1775年，第二届大陆会议，推举其为总司令，组建大陆军。1776年，7月4日，正式通过《独立宣言》，宣告美国独立。1777年，指挥萨拉托加大捷（转折点）。1781年，领导约克镇战役（胜利标志）。

教师：华盛顿出身于一个富有的种植园主家庭，是怎样的时势让华盛顿放弃优越的生活，带领北美人民独立呢？（出示材料）

材料一：北部殖民地，资本主义工商业发达。中部殖民地，以农业为主，土地肥沃，被称为"面包殖民地"。南部殖民地，盛行资本主义种植园奴隶制经济，主要作物是烟草、蓝靛，有一批"蓝靛百万富翁"。

材料二：1660 年的《航海条例》规定，北美殖民地所有的输入和输出商品都要使用英国船只运输，一切物品只能运往英国。1765 年的《印花税法》规定，所有的印刷品、商业单据、法律证件等都要缴纳印花税。

教师：从材料一、二中分别能得到什么信息？

学生：材料一体现了北美资本主义的发展，材料二体现了英国对于殖民地的税收多，这不利于北美资本主义的发展。

教师：英国的殖民统治阻碍了美国资本主义的发展。华盛顿带领北美人民反抗英国的殖民统治，反映了他对英国殖民统治的不满，也体现了他对民主的渴望。在第二次大陆会议中通过了《独立宣言》，宣告了美国独立，我们一起来看它的内容。（出示材料）

我们视下面各点为不言而喻的真理：人人生而平等；人人生而具有造物主赋予的某些不可转让的权利，其中包括生命权、自由权和追求幸福的权利；为了保障这些权利，政府才在人们中间得以建立，而政府的正当权利则来自被其统治的人民的同意；但当任何一种形式的政府对政府的原来的目的造成损害时，人民有权来改变或废除它，以建立新的政府。（美国《独立宣言》）

教师：美国的《独立宣言》体现了哪位启蒙思想家的什么思想？

学生：卢梭，天赋人权、主权在民、社会契约的思想。

教师：是的，《独立宣言》的颁布同时也反映了北美人民主权的要求。

教师：列宁指出，美国独立战争是"真正的解放战争""真正的革命战争"，对此你怎样理解？

学生：美国独立战争既是一场民族解放战争，也是一场资产阶级革命，它推翻了英国的殖民统治，为美国的资本主义发展开辟了道路，同时也为拉丁美洲的独立运动树立了榜样。

教师：美国独立战争可谓美国追求为民之路的第一步。

（华盛顿：立国）

教师：解放后的美国又该何去何从？邦联制为美国带来了什么病症？

学生：邦联制国家是一个松散的联盟，地方保留很大的独立性，不利于中央的统治，美国并没有想象中的强大起来。

教师："由于剑是维护我们自由的最后手段，一旦这些自由得到确立，就应该首先将它放在一旁。"在邦联体制的困扰下，华盛顿等人选择了组织召开制宪会议，通过会议立法的形式来解决这一会议。1787 年制宪会议通过《合众国宪法》，确立了美国联邦体制。（出示材料）

> 第一条　本宪法授予的全部立法权，属于有参议院和众议院组成的合众国国会……参议院独自拥有审判一切弹劾案的权力……合众国总统受审时，最高法院首席大法官主持审判。无论何人，非经出席参议员三分之二的同意，不得被定罪……凡须由众议院和参议院一致同意的每项命令、决议或表决，须送交合众国总统，该命令、决议或表决在生效前，须由总统批准，如总统不批准，则按照关于议案所规定的规则和限制，由参议院和众议院三分之二议员重新通过。
>
> 第二条　行政权属于美利坚合众国总统。总统任期四年，副总统的任期相同。
>
> 第三条　合众国的司法权，属于最高法院和国会不时规定和设立的下级法院。（1787 年《宪法》）

教师：1787 年《宪法》体现了哪位启蒙思想家的什么思想？联邦制度的权力使如何分配的？

学生：孟德斯鸠三权分立、相互制衡的原则。行政权属于美国总统，立法权属于国会，司法权属于联邦高等法院。

教师：1787 年《宪法》确立了美国的联邦体制，确立了三权分立的民主政治体制，体现了华盛顿对民主政体的追求。

1797 年，华盛顿放弃连任第三次总统，他说"我的所作所为将可能成为以后历届总统的先例"，"你们再继续选我做总统，美国就没有真正的民主制度了"。开了美国总统任期不过三届的先河。这体现了华盛顿怎样的精神？

学生：维护民主的精神。

（华盛顿：评价）

教师：美国国会议院、骑兵上校亨利·李对他的老统帅华盛顿的评价是：

"战争时期最著名的将军,和平时期最杰出的领袖,同胞心目中最伟大的人物。"这种评价恰当吗？谈谈你的看法。

学生:恰当。战争时期,他带领人民反抗英国殖民者,反对专制主义;和平时期,通过立法的形式确立了美国的民主政体,为美国资本主义发展奠定了基础;华盛顿放弃连任第三次总统,体现了对于美国民主政体的维护。

教师:没错。可见,美国的民主之路是华盛顿毕生的不懈追求。

不惧困难、探索创新精神的典范

金山中学　夏佩玲

一、案　例　说　明

（一）目标阐释

不惧困难、探索创新是每个时代民族发展、社会进步的不竭动力，也是时代所需人才必备的精神品质。无畏无惧地探索未知事物、未知世界，利用现有条件提出有别于常规、有别于常人的思路或做法，进而助益民族发展、社会进步，这往往也是历史发展过程中浓墨重彩的一笔。没有商鞅力排众议，助推新法，就没有"兵革大强，诸侯畏惧"的秦帝国之崛起；没有来自旧大陆的新移民之披荆斩棘，探索创新，美洲大陆上那个熠熠生辉的国度只能延续保守与专制；没有陈独秀、胡适等旗手式人物以笔杆为枪杆对抗专制迷信、对抗尊孔复古逆流，就没有民主科学新思想之荡涤人心。

美国独立既是反抗殖民统治创建民族国家的成功范例，也是接受启蒙思想，争取自由、平等，创建民主政治的杰出范例。独立战争的爆发根源于北美在自治的资本主义发展道路上受到了英国殖民统治的压迫。民主氛围被破坏，契约精神被轻视，无所畏惧、披荆斩棘的殖民地人民扛起了革命的大旗，捍卫自己心中的"五月花号"，最终在《独立宣言》的鼓舞之下，殖民地人民有组织、有谋略地打退了英国的侵略。独立后的美国，邦联体制弊端丛生，国将不国，殖民地人民重新汇集费城，商讨国家未来，最终智慧结晶《合众国宪法》确立了美国联邦制，使美国以后的政局得以长期保持相对稳定。在立国建国的历程中，美利坚民族一直在敢于反抗、无畏牺牲、探索创新，不忘初衷——自由、民主、平等的国度才是他们梦想的国度。无畏无惧、探索创新其实也应该是我们这个时代的最强音,是我们高中生需要具备的精神品质。

（二）实施路径

在知识与技能方面,《高中历史学科教学基本要求》中规定,通过本课学习,知道北美独立战争中《独立宣言》的颁布、《合众国宪法》的主要内容和美国联邦政府的成立,理解独立战争爆发的原因和影响,理解美国由邦联制发展为联邦制的原因,制作立法、行政、司法三权分立、互相制约关系的示意图,学习用示意图表示历史事件(现象)相互关系的技能。基于此目标,本课选取以下知识点进行德育渗透:(1)教师感性讲述随"五月花号"船只而来的殖民地人民满怀对民主、自治、契约的憧憬与初试,引发学生兴趣,在英国殖民统治破坏民主自治氛围背景下,殖民地人民揭竿而起,带动学生对于殖民地人民素养与胆气的赏识;(2)重现文本《独立宣言》,让学生体悟文本里对于自由、民主、平等掷地有声的鼓吹与呐喊;(3)师生互动完成美国联邦体制的讲解,引导学生领会殖民地人民思考、探索、创新、实践启蒙思想的精巧之处。

在过程与方法方面,《高中历史学科教学基本要求》中规定,通过本课学习,运用必然性和偶然性的哲学方法来分析北美独立战争爆发的原因;阅读历史文选片段,学习运用解释史料、概述史料、根据史料来评价历史人物(及其思想)或历史事件。基于此目标,本课通过以下方式进行德育渗透:(1)介绍独立战争发生背景,以老师感性讲述为主,补充图片和文字史料,增加直观性。(2)介绍独立战争过程,指导学生制作独立战争大事年表,结合史料着重分析《独立宣言》内容、意义以及独立战争的性质、意义。(3)教师利用视频、图片资料简要介绍邦联制向联邦制的过渡。(4)最后结合材料分析《合众国宪法》与启蒙思想家思想渊源,剖析宪法确定的联邦体制原则,指导学生画出联邦政府分权制衡关系示意图,深刻领会联邦体制中的分权、制衡原则之制度上的创新。

二、案 例 呈 现

教师:(展示某国国旗)请大家猜一下这是哪国的国旗,请大家数一下一共有多少颗星,多少红白相间的横条,它们各代表什么含义?

学生:美国国旗,50个星代表现在美国的50个州,13条代表美国独立前的13个殖民地。

教师:当今美国是世界上唯一的超级大国,在国际事务中占有十分重要的地位。可是就在200多年前,它还是英国的殖民地。那么,美国是怎样诞生的

呢? 列宁说:现代文明的美国历史,是由一次伟大的、真正解放的、真正革命的
战争开始的。这场战争就是……

学生:独立战争。

教师:为什么殖民地要挣脱英国的控制,实现独立呢? 老师先给同学们讲
一下北美殖民地的历史。美洲的土著居民是印第安人,随着新航路的开辟,欧
洲人开始向北美移民,以英国人居多。这其中包括躲避宗教迫害,追求自由平
等的清教徒,贫困、破产的落难者,冒险家们。他们远离故土,漂洋过海,历经
凶险和痛苦,到达异地,每个人身上都极具开拓探索精神。比如,1620 年从英
国驶来的"五月花号",船上载着 100 多名逃避宗教迫害、希望在新大陆建立自
由宗教圣地的英国清教徒。关于未来在新大陆如何生存,他们在未到达美洲
之前已经在甲板上开始天才般的创意——签订了一份契约,即《五月花号公
约》。公约规定,船上的人到达北美新大陆后,自愿结为一个民众自治团体,并
制定和实施有益于团体利益的公正法律、法规、条例和宪章,全体成员保证遵
守和服从。《五月花号公约》,被历史学家确认为美国历史上第一份政治性契
约文件。既然我们是躲避专制压迫而来,在没有国王的领地上,可以自己主宰
自己的命运,经过 66 天的航行,五月花号顺利到达北美,他们依照承诺,组成
了殖民地自治团体。他们没有照搬旧大陆的专制制度,而是一开始就建立起
民主自治团体,共同遵守法律规章,可见这批移民有共同的文化认同:自治、民
主意识和契约精神。

……

教师:正当北美殖民地在自治道路上资本主义经济不断发展的时候,英国
以北美殖民地宗主国的身份在一个不适当的时机谋求强化对殖民地的管理,
激化了矛盾。英国颁布法令:禁止向阿巴拉契亚山脉以西地区迁移,相继出台
《印花税法》《茶叶税法》。如果你是当时殖民地人民一分子,有便宜茶喝不喝?
为什么?

学生:不喝。一时一己之利益是以牺牲民族的关税自主权、民主自治权、
平等自由的人身权为代价的,得不偿失。

教师:殖民地人民的选择是要自由,不要印花税;要自由,不喝便宜茶。不
但不喝便宜茶,而且不允许东印度公司茶船靠岸卸货,最终引发 1773 年波士
顿倾茶事件。英国政府颁布一系列高压法令,如封锁波士顿港口、禁止其一切
对外贸易,实行更严厉的压制。哪里有压迫,哪里就有……

学生：反抗。

教师：1774 年各殖民地代表在费城召开第一届大陆会议，号召殖民地人民联合起来。同时，各地民众组建民兵，准备抵抗英军的镇压。那群来自旧大陆富有开拓进取精神的移民，在殖民压迫面前，彰显出捍卫自由、权利，反抗压迫、不惧困难的斗争精神。如果说自由是目的，那么独立就是手段。在独立战争的过程中，《独立宣言》的发表是美国历史的分界点，标志美国宣告独立，也是独立战争的一面旗帜。在独立宣言理论的鼓舞之下，经过艰苦奋斗，殖民地人民迎来了战场上的转折点——萨拉托加大捷，之后法国也已美国盟友的身份参战，壮大了反英力量，最终逼迫英军投降，赢得胜利。有一种说法提到《独立宣言》的发表标志着欧洲的思想之花，终于在美国结出了果子，应该怎么理解呢？美国《独立宣言》的思想理论追本溯源的话，会发现是欧洲的一场思想解放运动为其提供了理论依据，它就是……

学生：启蒙运动。

教师：（出示《独立宣言》片段）建立政府的目的是什么？

学生：保障人民与生俱来的权利。

教师：以此标准衡量，英国在北美的统治是否合法？说明理由。

学生：不合法。因为《印花税法》、《茶叶税法》等都侵犯了北美殖民地人民与生俱来的权利。

教师：《独立宣言》这段宣言体现了哪位启蒙思想家的哪些思想？

学生：卢梭，天赋人权、主权在民、社会契约的思想。

教师：英国对于殖民地的暴政已经侵犯了我们与生俱来的权利，所以我们现在要断绝与英国的政治联系，宣告 13 个殖民地从此成为自由独立的国家。1776 年 7 月 4 日《独立宣言》发表的那一天也就变成了美国的独立日、国庆日。马克思也将《独立宣言》誉为是"世界上第一个人权宣言"，它是人类历史上第一次以国家的名义宣布人民权利神圣不可侵犯。

独立战争后，美国何去何从？（导入视频）独立后的美国经济上失去了英国的扶持，无所适从；政权上只有无实际执行权的国会，无总统、最高法院，地方上自主权很大（征税、征兵、发行纸币、宣战、媾和），13 个殖民地在独立后彼此结成松散的联盟关系，我们把它叫作邦联制——其实相当于 13 个主权国家之间的联合。邦联制下美国中央没有权威，不能发展内部经贸，不能组织对外的有效防务，在管理上十分无力。这时曾经在独立战争中做出重大贡献的灵魂人物华盛顿向人们发出警告:是联合还是一直争吵下去,是联合还是死亡?在其推动下制宪会议召开,继续商讨美国的未来。经过激烈争吵,最终制定了《合众国宪法》(《1787 年宪法》)。宪法的一个原则就是纠正松散的邦联制度,建立有权威的中央政府,但是又不能使其专制独裁,为此它确立了一套联邦体制。如果说邦联是 13 个国家间的联合,那么联邦就是联合起来的主权国家,各个州在保留一定自主权的同时,须承认中央的权威。比如,各州可以制定法律,但不能违背联邦宪法和法律;联邦政府拥有征兵、征税、发行货币、管理对外贸易的权力。这其实是联邦体制的第一个原则,即联邦制原则(中央和地方分权的原则)。为了进一步防止专制独裁的出现,另外还对联邦政府的权力进行了重新安置,具体如何,请结合 1787 年《宪法》分析其体现了哪位启蒙思想家的什么思想?

学生:孟德斯鸠,三权分立。

教师:联邦制度的权力是如何分配的?

学生:立法权归国会,行政权归总统,司法权归最高法院。

教师:国会、总统、最高法院各受到哪些制约,请补充完整联邦政府分权制衡关系示意图。

学生:三者之间是彼此制衡的。

教师:这其实是确立了联邦体制的另外一个原则,即三权分立、相互制衡原则。联邦制度解决了中央和地方政府之间的关系,以及联邦政府各种权力分配问题,使美国以后的政局得以长期保持相对稳定,有利于资本主义经济迅速发展。但是 1787 年《宪法》也有它的时代局限性,主要体现在人权方面,即印第安人没有人权,每一个黑人奴隶只能作为 3/5 的人而享有人权,不能作为一个独立的个体。显然,种族歧视与《独立宣言》人生而自由平等的精神是相悖的。

独立战争背景围绕英国与北美殖民地的矛盾展开,矛盾背后突显出来的是殖民地人民无惧压迫的反抗精神。独立战争过程中《独立宣言》的发表,作为战争中的一面鼓舞人心的大旗,它是殖民地人民吸纳启蒙精髓后的智慧结晶;美国联邦体制的确立得益于《合众国宪法》的奠基之益。立国建国中的两部伟大文献,都是在殖民地人民因时制宜、排除万难、探索创新过程中涌现出来的。不畏困难,探索创新也是我们高中生成长阶段需要磨砺锤炼的精神品质,于己而言、于社会而言,甚至于民族国家而言,有勇气、肯钻研、思变革都会是十分有助益的精神品质。

感悟历史，认同"自由"的时代内涵

上海师范大学第二附属中学　杨　会

一、案例说明

（一）目标阐释

自由，从不同的学科、不同的视角解释有不同的定义，最基本的是自由自在，不受限制和约束。自从 17—18 世纪的启蒙思想家提出自由、平等、民主、法制等思想以来，世界各国在追求民族独立、推进现代化的过程中，不断将这些思想与观念付诸实践。中国古代社会就很重视思想、行动的自由。《玉台新咏·古诗》云："吾意久怀忿，汝岂得自由。"东晋袁宏《后汉纪·灵帝纪中》曰："今方权宦羣居，同恶如市，上不自由，政出左右。"《北史·尔朱世隆传》载："既总朝政，生杀自由，公行淫泆，信任羣小，随情与夺。"唐朝刘商《胡笳十八拍》之七记："寸步东西岂自由，偷生乞死非情愿。"清朝蒲松龄《聊斋志异·巩仙》中述："野人之性，视宫殿如籓笼，不如秀才家得自由也。"当下，党中央带领全国人民为实现中华民族伟大复兴而努力，在提出的社会主义核心价值观中，明确将自由、平等、民主、法治列为其中重要内容。对当代高中生而言，自由、平等、民主、法制意识的培育，有助于其现代公民意识的培养，从长远来看，有助于推动我国社会主义现代化事业的发展。

美国民众对自由权利锲而不舍的追求与捍卫，符合高中阶段课程标准要求：能够敬畏历史，尊重先贤，有正义感、荣辱感和责任感；能够敬仰前人对民族自立、平等、和睦的追求，以历史主义态度肯定民族自尊、自强的思想与行为。《美国独立战争》一课中，北美民众追求民族独立、制定《合众国宪法》、实行三权分立、相互制衡的联邦制，即是以自由人权为准则处理民族矛盾和国内矛盾的结果。本课的德育目标是要求学生在全球化视野下，从人类的理想与追求、现实的解放和发展的视角，理解美国独立战争及《合众国宪法》的作用与影响；认同以华盛顿等为首的美国民众对民族独立、自由人权的追求；感悟历史的多元演进，认同自由、平等、民主、法治的时代内涵；汲取先贤们为促进国家发展而协商甚至妥协的艺术与智慧。相较于初中教学要求，需要高中学生用广阔的视野来看待美国独立战争及《合众国宪法》，从更深层次上理解和感悟先贤们为追求和捍卫自由人权而做的不懈努力，认识到自由、民主、法治是世界各国在现代化进程中竭力追求的，这些成果属于并适用于全人类。

（二）实施路径

在知识与技能方面，《高中历史学科教学基本要求》中规定，通过本课学习，知道独立战争中波士顿倾茶、列克星敦枪声、《独立宣言》与《合众国宪法》等重大史实；懂得从《五月花号公约》《独立宣言》到《合众国宪法》，是以"自由人权"为准则处理民族矛盾与国内矛盾的结果，是美利坚民族整体意识觉醒与政治智慧的创新。基于此目标，为体现美国人民以"自由人权"为准则处理民族矛盾与国内矛盾，本课选取如下知识点进行渗透：(1)通过历经千辛万苦乘坐"五月花号"来到北美的人，体现他们追求自由、平等，保障自身权利的决心与实践。(2)通过北美人民反抗英国征收印花税、茶叶税，甚至提出"无代表、不纳税""要自由、不要印花税"，体现北美人民为了自治，为了捍卫自由和自身权力而进行的坚决斗争。(3)通过《常识》和《独立宣言》的内容及传播，体现北美人民民族意识的觉醒及为追求和捍卫自由权利而做出的尝试。(4)独立战争结束了，华盛顿召集的一次小型会议中，他宣读了一段演讲，并交出了他的权力后便回到自己的庄园，并没有得到任何的挽留，体现了华盛顿及议员们对自由权利的追求及捍卫。(5)通过议员在《合众国宪法》制定过程中经历的争吵、协商与妥协，以及最后确立的三权分立、相互制衡的联邦体制，体现先贤为了防止封建专制复辟，追求和捍卫自由做出的妥协与努力。

在过程与方法方面，《初中历史学科教学基本要求》从时代特征、社会地位、文化背景、思想认识等方面解释历史人物的作用和影响。进入高中阶段，则提出更高层次的要求，即了解档案、漫画、绘画等资料在集证、辨据、知史、明思中的价值；体验由浅入深地运用历史信息和基础知识，多视角解读历史现象的思维方法；由点及面地认同美利坚民族的人权意识之深、务实精神之强和政治智慧之大；进一步认同和赞赏唯物史观关于上层建筑适应经济基础和现实社会、英雄与人民的辩证关系等观点及分析方法。基于《高中历史学科教学基本要求》,本课主要通过以下方式渗透对自由人权锲而不舍的追求与捍卫。(1)通过讲述在旧大陆生活不下去的100多人乘坐"五月花号"历经千辛万苦来到北美,启发学生思考为什么他们宁可逃离家园、经历种种艰辛,也要来到这个陌生的环境?通过分析材料《五月花号公约签订始末》,引导学生思考为什么要制定各种法律、法令和命令?当学生说出他们需要有序的管理和共同遵守的准则才能去有效地解决可能会面对的很多问题时,教师进一步指出实际上他们是为了在自治的前提下更好地捍卫自由的权利。(2)通过英国征税的漫画和讲述"波士顿倾茶事件",展现当时对英国对北美实行的殖民统治,使学生感受到英国的高压政策损害了北美人民的自由权利,势必会引起北美民众的反抗。(3)讲述潘恩的著作《常识》带给北美民众的觉醒;出示《独立宣言》的节选内容,让学生思考《独立宣言》最高的准则及体现的思想;讲述美国独立战争胜利后,华盛顿交回权力、解甲归田的故事,引导学生思考为什么没有人挽留他?(4)运用文献、图片、表格等多种素材及通过谈话法,师生互动探究《合众国宪法》制定的始末,培养学生的"集证辨据"意识,理解北美人民对人权的坚定捍卫,同时汲取先辈们遇到问题协商、谈判的政治智慧,提高解决现实问题的能力。

二、案 例 呈 现

(漂洋过海到北美,签订《五月花号公约》)

教师:关于北美的历史,有一个流传了很久的故事。有同学知道吗?

学生:1602年,一艘搭载着100多人的船,穿过茫茫大海来到了北美。

教师:非常好!这艘船就是五月花号。这是一段真实的历史,这艘船从英国的普利茅茨港出发,经过长达两个多月的旅程到达北美。这对当时的人们来讲可以说是九死一生。每人只有不到1平方米的容身之地,忍受着恶劣的环境、缺水、少食、风浪……他们最终坚持了下来。为什么他们要逃离家园、宁愿经历种种艰辛也要到一个完全陌生的大陆呢?

学生:当时的英国在斯图亚特王朝统治之下,君主竭力主张君权神授、迫害清教徒。这些人带着对自由、平等的追求来到这片陌生的土地。

教师:很好!为了自由、平等,为了保障自身权利,他们宁愿九死一生也要来到这片陌生的土地,这片有可能实现他们自由与梦想的土地。但是,这里没有国家、没有政府、没有组织，有的是野兽、寒冷、疾病和传闻中凶悍的印第安人。如何在这片土地上生存下来，这成为他们要面对的首要问题。下船之前，他们签订了一份公约《五月花号公约》。（出示材料）

现约定将我们全体组成一个公民政治体……根据这项公约颁布我们应当遵守的公正平等的法律、法令和命令，并视需要而任命我们应当服从的行政官员。（〔英〕布莱加特：《五月花号公约签订始末》）

教师：通过这份公约，我们可以看出他们准备干什么？

学生：要成立一个公民政治体，制定法律、法令和命令，任命官员。

教师：他们不是为追求自由、平等权利而来的吗？可是现在又要制定这么多限制性内容，这不是与初衷违背吗？他们为什么要设置机构来管理自己？

学生：在未来他们可能会遇到很多困难，如果没有组织者、没有管理者、没有凝聚力将无法有效解决这些问题。

教师：很好！他们制定这份公约看似违背了最初的意愿，但实际是为更好地捍卫他们所追求的自由、平等的权利。这在后来形成了自治的传统，即他们按照自己意愿选出自治机构——议会，遇有重大问题，需要经过议会通过才能实行。

(《印花税法》《茶叶税法》与"波士顿倾茶事件"）

教师：此后 100 多年，欧洲各地的人们纷至沓来，在这里他们继承了五月花号的传统，相继建立了 13 块殖民地，这片土地开始繁荣兴盛起来。随着经济的发展，北部、南部、中部形成了各具特色的经济形态。英国派来的总督要通过自治议会来管理北美人民及 13 块殖民地。事情至此，一切看上去似乎很和谐。然而 1763 年，英国为了弥补 7 年战争中产生的债务，直接越过自治议会，开始向北美民众征税。税收名目繁多，引起北美民众的反对，终因 1765 年的《印花税法》引发了严重的骚乱。请大家看课本第 27 页，为什么《印花税法》会引起北美人民的强烈反感？

学生：《印花税法》涉及的范围非常广泛，与每个人的生活息息相关。

教师：很棒！在人民的强烈反对下，第二年，英国政府被迫宣布废除该法。

但是接下来的 1773 年《茶叶税法》中的茶叶税不是向北美民众征收的，而是向英国东印度公司征收的，对公司运往北美的茶叶每磅只征收 3 便士的轻税，这就意味着北美人民可以花更少的钱买到可能质量还不错的茶叶。可为什么北美人民还强烈反对，甚至引发了"波士顿倾茶事件"呢？

学生：这样的行为并没有得到北美人民的认可，虽然茶叶价格便宜了，但是英国殖民当局并没有征得北美议会的统一，这就违背了北美人民一直以来的自治传统。

教师：很好！所以各殖民地代表高喊着"无代表、不征税"举行示威游行，反抗英国殖民当局。这一行为也使北美民众越来越有反抗精神，同时也使双方矛盾日益激化。第一届大陆会议召开后，他们上书英王想要和平解决，但事情发展超出人们的想象。1775年4月19日，列克星敦枪声成为北美独立战争的开始。

（《独立宣言》与北美独立）

教师：紧接着一本小册子在北美民众中流传开来，即潘恩的《常识》。他用质朴、凝练的语言表达了北美人民心声："英国属于欧洲，北美属于它本身"，"现在是分手的时候了"。也许最初民众并不清楚自己的身份，但是在斗争中他们越来越感受到自己是北美的民众，是美利坚民族的一分子，要为捍卫自己的自由与独立而斗争，以实际行动来捍卫自己最初的梦想。1776年，杰弗逊等人起草了《独立宣言》。这段材料在课本上有（P.29），其中提出的最高准则是什么？

学生：人人生而平等，造物者赋予他们若干不可剥夺的权利，其中包括生命权、自由权和追求幸福的权利。

教师：这些内容体现了什么思想？

学生：是启蒙运动中追求自由、平等的思想。

教师：非常好！《独立宣言》再次阐明此前启蒙思想家宣扬的天赋人权、人人平等的主张，否定英国对殖民地统治的合理性，被马克思称为"第一个人权宣言"。此后北美人民得到法国支持，到1781年，英军投降，北美战事基本结束。1783年，英美代表签署《巴黎和约》，英国承认美国独立，并把阿巴拉契亚山脉以西、密西西比河以东的土地割让给美国。战事至此结束，似乎一切都圆满了。就在同年12月，大陆军总司令、美国开国元勋之一的华盛顿将军召开了一个小型会议。他做了一次演讲，说他"完成了自己的使命"，随之交出了自己的权力。华盛顿完成了什么使命？

学生：独立战争的使命是摆脱英国的殖民统治。

教师：在场的议员纷纷鼓掌，却没有对华盛顿做任何挽留，而华盛顿在事后回到了他在弗吉尼亚的种植园里。议长和议员们为什么对这位战功卓著、领导北美取得胜利的将军没有做任何挽留呢？

学生：他们仍坚持着《五月花号公约》以来的传统——自治。他们刚刚击败了对他们进行殖民统治的英国专制政府，如果再建立一个自己人建立的专制政府的话，是与初衷相违背的，他们不愿意这样做。

（《合众国宪法》）

教师：太棒了！通过战争，北美人民捍卫了自由和权利。华盛顿走了，独立后的 13 块殖民地是怎么样的呢？

学生：成为事实上的一个没有国家元首、没有最高管理机构的松散联盟。

教师：的确，战后初期美国实行了邦联制，但是很快弊端显现，战争债务无法解决，各州自行制定关税、发行货币，也影响了各州之间及各州与海外的贸易，不利于美国整体的发展。英国也并不甘心退出，原来支持他的法国也不希望美国强大起来。所有的问题使人们越来越意识到，缺乏一个强而有力的中央政府是无法在一个纷繁复杂的环境中生存下来的。于是，独立战争中的那些元勋们在 1787 年齐聚费城，和来自各州的代表参加了制宪会议，商议这个国家的未来。人们经过了激烈的争吵、协商，最后通过了《合众国宪法》。这里有一幅油画，反映当时的场景。请问他们在争吵什么？

学生：如何最大化地保障自身利益。这就涉及中央政府和各州之间的权力怎么分配，中央政府内部权力如何分配。

教师：会议讨论了很久，分歧一直未能解决，甚至有人拂袖而去了。这时"宪法之父"麦迪逊站出来说了一段话，保证了这次会议的没有半途而废。他说这句话的寓意是什么？（出示材料）

> 如果人都是天使，就不需要任何政府了；如果是天使通知人，就不需要对政府有外来的或内在的控制了。（麦迪逊）

学生：人都是自私的，需要政府管理；政府又是由人组成的，所以需要监督。

教师：非常好！课本中也提到了对以上问题的解决方案。

学生：中央和地方分权，各州在重大问题上与中央政府保持一致。中央政府内部也实行分权：参众两院构成的国会为最高立法机构，有立法权；总统为国家元首，有行政权；联邦高等法院为最高司法机关，享有司法权。

教师：分权就能防止专制吗？请大家注意，联邦政府各机构除了分权，还有相互制衡：国会制定了法律后由法院执行，并受总统监督。如果说代表们最初是想要修改或完善邦联条例的话，实际上最终颁布的这份 4 000 余字的《合众国宪法》创立了一种崭新的制度。宪法制定后，需要全国投票通过。当时同意的有，反对的也有，事实上这部宪法是在联邦党人不断地努力、不断地游说之后才通过的法案。1791 年又通过了关于人权的 10 条内容。所以美利坚合众国宪法制定了，但是制定的过程是非常艰辛的。在这个过程中我们发现从讨论到制定，再到修改，经历了一个漫长的过程。为什么这么难呢？

学生：当时是君主专制盛行的时代，最进步的也只是英国的君主立宪制，所以当时的人们不一定能一下子接受这种崭新的制度。另外，从北美的历史传统来讲，人们要最大限度地捍卫自由的权利，所以他们不想有一个权力太强大的政府。

教师：非常好！这部法律从制定到通过经历了很多困难，但最后还是诞生了，大家感受到其中的智慧了吗？在遇到困难的时候我们该怎么办？

学生：讨论、协商，甚至妥协。

教师：很好！这是值得我们关注的，遇到问题我们要学习相互之间通过协商、讨论，甚至一定程度上合理妥协的方式解决问题，而不是动不动便付诸战争与暴力。当时及后世关注这部宪法的人很多，人们对此做出了不同的评价。作为 200 年后的学生，我们该怎么评价这部法律？

学生：他们通过讨论、协商而不是暴力的方法制定了这部法律，在当时君主制盛行的时代，他们能将启蒙思想家的主张付诸实施，创立一种新的制度，这本身就是一个伟大壮举。制定的这部宪法很好地解决了各方矛盾，值得我们肯定。但如果要借鉴的话，要结合我国的实际进行改造。

教师：对的，对于这种制度，我们不一定要复制，但是我们可以学习他们用协商、谈判解决问题的方式。因为要追求自由的权利，所以他们推翻了英国的殖民统治，解决了民族矛盾，后来又用协商、谈判的方式解决国内的矛盾。北美人民经过锲而不舍的努力，在获得民族独立后，又通过南北战争维护了国家的统一，在 20 世纪谱写了美利坚民族的光辉篇章。对于这些，我们要在全球化视野下，从人类的理想与追求，现实的解放和发展的视角，认识美国独立战争及《合众国宪法》的作用与影响；认同以华盛顿为代表的美国民众对民族独立、自由人权的追求；感悟历史的多元演进，认清今天我们倡导的社会主义核心价值观中的自由、平等、民主、法治的时代内涵。

学习周总理,提升自信心和责任感

亭林中学 赵 静

一、案 例 说 明

（一）目标阐释

自信心和责任感是衡量一个人精神素质的重要指标,也是一个国家深沉力量的核心要素。清代思想家龚自珍在《己亥杂诗》中云:"勇於自信故英绝。"中国政治家周恩来在少年时就立下了"为中华之崛起而读书"的宏伟志向。在社会的舞台上,每种角色往往意味着一种责任,赋予学生责任感,树立学生自信心,在不断积聚个人精神素养的同时,也逐步接轨社会国家的需求。个体自信责任的人格魅力,是整个民族国家自信责任国格魅力的缩影,高中生作为国家未来发展的栋梁之材,在了解史实的基础之上,亦需要熏染其内在精神。

20世纪50年代,中国初登国际舞台,外交灵魂人物周恩来,将其自信心与责任感在外交舞台上表现得淋漓尽致,周恩来获得国际赞赏,中国获得国际认可。《初登国际舞台》一课的德育目标,是引导学生以周恩来的视角,通过出台和平共处五项原则,出访印度和缅甸,出席日内瓦和万隆会议,在领会周恩来自信、责任的人格魅力的同时,理解新中国外交上的国格魅力。相较于初中以数个典型史实来突现中华人民共和国成立初期和平外交,高中则是将中华人民共和国成立初期外交作为中国走向世界的一个起步,更强调中国外交的与时俱进,不同的知识目标,需要高中生将自信心与责任感的感性认知,上升到理性的实践。

（二）实施路径

在知识与技能方面,《高中历史学科教学基本要求》中知道和平共处五项原则、日内瓦会议、万隆会议和万隆精神。基于目标要求，为彰显周恩来自信与责任的人格魅力，本课选取如下知识点进行渗透：(1)通过导入"一带一路"国际合作峰会照片，铺垫自信与责任在国家层面的重要性。(2)通过周恩来在中印会面时提出和平共处五项原则，初步体现他在外交上的自信与责任。(3)通过介绍日内瓦会议和万隆会议，解读"万隆精神"，进一步彰显他在国际舞台上自信责任的个人魅力。(4)通过结合"一带一路"倡议和中华人民共和国成立初期外交原则，展现中国在外交层面有自信、负责任的国格魅力。

在过程与方法方面，《高中历史学科教学基本要求》通过检验思维逻辑的合理性，反思自己认识历史、解决问题的过程。基于目标要求，本课通过如下途径彰显自信心与责任感：(1)通过"一带一路"倡议图片的展示，探寻中国外交的滥觞。(2)选用图片、故事、新闻、视频、声明和发言稿等多种资料，了解中华人民共和国成立初期外交的重大史实，凸显周恩来的外交智慧与人格魅力。(3)设计 3 个由浅入深的问题，探讨交流中国初登国际舞台的表现与影响。(4)呼应开篇"一带一路"倡议，引导学生以史为鉴，树立自信心，培养学生的责任感。

二、案 例 呈 现

教师：(出示"一带一路"国际合作峰会图片)这张照片，是习近平主席与 29 个国家的领导人和 3 个重要国际组织负责人，在北京雁栖湖国际会议中心前的合照，是我国"一带一路"外交盛会的瞬间留念，也是我国"一带一路"倡议合作共赢的前奏，更是我国"一带一路"外交腾飞的历史见证。历史上我们外交是怎样一步一步走到今日的辉煌，让我们一起跟随第一任外交部长周恩来，看一看我们外交走出的第一步，初登国际舞台。

……

(出示周恩来接见印度代表团照片)与我们有相同历史遭遇的印度，成为与中华人民共和国建交的第一个中立国家。周总理在与印度谈判边境西藏问题时，首次提出处理两国关系的外交原则——和平共处五项原则：互相尊重主权和领土完整；互不侵犯；互不干涉内政；平等互利；和平共处。请大家概括一下五项原则的核心主张。

学生：尊重、平等、和平。

教师：五项原则是周恩来外交智慧的结晶，它不仅体现出周恩来的自信，更是表达了中国和平外交的诚意,展现了中国外交上的成熟,五项原则成为中印两国外交共识。之后,周恩来应邀先后访问印度和缅甸,五项原则成为三国共同倡导的外交原则。

教师:(播放视频)中国第一次以五大国身份参加的国际会议是什么?

学生:日内瓦会议。

教师:当以周总理为首的中国代表团从专机走下时,早已在此等候的各国记者便像潮水般涌上前来,面对闪光灯,周总理面微笑着向记者招手致意,并在机场发表了简短的书面声明:

> 日内瓦会议将要讨论和平解决朝鲜问题和恢复印度支那和平问题。亚洲这两个迫切问题如果能获得解决,将有利于保障亚洲的和平,并进一步缓和国际的紧张局势。……中华人民共和国代表团是抱着诚意来参加这个会议的。我们相信,与会者的共同努力和巩固和平的共同愿望,将会使亚洲问题的解决成为可能。

在他的声明中最强调的是什么?

学生:和平。

教师:中国外交团出席日内瓦会议的使命是什么?

学生:和平解决朝鲜问题和恢复印度支那和平问题。

教师:从这段材料中,你能解读出周恩来哪些个人品质?

学生:自信十足。

学生:有强烈的使命感、责任感。

教师:周总理不失时机地借助各国媒体向全世界宣传了我国对外交往的原则,向全世界表明了我们独立和平的外交态度。同时,他自信从容的表现亦被定格在镁光灯下,请看一张照片(出示周恩来坚定自信的照片)。

周总理心怀中国独立和平的外交使命,带着和平解决朝鲜、印度支那的责任,迈着坚定自信的步伐,走进日内瓦会议的会场。美国杜勒斯针对朝鲜战争问题,直接把发动战争的责任推给中国,要求中国军队撤出朝鲜。杜勒斯讲完后,扬长而去,周总理健步走上发言席,用语调平和的发言应对杜勒斯刚才的言论,提出通过和平谈判方式解决朝鲜问题,他的发言立即引起了与会各国代表的不同反响。在随后举行的小型会议上,周总理开始"反击"。他当面对杜勒斯说:"我们到这里来是解决问题的,不是来跟你们吵架的,你的讲话没有提出具体的建议,请拿出你的方案。"杜勒斯被"将"了一军,不知所措。由于美国的顽固阻挠,会议未能就朝鲜问题达成协议。但在会议的关键时刻,周总理以"原则坚持、程序让步"的策略,帮助老挝、越南、柬埔寨恢复印度支那和平,缓和了亚洲及世界的紧张局势。周总理以高超的外交智慧和娴熟的外交才能,让中国外交在日内瓦会议上初露锋芒,让更多的与会国了解并认可中国政府提出的外交原则,大大提高了中国的国际威望,也彰显了他的自信与责任。

(出示周恩来万隆会议的补充发言稿)

中国代表团是来求团结而不是来吵架的……在这个会议上用不着来宣传个人的思想意识和各国的政治制度,虽然这种不同在我们中间显然是存在的。中国代表团是来求同而不是来求异的。

这份补充发言稿,符合我们哪些外交理念? 说出判断依据?

学生:通过材料中"我们是来求团结的,不是来吵架的"一句,符合中华人民共和国成立初期倡导的和平外交原则。

学生:材料中的"求同"体现出了平等意识。

教师:大家概括得很好。周恩来的发言,符合和平共处五项原则,创造性地提出"求同存异"主张,周恩来以自信的姿态,时刻牢记使命,在万隆会议上大放异彩,增进了中国与亚非国家的理解和信任,推动了亚非国家的团结和合作,提高了中国的威望与自信。

……

教师:请大家说一说,和平共处五项原则为什么能成为国际社会公认的国际关系准则?

学生:符合了第二次世界大战后各国人民追求和平的心愿,符合了战后各国寻求发展的需求,符合了联合国宪章的宗旨与原则,顺应了时代发展。

学生:在五项原则指导下成功地与中印、中缅等中立国建交,在日内瓦会议和亚非会议得到更多国家的赞赏与支持,实际效果显著。

学生:离不开周恩来的努力和智慧。

教师:周恩来初登国际舞台,展现出的自信心与责任感,不仅让世人看到了他自身的人格魅力,更让世界看到了自信与负责任的中国。

教师:英国前外交大臣艾登对美国记者说:"你们早晚会知道,周恩来可不是平凡的人。"请结合中国成立初期周恩来在外交上的努力,你如何看待艾登的评价?

学生:周总理提出的和平共处五项原则,成为国际社会公认的国际关系准则,是中国外交第一人。

学生:周总理在亚非会议上提出的"求同存异",被称为"万隆精神",这是对他外交上的认可,也是他外交智慧的突出体现。

学生:周总理的不平凡之处,不仅仅在于他的外交智慧,也在于他的自信、坚定,他不仅仅为中国的外交奋斗,还为整个国际外交努力。

教师:大家分析得很好。周总理作为中国外交团的领航人,率领一批年轻的外交家,以出色的表现登上国际舞台。周总理审时度势、机敏睿智、自信从容、果敢决断,促使国际社会接受并认可五项原则和"求同存异"作为国际关系准则,提高中国在国际舞台上的威望与自信。此后,我国在外交上取得越来越多的成就,20世纪60年代法国成为第一个与我们建交的西方大国,70年代重返联合国、中美中日建交,直至今日,成为国际舞台上令人瞩目的大国。开篇在习近平总书记倡导下的"一带一路"倡议,就展现了我国在国际舞台上的大国风采。

(出示"一带一路"开幕词、闭幕词的节选)

"一带一路"核心内容是促进基础设施建设和互联互通,对接各国政策和发展战略,深化务实合作,促进协调联动发展,实现共同繁荣。当今世界正处在大发展大变革大调整之中。新一轮科技和产业革命正在孕育,新的增长动能不断积聚,各国利益深度融合,和平、发展、合作、共赢成为时代潮流。"一带一路"本着和平合作、开放包容、互学互鉴、互利共赢的丝路精神推进合作,共同开辟更加光明的前景。

我们致力于推动"一带一路"建设国际合作,携手应对世界经济面临的挑战。我们支持加强经济政策协调和发展战略对接,努力实现协同联动发展。我们希望将共识转为行动,推动各领域务实合作不断取得新成果。我们期待架设各国民间交往的桥梁,为人民创造更美好的生活。我们坚信"一带一路"建设是开放包容的发展平台,各国都是平等的参与者、贡献者、受益者。

结合"一带一路"倡议和所学,谈一谈你们的看法。

学生:中华人民共和国成立初期的和平共处五项原则,强调民族外交上的独立性,而当今随着时代的变化,外交上更注重国际间的合作性。

学生:从中华人民共和国成立到今天,体现出我国外交的与时俱进。

学生:不管是中华人民共和国成立初期,还是今天,我国始终以理性的外交理念、自信的外交姿态,在国际外交舞台上肩负着大国的重担与责任。

学生:我认为我国外交的起步和今天的辉煌,都离不开周总理的外交贡献。

教师:中华人民共和国成立初期,周恩来担负着国家外交独立的使命,在中印建交之际提出"和平共处五项原则"、在万隆会议上倡导的"求同存异",体现了周恩来外交上的成熟与理性,彰显了周恩来自信与负责任的人格魅力。随着时局变迁、国力增强,新中国外交从开始强调追求与维护国家主权与独立,到今天的外交主要致力于促进与深化国际合作与共赢,我国外交不断与时俱进,始终以自信的姿态,在国际外交舞台上肩负着大国的重担与责任。作为新时代的接班人,我们在不断深入了解历史的同时,更要逐步提升自身的自信心和责任感。

独立思考精神的教育

华东师范大学第三附属中学　陈紫微

一、案　例　说　明

（一）目标阐释

独立思考是一种理性的思维方式，即个人能够将自己的想法自觉、主动、鲜明地表达出来，是一种不盲从、不轻信的独立人格。这是高中历史学科核心素养家国情怀所提倡的人文追求之一。民族的复兴、国家的进步，离不开肯动脑筋、勇于创新的人们。中国古代社会就重视独立思考与质疑的精神。思想家李贽认为："学人不疑，是谓大病。"清代康熙帝曾对"囊萤"的典故有疑，令人捉来数只萤火虫装进用白绢缝制的口袋里，发现并不能用来照明读书，继而叹曰："读书不可尽信也！"中国当代社会同样重视独立思考精神。邓小平曾指出："肯动脑筋、肯想问题的人愈多，对我们的事业就愈有利。"地质学家李四光曾对地质学界普遍流行的"中国贫油论"大胆质疑，提出了新的地质构造理论，打破了我国石油资源匮乏的传统理论。对于当代高中生而言，同样需要独立思考的精神激发他们的想象力与创造力。

独立思考精神作为一种人格追求，符合高中阶段课程标准所要求：能够确立积极进取的人生态度，塑造健全的人格，树立正确的世界观、人生观和价值观。《启蒙运动》一课中启蒙思想家倡导理性精神，即人的独立思考和判断。本课的德育目标要求学生在全球化视野下，从人类的理想与追求，现实的解放和发展的视角，历史地观察、理解和评价启蒙思想的作用与影响。认同启蒙思想家对思想解放、理性与人权的追求；敬畏启蒙思想家的勇敢与智慧。相较于初中，要求高中学生用更宽阔的视野来看待启蒙运动，从更高的层次上领悟启蒙精神,形成独立的人格。近代以来西方的启蒙思想家倡导用理性的精神冲破封建神学,主张自由、平等、民主、法治。启蒙精神是人类文明精华积淀之所在,这些成果不仅仅属于其个人和那个时代,更属于今天、属于全人类。

(二)实施路径

在知识与技能方面,《高中历史学科教学基本要求》中规定,通过本课学习,知道培根、霍布斯、洛克、伏尔泰、孟德斯鸠、卢梭等启蒙思想家的主要思想,并探寻英法启蒙思想的传承与发展,从中领会启蒙思想家的智慧。基于此目标,为体现启蒙思想家的独立思考精神,本课选取如下知识点进行渗透:(1)通过讲述培根在剑桥大学读书时,如何反对传统经院哲学及亚里士多德的学说,体现他敢于挑战教会权威,追求真理的一面。(2)通过伏尔泰用理性的思维方式为让卡拉昭雪,体现他敢于追求正义、探究事件的真相。(3)伏尔泰在当时的法国是非常有声望的启蒙思想家,而卢梭能做到不畏权威,提出自己的设想,建立直接的民主制共和国,足以表明卢梭独立思考的精神。(4)通过设置分粥案例加深学生对霍布斯社会契约论及其弊端的理解,进而引出洛克的分权思想,同时通过分粥案例说明洛克分权思想的弊端,进而引出孟德斯鸠三权分立、相互制衡的思想。(5)通过启蒙运动对中国社会变革的影响,让学生知道启蒙运动影响深远,是当时全世界的共同追求。

在过程与方法方面,《初中历史学科教学基本要求》只要求归纳整理启蒙思想,而高中提出更高层次的要求即通过阅读启蒙思想家的论述,理解他们的主要观点,比较文献选读中霍布斯、洛克等启蒙思想家的政治观点。基于课程标准要求本课主要通过以下方式渗透独立思考精神:(1)采取讲述法和启发教学法介绍培根追求真理的精神,通过讲述培根对传统经院哲学的反对及其主张,启发学生思考培根是从什么角度去认识事物;当学生回答出从客观事实的角度后,教师进一步指出这种基于客观事实的分析方法就是唯物主义。(2)通过情境设置加深学生对伏尔泰思想和追求正义精神的理解。教师讲述伏尔泰为让卡拉昭雪的故事,展现当时法国社会的黑暗及伏尔泰对正义的追求;并引导学生说出当时的法官是通过感性思维在判案,而伏尔泰是用理性思维精神看待这一事件,从而折射其主张信仰自由的理念。(3)通过中国古代和尚分粥的案例设置,加深对霍布斯、洛克、孟德斯鸠三位启蒙思想家政治思想的传承与差异的理解,以体现启蒙思想家运用自己的智慧独立思考问题的精神,锻炼学生解决问题的思维能力。(4)通过联系建设有中国特色社会主义新时代的现实,让学生明白独立思考精神的现实意义,培养学生从历史中汲取智慧,用历史的经验指导实践,解决现实问题的能力。

二、案例呈现

(培根——用科学对抗神学,追求真理)

教师: 英国一位启蒙思想家说过:"知识就是力量。"他是谁呢?

学生: 培根。

教师: 培根是近代唯物主义和实验科学的真正始祖。13 岁进入剑桥大学读书的时候就非常反对传统经院哲学。这种哲学是以亚里士多德的逻辑学理论为基础的,主要是通过三段论的逻辑推理来证明神学理论,如:证明上帝是存在的:大前提,无与伦比的最美好的东西既存在于思想中也存在现实中;小前提,上帝是无与伦比美好的;结论,上帝是存在的。你们觉得这种论断是否合理,为什么?

学生: 这种论断不合理。因为是基于人的想象推理,而并非根据实际得出的结论。

教师: 培根在当时提出用实验科学的方法,即从个别性知识推出一般性结论的推理也就是归纳法,从科学角度出发得出结论。这种方法基于的是什么呢?

学生: 客观事实。

教师: 这种事实其实就是物质,培根被称为唯物主义的始祖,提出物质是第一性的。培根敢于挑战权威,这体现了他的什么精神?

学生: 追求真理。

(伏尔泰、卢梭——用正义对抗专制,追求平等)

教师: 雨果说,如果我们了解了伏尔泰这一个人,我们就掌握了这个时代的特点。那么,我们通过一个小故事来了解伏尔泰以及他所处的法国——伏尔泰为让卡拉昭雪:法国图鲁兹有一位颇负盛名的商人,名叫让卡拉,是名虔诚的新教徒,他的儿子原来信奉新教,据说后来打算信奉天主教,1761 年 10 月 13 日晚上,他的儿子安东尼在自家的门框上悬梁自尽了。案件落入到一个狂热的天主教徒法官的手里,在修士们的煽动下,信奉天主教的民众群情激奋,纷纷指控让卡拉一家杀死了自己的儿子。结果在法院没有拿出有效证据的前提下,宣布让卡拉有罪,执行了车裂之刑。当时伏尔泰流亡于日内瓦,他极力调查事件真相,到处写文章声讨,经过 4 年的努力,巴黎法院撤销了原判,并赔偿让卡拉家人。

教师:通过这则故事,我们可以了解法国当时是怎样的社会现实?

学生:专制、腐朽、宗教迫害……

教师:当时的法官判案凭借的是什么?

学生:感觉、感性思维。

教师:伏尔泰用什么思维方式来看待这个案件呢? 体现了伏尔泰什么思想?

学生:理性思维,反对教会、正义、不人云亦云、追求事件真相……

教师:伏尔泰追求自由,反对天主教会,体现了其独立思考的精神即理性的思维方式。

教师:1778 年伏尔泰去世;33 天后卢梭在巴黎远郊的一个小村庄里逝世。两人的灵柩先后被请进先贤祠。两人棺木仅有几尺之遥,但是两人生前是有很大矛盾的,这种矛盾源于两人思想的冲突。(出示材料)

> 不应实行英国式的议会制。因为人民在选举议员时可自由投票,是主人;而在选出议员后,就又变成奴隶。所以,应该实行直接民主制,由全国公民开全体大会,共同决策和立法,不需要选举议员或代表。

教师:概括卢梭的思想主张,卢梭与伏尔泰的政治主张有什么不同? 他的理由是什么?

学生:卢梭主张直接的民主制共和国。其考虑到英国的君主立宪制是一种间接的代议制民主制,人民可以选举议员,但议会最终制定宪法,拥有最高的立法权,但卢梭认为应该全民享有立法权。

教师:没错。卢梭主张用暴力革命的方式推翻君主专制,建立直接的民主制共和国,是最激进的启蒙思想家,他的思想推动了法国大革命的爆发。

(洛克、孟德斯鸠——用智慧对抗集权,追求民主)

教师:英国启蒙思想家霍布斯提出社会契约论,认为统治者的权力是人民授予的,并认为统治者具有追求绝对权力的倾向。

教师:我们用和尚分粥的小例子来检验这种制度的合理性:7 个和尚每个和尚都是平等的,但不免自私自利。为了防止争斗,以设立制度方式分食一锅粥,但并没有称量用具和有刻度的容器。提问:根据霍布斯的思想该如何分粥?

学生:请一个人来分粥。

教师:那么会导致什么结果呢?

学生:分粥的人碗里的粥最多最好。

教师:绝对的权力必然产生绝对的腐败。那么该如何避免集权呢?

学生:分权。

教师:讲解洛克的社会契约论,并出示洛克的分权思想图片。提问:如果按照洛克的分权思想,7个和尚会如何分粥?

学生:部分人来制定法律,部分人执行。

教师:这是不是一定能够做到公平分粥呢? 为什么?

学生:不一定,因为权力之间缺少制衡。

教师:哪一位启蒙思想家继续完善了分权思想,如何完善的?

学生:孟德斯鸠:行政、立法、司法三权分立,相互制衡。

教师:洛克和孟德斯鸠针对社会问题,用自己的智慧,用理性的思考,提出政治构想,解决前人思想的弊端。这些思想也深深地影响到了近代中国社会的发展。提问:中国近代史上那些事件受启蒙运动的影响呢?

学生:戊戌变法、辛亥革命、新文化运动。

教师:启蒙思想的核心——理性,即一种独立思考和判断的精神。这种精神至今依然熠熠生辉。你们今天读书学习同样需要独立思考,激发想象力,激发创新精神。读书与思考相伴随,方能独处思想;读书与质疑相伴随,方能读出境界。中华民族的复兴、国家的进步,离不开肯动脑筋、勇于创新的人们。当前我们生活在建设有中国特色社会主义的新时代,同时也是全面深化改革的时代,我们也面临很多新的情境,需要我们从实际出发,运用自己的智慧——独立思考的精神解决问题。

养成责任意识　守住良知底线

上海师范大学附属第二中学　彭伟成

一、案　例　说　明

（一）目标阐释

上海市《高中历史学科教学基本要求》把公民教育作为教学的终极目标，"旨在帮助与促进学生在追寻文明足迹、体验历史发展、知晓前人得失、感受史学进步的过程中，习得了解、解释与评价历史的思维逻辑，汲取历史经验，弘扬民族精神，开拓国际视野，陶冶道德情操，成为有处事能力、发展意识和责任担当的公民。"因此，培养学生责任担当意识是历史教学公民教育中不可回避的德育目标。所谓责任意识，就是清楚明了地知道什么是责任，并自觉、认真地履行社会义务和参加社会活动，把责任转化到行动中去的心理特征。我国自古以来就重视责任意识的培养，"天下兴亡，匹夫有责"，强调的是热爱祖国的责任；"择邻而居"讲述的是孟母历尽艰辛、勇于承担教育子女的责任；"卧冰求鱼"是对尽孝道为人子的责任意识的传颂……每个人应该承担的责任内容随着他的身份而发生变化，对于国家的责任随着时代的发展其内涵也在发生变化。人类文明发展要求人要具有沿袭文明、发展文明的责任意识，关心国家政治生活的责任意识。人类文明发展到现代，随着公民拥有民主权利，个人的选择与行为对于国家的前途与命运影响更加直接，公民的责任也赋予了新的内容。由于我国现代化起步相对滞后，与日常生活中具体身份与角色承担的责任比较，作为公民对于国家应该承担的责任意识相对淡薄。

《德意日走上法西斯道路》一课，解释了这3个国家的选择是基于其相似的现实困境和历史桎梏，但是放眼世界，在经济危机的打击下，法西斯道路并不是历史的必然和唯一的选择。在历史走向的选择中,重要历史人物的影响固然不可忽视,但是背后的民众力量往往容易让学生忽视。本课案例意在通过反思德国历史,使学生认识到作为普通民众,每个公民都可以影响本国历史,每个公民对历史和民族的命运承担着不可推卸的责任,并引导学生思考作为公民如何去担当责任,从而落实唤醒责任意识,激发担当精神的德育目标。

（二）实施路径

在知识与技能方面,上海市《高中历史学科教学基本要求》要求通过本课学习,知道希特勒上台的原因及纳粹体制的特征。基于此目标,为了达到本课唤醒责任意识,激发担当精神的德育目标,本课从以下角度进行德育的渗透:师生共同学习德国法西斯政权建立的背景和过程,知道希特勒及其纳粹党抓住了经济危机这个"天时",利用德国民众的心理,大打"扩张牌"和"生存牌",鼓吹要为德国人争取生存空间,鼓动德国人对犹太人的仇恨,借此纳粹党从一个无名的小党上升到国会第一大党。可见,纳粹党的上台是在民主制度的框架下,大多数德国民众的选择。此时,教师提出问题:谁应该为德国走上法西斯这条不归路负责? 以此为切入点,使教学从自然状态顺利过渡到德育特定状态。

在过程与方法方面,高中要求通过查证历史资料的可靠性,反思自己认识历史、解决问题的过程与方法。高中生已经具有一定的是非判断能力,有自己的价值观,但是在遇到具体问题时又容易采用双重标准,因此教师适时的引导非常关键。本课案例以学生讨论为主,教师只是发挥主持和引导的作用。在讨论过程中,教师从以下几个角度进行德育渗透:(1)讨论谁应该为战争负主要责任,是纳粹高层还是普通民众? 引进"平庸之恶"这个概念,介绍其提出的背景,引导学生评价汉娜·阿伦特所谓"平庸之恶"与"极端之恶"有过之而无不及的观点? 在讨论过程中进一步理清精英人物和人民群众分别对于历史的作用,进一步明确人民群众才是历史的真正推动者和创造者,更深刻地意识到每个人对历史承担的不可推卸的责任。(2)在理性思考的基础上,用德国新教教士马丁·尼莫拉后来在他的忏悔诗中的反思来达到认识上的情感升华。(3)讨论如何尽量避免自己产生"平庸之恶"? 思考责任的内涵。

二、案例呈现

（谁为德国的法西斯道路负责?）

教师:通过刚才对意大利、德国、日本之所以会走上法西斯道路的背景和过程的基本了解,我们知道这 3 个国家面临着相似的现实困境和沉重的历史桎梏,我们似乎觉得走上法西斯道路是这些国家的唯一的必然的选择。然而放眼世界,在经济危机的打击下,各国都处境艰难,时代赋予了每个国家相似的历史命题,但是法西斯道路并不是他们给出的相同答案。抛开现实原因和历史因素,其实人才是历史的创造者,人在历史进程中的作用和影响是不可以忽视的。德意日走上法西斯这条不归路,尤其是德国,到底谁应该负责呢? 说说你的理由。

学生:我觉得是希特勒,因为他是德国法西斯头目和最高决策者,他最应该为罪恶负责。

教师:那么只有希特勒一个人负责就可以了吗? 最后希特勒自杀了,是否就意味着不再需要追究德国的战争责任了呢?

学生:除了希特勒,应该还包括其他的德国纳粹高层和战犯。

学生:我觉得德国的普通民众也应该为德国的选择负责。

教师:为何这样说?

学生:因为希特勒的上台是德国大多数民众的选择,德国人的选票把希特勒送上了权力顶峰的宝座,所以老百姓也应该为战争负责。

教师:你们都同意吗?

学生:我不同意。德国民众也是纳粹和战争的受害者,他们之所以会选希特勒,是因为受到了纳粹宣传的欺骗。

学生:受不受欺骗是一回事,结果又是另一回事,事实就是纳粹德国的上台离不开德国民众的支持。希特勒上台后,尽管做出了屠杀犹太人的一系列反人类的罪行,大多数德国人并没有因此而指责、批判,反而将希特勒视作领袖人物来崇拜……

教师:大家在争论中其实观点渐渐明朗了,对吧。德国当时处在魏玛共和国时期,是一个共和宪政政体的国家。和封建社会的君主专制政体不同,在民主政治下,普通公民虽然不能直接参与国家的大事决策,但是他们拥有的选票却能成为影响国家政治的重要因素。不管当时德国面临怎样的困境,希特勒的最终上台离不开德国普通民众的选票。因此,德国人对战争负有责任应该是没有异议的。

（谁的罪恶更大,是极端之恶还是平庸之恶?）

教师:争议比较大的问题是一个看上去没有争议的问题,普通民众和纳粹高层，谁的责任更大呢？大家想，那肯定是以希特勒为首的纳粹党啊。这个争论的引起是因为一个美籍犹太裔的思想家、政治理论家汉娜·阿伦特，她针对纳粹德国的历史，提出了一个有名的哲学术语——平庸之恶。（出示材料）

> 1961年4月11日，以色列政府对艾希曼（注，犹太人大屠杀执行"最终方案"的主要负责者，在前面课堂中教师简单介绍过）的审判在耶路撒冷进行，审判一直持续到5月31日，艾希曼最终被判处绞刑。当时，犹太裔著名政治思想家汉娜·阿伦特以《纽约客》特约撰稿人的身份，现场报道了这场审判。汉娜·阿伦特这样描述审判席上的纳粹党徒艾希曼，"不阴险，也不凶横"，完全不像一个恶贯满盈的刽子手，就那么彬彬有礼地坐在审判席上，接受绞刑，他甚至宣称"他的一生都是依据康德的道德律令而活，他所有行动都来自康德对于责任的界定"。艾希曼为自己辩护时，反复强调"自己是齿轮系统中的一环，只是起了传动的作用罢了"。作为一名公民，他相信自己所做的都是当时国家法律所允许的；作为一名军人，他只是在服从和执行上级的命令。由此，汉娜·阿伦特提出了著名的"平庸之恶"概念。她认为罪恶分为两种，一种是极权主义统治者本身的"极端之恶"，第二种是被统治者或参与者的"平庸之恶"。

教师：汉娜·阿伦特提出了一个非常重要的观点，她认为平庸之恶和集权之恶有过之而无不及。你认同吗？

学生：不认同。集权之恶肯定大于平庸之恶，纳粹是发起战争和屠杀犹太人的决策者和执行者，普通民众并没有直接参与。

教师：汉娜·阿伦特当然知道这个道理，她又为什么提出这个观点呢？

学生：我想是因为没有平庸之恶，极端之恶是发动不起来的。就像希特勒，没有德国民众的支持，他是不可能登上德国的权力之巅的。

教师：当然，从法律的角度而言，"平庸之恶"相对极权主义统治者本身的"极端之恶"，是小的。我想汉娜·阿伦特也许是想通过这个概念去告诉我们每个人对历史的责任。正因为大多数人在极端之恶发动起来之时，选择了盲从或缄默，历史悲剧才得以发生。正如德国新教教士马丁·尼莫拉后来在他的忏悔诗中所言："在德国，起初他们追杀共产主义者，我没有说话，因为我不是共产主义者；接着他们追杀犹太人，我没有说话，因为我不是犹太人……最后，他们奔我而来，却再也没有人站起来为我说话了。"

(平庸之恶,你我都可能沦陷其中)

教师:艾希曼作为执行犹太人最终方案的主要负责人,最后被判处极刑。你们认为这样的结果合理吗?

学生:合理。

教师:为什么?

学生:因为他是杀害数百万犹太人的刽子手。

教师:那你们怎么看待他的辩词呢?

学生:也是有道理的。因为他确实只是一个执行者,他只是按照上头的命令去干而已。再说了,如果他不干的话,他可能也会掉脑袋。

学生:而且他不做的话,也有其他人去做的。

学生:每个人在犯罪背后可能都有他的具体原因或苦衷。

教师:如果你是艾希曼,你会做出与他一样的选择吗?

学生:会,也可能不会,我也说不准。

教师:这确实是一个艰难的选择,是对我们人性的一个考验。回到那个时代,或许你、我也会有同样的选择,我们也极有可能是另一个艾希曼。或者,艾希曼就是我们普通民众中的一个! 正如汉娜·阿伦特所描述的那样,审判席上的艾希曼看上去"不阴险,也不凶横",完全不像一个恶贯满盈的刽子手。过去我们一直觉得,普通民众和刽子手两者听上去似乎很遥远,但是历史告诉我们,两者在特定的时空下是那么容易合二为一。我想这就是引起汉娜·阿伦特特别提出平庸之恶的原因吧。

(如何避免平庸之恶? 我们的责任是什么?)

教师:那么,请同学们思考一下,是什么原因使得普通民众可能沦为事实上的"刽子手"或者罪恶的"帮凶"呢? 怎样才能使我们尽量避免平庸之恶?

学生:因为大环境是这样,就像在德国纳粹时期,希特勒的宣传机器宣传犹太人是劣等民族,剥夺了德国人的生存空间,从而德国人非常歧视和仇恨犹太人,他们也许不认为屠杀犹太人是罪恶。

学生:对,我觉得关键在于大多数人在权威面前没有自己的思考,随波逐流,上面让怎么样就怎么样,或者在权威面前选择了逃避,就像艾希曼一样。

学生:我想要避免平庸之恶,避免成为极端之恶发动起来的背后力量,作为普通民众,就是要守住道德的底线,任何有害别人生命与自由的行为,都是不可以碰触的。如果每个人有这样的意识和责任感,那第二次世界大战就发动不起来了。

学生:对,还要有勇于对权威说"不"的勇气。

教师:说得很好。汉娜·阿伦特就是要通过这个概念提示我们每个人对历史应有的责任,这个责任就是在任何时候都不盲从,都有自己的理性思考和对是非的基本判断,都能守住道德与良知的底线。

编　　后

　　掩卷之时，自 2016 年 3 月金山区启动历史学科德育协同创新中心建设以来，我们所走过的艰辛的日子，尝过的艰涩的滋味，这一刻，都化成了欣慰与感恩。面前的这些文字，是协同创新中心项目组成员和全体历史教师的成果，是汗水与心血的结晶，但它更是凝聚了来自各方的关爱与帮助。

　　我们要感谢金山区教育学院领导对协同创新中心工作的关心与扶持，要感谢两年来一起并肩奋斗的同事们，更要感谢奋战在教学一线的老师们，他们不懈的实践研究为本书的最终成型打下了坚实基础。

　　我们要感谢中心顾问组的各位专家学者。感谢上海市教委教研室的於以传特级教师、郝宇曦老师；感谢上海市历史学科两个德育实训基地的主持人凤光宇特级教师和周靖特级教师；感谢普陀区教育学院的鲍丽倩特级教师，是他们的无私相助、倾情指导才成就了这本并不很薄的书。我们还要感谢华东师范大学的杨向阳教授，感谢他为本书作出的特殊贡献，为金山区历史学科德育建设付出的辛劳，他对历史教育的谙熟与热爱，给我们留下了深刻印象。

　　歌德说："时代是在前进，但人人却都是在从新开始。"对我们来说，历史学科德育的实践与探索是一个新课题，凭着一股热情，靠着各方支持，我们取得了一些成果，但也面临着更多问题。如何克服疑难、解决问题，我们还有很多的事要做，还有很长的路要走。也许，这正是令人着迷的地方，因为它能让我们重新开始，"从新开始"，去争取更多、更长远的收获。

2018 年 3 月

图书在版编目(CIP)数据

　　一本三跨:飞翔的历史德育/李亚南,王群主编.
—上海:上海社会科学院出版社,2018
　　ISBN 978 - 7 - 5520 - 2338 - 1

　　Ⅰ.①一… Ⅱ.①李… ②王… Ⅲ.①中学历史课-
德育-教学研究 Ⅳ.①G633.512

　　中国版本图书馆 CIP 数据核字(2018)第 109162 号

一本三跨:飞翔的历史德育

主　　编:李亚南　王　群
责任编辑:杜颖颖
封面设计:黄婧昉
出版发行:上海社会科学院出版社
　　　　　上海顺昌路 622 号　邮编 200025
　　　　　电话总机 021 - 63315900　销售热线 021 - 53063735
　　　　　http://www.sassp.org.cn　E-mail: sassp@sass.org.cn
照　　排:南京理工出版信息技术有限公司
印　　刷:上海万卷印刷股份有限公司
开　　本:710×1010 毫米　1/16 开
印　　张:20.5
字　　数:333 千字
版　　次:2018 年 9 月第 1 版　2018 年 9 月第 1 次印刷

ISBN 978 - 7 - 5520 - 2338 - 1/G·746　　　　　定价:79.80 元